不丧斯文

周秦之变德性政治论微

日月光华·哲学书系

李若晖　著

不丧斯文

周秦之变德性政治论微

上海人民出版社

本书获评“复旦大学哲学学院源恺优秀著作奖”，
由上海易顺公益基金会资助出版

本书为国家社会科学基金重大项目“黄老道家思想史”（16ZDA106）阶段性成果

总　序

“日月光华，旦复旦兮”，思想之光，代代相传。在复旦哲学走过一个甲子之际，“日月光华·哲学书系”、“日月光华·哲学讲堂”应运而生。这既是过往思想探索道路上的熊熊火炬、坚实基石，以砥砺后学继续前行，亦是期许未来学术反思的灿然星陈，以哲学之力去勘探人类精神应有之高度与广度。为此我们当勤力不殆。

“兼容并蓄”是哲学成长的传统。复旦哲学建系伊始，胡曲园、全增嘏、严北溟、陈珪如、王遽常等诸位先生学识渊博，其来有自，奠定了复旦哲学的根基。他们不独立门户，不自我设限；不囿于教条，不作茧自缚；而是以思想和问题为导向，兼容并蓄，博采众长，由此造就了六十年来复旦哲学的特色。诸位奠基先贤始终秉持开放而专业的态度，强调严肃的学术训练，打破学科壁垒，追寻思想脉络，力图以真切而深邃的思考达致生活之本真，捕获时代之真精神。

“时代担当”是哲学不变的使命。自改革开放以来，以思想深入时代，对时代的根本问题做出积极的求索，是复旦哲学另一鲜明特色。真正的思想探索和学术研究理应紧紧抓住与时代血脉相连的命题，提炼精华，不断对人类生存的基本问题做出回应。优秀的学者须有冷静的观察和深刻的反思，但这并不等于将自己封闭在无根的象牙塔中，而是真实切入时代命题的必备前提。切问而近思，人类的根本命题始终激荡于胸！

我们将以开放和虚心的态度来传承这些特色。“日月光华·哲学书系”不但收录了复旦哲院教师以往的代表作，也以面向未来的姿态吸纳复旦哲学人的最新力作。我们希望这一书系成为一个开放式的平台，容括从复旦求学毕业、在复旦从事教学和研究，以及到复旦访问讲学的学界同仁的优秀著作，成为推动汉语哲学界不断发展前行的引擎。“日月光华·哲学讲堂”，则希望将国内外学者在复旦所做的系列讲座整理成文，编撰成册，努力展现他们思想的源初轨迹，推进其理论贡献。以“日月光华”为平台，以学术为标尺，使国内外学者的优秀成果在共同的学术园地上得以生动呈现。这必将是一个漫长而艰难的过程，需要敞开的思想姿态、精准的学术眼光以及异乎寻常的努力与坚持。我们希望把复旦哲学“扎根学术、守护思想、引领时代”的精神风格融入这两套丛书；我们期许它们不但能透彻地刻画出思想本身的发展历程，还将在更为丰满的历史背景中探索思想的作用。唯有如此，我们的“书系”与“讲堂”才能超出一般丛书的范畴，真正成为时代精神的捕获者、诠释者、推动者和反思者。

思想薪传在任何时代都是无声、艰辛和困苦的事业，隐于“日月光华”这一个美好愿景背后的深意尤为紧要：思想的守护与传承是“旦复旦兮”的意涵所在，精神的催生与创新是生生不息的事业。“书系”与“讲堂”的出版并不是书目的简单累积，也不是论题的无序叠加，而是思想的流动和生长，是已有思想激发新思想的创造过程，是不断厘清思想限度、拓展思想疆域的漫漫求索，是幽微星火燃成日月光华的坦荡大道。在几辈学人的共同理想和不懈坚持下，既往的成果已然成为了沉甸甸的责任。由此，在决定“书系”与“讲堂”的名称时，我们选择将我们的理想标示出来，以此自勉，并期望人类趋向光明的理想，终将启迪人类的智慧，并照亮那条崎岖不平却让人甘之如饴的精神道路。

是为序。

孙向晨

二〇一六年九月于复旦

序

2014年，中国社会科学院启动“中华思想通史”重大项目。根据项目分工，我负责原始社会编和奴隶社会编（包括“夏商西周卷”和“春秋战国卷”）。接下来，就是组织队伍。其他部分的人选都好找，唯独春秋一段竟然无人可选。这时，春秋战国卷的共同主编梁涛教授向我推荐了时任复旦大学哲学学院教授的若晖，并表示这是春秋思想史的不二人选。

刚开始我还将信将疑，只是抱着试试看的态度，同意若晖加入。14年底，通史办让各编各卷上交拟目。为此，春秋战国卷在中国人民大学国学院举办了一场课题组的内部讨论会，审阅确定各位成员所提交的拟目。会上，若晖的春秋思想史目录是讨论的焦点，项目组一共花费了五六个小时集中讨论，应该说，讨论是相当深入的，其耗费的精力与达到的学术水平远远超过博士论文答辩。每个人都针对若晖提出自己的问题，然后对其回答继续发问，直到无可再问。若晖不但对所有的问题对答如流，显示出条理清晰，文献熟稔，而且马上根据大家的意见修改拟目，一气呵成，做到以一以贯之的体系将大家的意见容纳其中。经过这次讨论，我和课题组都高度认可若晖的确是撰写春秋思想史的最佳人选。

此后几年，随着接触渐多，发现若晖虽在哲学系工作，但是对于历史也相当熟悉，后来又知道他甚至也不是哲学系毕业，而是出身中文系，就更令人吃惊了。大家虽然口头上都会说“文史哲不分家”，但是在当今之世，真正做到的却可谓凤毛麟角。

当然，若晖研究历史的具体方式，与现今历史系的通常做法不同。他有自己的想法，要言之，即所谓“德性政治”。若晖认为，社会行为的公共性即为政治，包括政治哲学与政治制度；社会行为的个体性（包含但不限于个人性）即为道德，包括道德哲学与道德范式。政治与道德共同构成了社会性行为，在此中政治与道德的结合则成为德性政治：在中国古代，政治制度设计的政治哲学导向，正是指向德性之养成。道德和政治亦即德性政治构成了一定人群的基本行为模式。而对行为模式予以解释，为何必须如此行为，亦即何谓道德的问题，对道德提供论证的是哲学思想。德性政治的可能性，亦即何以能够以此行为模式行事的根基，则是与道德和政治制度相适应的社会形态。于是德性政治实际上包含四个层次：哲学思想、伦理道德、政治制度、社会形态。四者相辅相成，缺一不可。

目前的中国史研究，尤其上古史研究，由于文献的艰深和资料的零散，常常趋于碎片化，研究者往往只见树木不见森林；也有人在导入来自欧美的问题意识与研究方法时，却食洋不化，看不到对其做出创造性的改造或变通；更有陷入机械唯物论而不能自拔，缺乏辩证思维；还有人受西方制度经济学的影响，研究古代制度对于历史进程的作用，这当然有其价值，但完全不考虑影响历史进程的诸条件中人的行为模式，也是不足的。

在此意义上，若晖的中国古代德性政治研究，有利于打破多年来不同学科条块分割以及短时段小问题的研究方式，从相对较长的时段，全景式地分析和研究古代社会诸问题；有利于在哲学史、政治制度史、思想史及中国文化变迁史的交汇点上，理解中国古代社会；深入中国古代社会的横截面及纵深处，透析中国古代社会问题。进而言之，中国古典思想往往本身即是有着“内圣”与“外王”两个维度，同时又不离人伦日用。因此，以德性政治的角度进入古典思想，有助于我们理解古典思想与社会历史交融的原貌。总之，由德性政治入手，系统分析人的行为的所以然，才能真切地将人类历史规律与中国历史之特殊性相结合，获得真实的理解。

2018年5月，若晖出版了其德性政治研究的第一部著作《久旷大仪：汉代儒学政制研究》，既充分尊重学界已有研究成果，又不盲从，能大胆提出自己的独到见解。该书颇获学界嘉誉，并被评为商务印书馆2018年人文社科十大好书之一，名列第三，接下来又入选《中华读书报》2018年十大好书，殊为不易。现在，若晖又再接再厉，拿出了德性政治研究的第二部著作《不丧斯文——周秦之变德性政治论微》，诚为快事。

康有为《实理公法全书》卷首“凡例”有言：“凡天下之大，不外义理、制度两端。”《不丧斯文》一书紧扣制度与思想的相关性，尤其是“德”自身的意义变化及其与各种制度设计的互相影响，深入研究西周宗法分封制解体与秦汉郡县制中央集权王朝兴起的过程，展开了一幅气势恢宏的图卷。

在这幅图卷之中，我们看到，正是由于“德”与制度的分离，才导致了西周的灭亡和春秋的礼崩乐坏。无论是厉王的制度改革，还是息蔡之争中的循礼而动，都是牵于时势而丧失了灵魂——“德”，其败亡也就是必然的了。战国时期，重建“德”与制度的联系，是诸家共同致力的方向。所不同者，孟子走向了以“德”定“位”，并最终在汉初转化为察举制，开中华科举制度之先河；法家则企图以制度规定“德”，由耕战立国发展为军事国家，并在汉代以制度规训经学，奠定下内儒外法的基本格局。对于若晖这样的独特认识，无论能否引起共鸣，在我看来，都是可贵的，因为他体现了著书立说的学术准则和学风。

若晖在《不丧斯文》即将付梓之际，索序于我。该书再次展现了若晖严谨的学风、开阔的视野和独到的思辨，我乐观其成，因草此数语，向学术界郑重推荐，并向若晖表示祝贺。

王震中

目　录

引　言
如何研究思想与制度的相关性：以汉代儒学与制度为例

熊十力言："汉以后二千余年之局，实自汉人开之。凡论社会、政治，与文化及学术者，皆不可不着重汉代也。"① 与其他时期主要是承袭制度不同，整个汉代都处在思想家对于"汉承秦制"的批评与改造中。汉代思想与制度的相关性远高于其他时期。深入研究汉代思想与制度的相关性，一是有助于深刻认识汉至清这一中国历史的主要时段中，中国意识形态与政治制度的基底；二是对中国历史上思想与制度的关系模式得以提纲挈领；三是可以从制度进而从践行层面重估古代思想，尤其是政治思想的合理性与可操作性；四是在政治制度定型之后归于湮灭的汉儒超政治性思想在传统王朝制度崩溃之后，才有可能获得新生；五是对于当代儒学的发展，尤其是儒学制度之创设，有着重大借鉴意义。

对于汉代思想史的现代学术研究，其基本格局奠定于冯友兰的《中国哲学史》。冯氏将整个中国哲学史分为先秦至汉初的子学时期和汉武帝独尊儒术之后的经学时期。② 这显然是在比拟西方的古希腊哲

---

① 熊十力：《读经示要》，载萧萐父主编：《熊十力全集》，第 3 卷，湖北教育出版社 2001 年版，第 766 页。

② 冯友兰：《中国哲学史》，上卷，载冯友兰：《三松堂全集》，第 2 卷，河南人民出版社 1988 年版，第 30—32 页。

学与中世纪神学之分期。这一分期突显了汉代在中国思想史尤其是统治意识形态建立史上的地位，但过于宏大且立场鲜明的框架也扭曲了汉代思想的真实面貌。

对于汉制的研究，以往学者多关注于法律的儒家化，而忽视了西汉儒者以礼更法的努力①。正如甘怀真所言：

> 儒家礼学起源于周贵族之教养，即所谓“六艺”之一。虽然在先秦时期，儒者对于礼已有深刻的哲学反省，但先秦礼学的内容仍主要集中在统治者的身体仪态，并配合宫室、车马、衣服，所显现出的统治者的形象，所谓“可畏”的效果，此亦即“威仪观”。先秦儒家礼学即使包含许多深刻的哲学省思，但缺乏系统性的政治制度的理论。另一方面也一直没有成文并化为礼经。从先秦传下来的礼书，多半是像《士礼》一类的仪式书，或像《曲礼》一类的贵族生活礼仪教材。汉初以来擅长礼的儒者也是指精通“礼容”者，或如汉文帝时的礼官大夫徐生“善为容”。然而，汉初以来的儒者为了顺应新的统一国家的局势，更为求得对于政治的发言权与主导力，必须提出儒家的国家制度学说。②

先秦原始儒学本以礼学为核心③，《春秋》为礼义之大宗④。今文礼

---

① 如瞿同祖即将贾谊的制礼误会为改律。瞿同祖：《中国法律之儒家化》，载《瞿同祖法学论著集》，中国政法大学出版社 1998 年版，第 362—368 页。参李若晖：《亲亲尊尊之间的断崖——由韦刘庙议重估西汉经学政制》，载《文史哲》2017 年第 3 期，第 106—107 页。

② 甘怀真：《皇权、礼仪与经典诠释：中国古代政治史研究》，华东师范大学出版社 2008 年版，第 43 页。

③ 曹元弼《礼经学》有云：“六经所言皆礼也，故《经解》入《礼记》。”北京大学出版社 2012 年版，第 415 页。

④《史记》卷一三〇《太史公自序》：“《春秋》者，礼义之大宗也。”中华书局 2013 年修订本，第 10 册，第 3976 页。

学“推士礼而致于天子”（《汉书》卷三十《艺文志》）[①]，诸等级之间虽略有高低，却并不悬隔。古文礼学由此斥责今文礼学不知天子礼，并将建构超绝性的天子之礼。因此今古文礼学的差异，不在经书文本的今古文之异。今古文礼学的实质性区别不在经书本身，也不是儒生争名夺利，而是以何种天子礼奠定国家之政体。其要即在于天子是否超绝于万民之上。在今文儒生真正构建经国大典时，却只能局促于亲亲之爱，无法跨过亲亲与尊尊之间的断崖，义而能断，构建足以为经国大典之天子礼。于是古文经学乘隙而起，由攻驳今文经学之天子礼入手，提出并逐步完善自身的天子礼，最终建构天子礼为超绝之礼。

在经书文本方面，今文礼学坚持《仪礼》十七篇就是传自孔子的完整文本，古文礼学则用古文礼经证明今文《仪礼》十七篇实为残本。但是古文礼学的天子礼在古文礼经中也没有，而是出自《明堂阴阳》《王史氏记》等传记文献中（《汉书》卷三十《艺文志》）[②]。传记文献的权威毕竟不够，于是古文经学便以《春秋》为六经之首，居于礼上，发展出《春秋》稽合于律的学说[③]，在《春秋》学内以《左传》压倒《公羊》《穀梁》，推崇《左传》深于君父之义[④]，实则以秦制律令体系的“尊卑”取代了《春秋》的“尊尊”。刘歆晚年更进而提升《周官》一书的地位，以之为“周公致太平之迹”[⑤]，名之为《周礼》，开始了以周公取代孔子的经学重构。东汉一朝，影响深远的经学体系有二：一是何休删削《公羊》，建构了“君天同尊”的经学体系；一

①② ［东汉］班固：《汉书》，第6册，中华书局1962年版，第1710页。

③ 《论衡·程材》：“董仲舒表《春秋》之义，稽合于律，无乖异者。”黄晖《校释》本，第2册，中华书局1990年版，第542页。

④ 《后汉书》卷三十六《贾逵列传》：“《左氏》义深于君父。”中华书局1965年版，第5册，第1236页。

⑤ 贾公彦《周礼正义序》引马融《序周官兴废》，见［东汉］郑玄注、［唐］贾公彦疏：《周礼注疏》，载［清］阮元校刻：《十三经注疏》，第3册，艺文印书馆2007年版，第7页。

是郑玄以《周礼》为核心，建构了“礼法合一”的经学体系。汉代今文经学颜严博士所传《公羊传》有“天子僭天”[①]一语，表明天子居于礼仪之下，如果在礼数上超过制度规定，就是僭越于天。颜严博士由此发展出“天囚”学说，认为天子被天囚禁，只能在天所允许的范围内行动。这是今文经学制约君权的重要学说，在汉代产生了重大影响。与此同时，这一学说也遭到了皇权的压制，最终被废弃。取而代之的，是何休的“君天同尊”学说。郑玄以《周礼》为核心重构经学体系的进程在西晋臻于极致。杜预注《左传》以《春秋》“五十凡”为周公所作[②]，彻底以周公取代了孔子的经学至尊地位。同时西晋王朝以《周礼》体系撰制晋律，杜预为之作注，完成了礼律一体的王朝政教体系。瞿同祖以晋《泰始律》“准五服以制罪”为中国古代法律儒家化的标志[③]。实则此乃以秦汉律令体制之绝对尊卑植入五服，将先秦儒学基于相互性伦理构成的五服扭曲为单向性的尊卑体系，并由此入手得以深入儒学内部，改造儒学伦常及儒学思想体系。由此可见，所谓“法律儒家化”，其实质并非儒家改变了律令体制，而是律令体制彻底改造了儒家。这实质上是向秦制靠拢的过程，背弃了汉儒过秦的初衷。

从未制定过国家制度的儒生在西汉面临将德性转化为制度的难

---

① 《周礼·考工记·画缋》：“土以黄，其象方，天时变”，郑注：“古人之象，无天地也。为此记者，见时有之耳。子家驹曰‘天子僭天’，意亦是也。”[东汉]郑玄注、[唐]贾公彦疏：《周礼注疏》，载[清]阮元校刻：《十三经注疏》，第3册，艺文印书馆2007年版，第623页。郑玄所引“天子僭天”一语不见于今本《公羊传》。

② 杜预《春秋序》：“其发凡以言例，皆经国之常制，周公之垂法，史书之旧章；仲尼从而修之，以成一经之通体。”[西晋]杜预注、[唐]孔颖达疏：《春秋左传注疏》，载[清]阮元校刻：《十三经注疏》，第6册，艺文印书馆2007年版，第11页。

③ 瞿同祖：《中国法律之儒家化》，载《瞿同祖法学论著集》，中国政法大学出版社1998年版，第371页。

题。出身史官世家而又尊崇黄老的司马谈在这一进程中起了关键作用。在《论六家要旨》中，司马谈从儒学内部对儒学德性进行了制度性改造（《史记》卷一三〇《太史公自序》）①。司马谈指出，由于经传礼仪的繁琐，儒者既不能得儒学之“要”，事实上也无法不知“要”而仅仅遵从经传礼仪的规定，于是儒学之内在和外在之整体性都亡失了。只能以外在规定性重构儒学之整体性。而此重构儒学的外在规定性即贡献何种治术。基于此，司马谈整合儒学丧服中“三至尊”与“三至亲”，得出君臣、父子、夫妇、兄弟四伦，无形中去除了儒学五伦中责善的朋友一伦，即取消了作为先秦儒学德性之根基的伦理之相互性。四伦是单向性的上下伦理，于是服从取代了关爱重构了儒学。最终，四伦所重构的伦常及基于此伦常的儒学得以顺利对接与以秦制为基础的中国传统王朝政制，并成为其德性基础与观念形态。汉代儒学未能建构经国大典，以致儒学之政教分离与君臣异术。由此造成孝亲受到制度窒碍，不能推为仁民。于是儒学世家以对上之柔顺为修养，形成顺从君父即是行仁义于天下的观念。父母为个体人所必须，君则为群体人所必须。但二者对于“自事其心者”②却是外在的权威。于是玄学放旷之士只能以同于禽兽的忘“人”来达致从内向外的“诚之”。这实际上是以放弃人之德性的方式来反抗权威。总括汉晋儒学世家之德性与政事，可有三种类型：寒族因其受服从训练较少，多有健行之德，才有可能成为区域性的独立政治力量，从而得以伸展其仁爱之翼。世族所受今文经学士礼亲亲之爱的熏陶与局限，无力超越甚至斩断亲情谋创大业。由阴谋术带来的决断力，表现为较少受到其他因素羁绊，因此，阴谋术也是一种纯粹暴力。曾被推许为大儒的王莽与儒学世家司马氏以皇权建构儒学经国大典，其所娴熟的阴谋术却无

① ［西汉］司马迁：《史记》，第10册，中华书局2013年修订本，第3965、3967页。

② 《庄子》，［清］郭庆藩《集释》本，第1册，中华书局1961年版，第155页。

力真实运行之。王莽与司马氏无其德而行其事，卒乱天下。

由今观之，可以从三个方面推进对于汉代思想与制度相关性的研究：一是全面探讨汉代儒学与制度的相关性，形成整体概观；二是提炼儒学与制度的互动模式；三是廓清儒学制度与汉代伦理道德、社会结构的互相影响。

由于盲目嵌套西方学术框架，以往对于汉代儒学的研究多集中在哲学思想领域，就哲学思想而研究哲学思想。但是至少在汉代，儒学并非仅仅是一种哲学思想。在汉代，儒学是一股重要的政治思潮，儒生是一派重要的政治势力，不但深刻地影响了汉代现实政治，也对汉代大一统王朝的政治制度，乃至整个中国古代王朝时期政治制度的奠定发挥了重要作用。于是我们必须跳出哲学思想来看儒学。我们所应当最终关注者，并非自限于儒学对于具体制度形成之作用，例如阎步克对于儒学与察举制关系之研究①，而是从哲学角度，将儒学制度视为儒学的外在展开，将儒学的制度化视为儒学的普遍化，通过这一儒学的普遍化进程，探讨儒学道德形而上学的普世性，将政治制度视为哲学思想在现实世界中的展开与实现，通过研究汉儒对政治制度的改革和创新，探讨儒学道德形而上学是否能够普遍化，以及汉代儒生的践行能力。

《史记》卷一二一《儒林列传》之诸儒传记，开首为公孙弘、申公、辕固生三人②。公孙弘为儒生而适应现有制度，得以封侯拜相，此辕固生所谓“曲学阿世”者。申公为武帝所召，乃言“为治者不在多言，顾力行何如耳”，拒绝为天子献策，是则以学术疏离于权力。于辕固生传中则载其三事：一为在景帝前与黄生争论汤武革命；二为对窦太后问以老子书为家人言；三为责公孙弘“务正学以言，无曲学

① 阎步克：《察举制度变迁史稿》，中国人民大学出版社2009年版。

② ［西汉］司马迁：《史记》，第10册，中华书局2013年修订本，第3763—3768页。

以阿世”。此三事大有深意。其一为国家批判，尤其以君主批判为核心，由正君而正国。其言“夫桀纣虐乱，天下之心皆归汤武，汤武与天下之心而诛桀纣，桀纣之民不为之使而归汤武，汤武不得已而立，非受命为何？”发扬孟子民本之义，为汉代儒学奠立根基。其二为社会批判，反对清静无为的安于现状，要求移风易俗，改造社会。其三为儒者批判，或曰士人批判，即将国家、社会的批判寄托于儒者士人，因此儒者士人必正学以言，无曲学阿世，才能实现对于国家、社会的批判，使天下复归于三代之盛。毫无疑问，汉儒在公孙弘的随顺权力与申公的疏离权力两极之间，最终走上了辕固生以儒学批判权力，改造国家与社会，努力实现至德盛世的道路。于是，在总体框架上，可以以汉代儒学制度为中轴，以三个同心圆来构成汉代儒学史的整体图景。其内圈为儒生群体的形成与兴起，以及儒生群体对于汉代政治史的影响。这一影响的成果，便是汉代儒学制度之奠定，亦即中圈之形成。儒学制度的成熟与扩展，最终冲决了商鞅变法造成的法家式社会结构，形成外圈，使得聚居性儒学家族大量滋生，构造了儒学式社会结构，奠定了中国传统社会结构的基底。从儒学道德形而上学的角度来看，这就是儒学生活方式的普遍化进程。

对于汉代儒学与制度相关性研究的重点，在于从纷繁复杂的史实中清理出思想的体系性，尤其是从儒学制度化的角度，为汉代制度史进行分期，厘清每一时期儒学制度化的程度，以及制度背后的儒学基底。尤其是不同儒学派别，例如经今古文学、今文十四博士等等的歧异。但是又不能陷溺于枝节性的歧异之中不能自拔，既整体全面，又细致入微，最终达致儒学道德形而上学的高度。

对于汉代儒学与制度相关性研究的难点，在于如何判断史书记载的历史人物的言行其背后所依据的学术思想。历史人物说话并不全都引经据典，即便引经据典，有时也不过是为了论辩的方便而已，并非其内心真正信奉的思想。如果我们完全不能判断历史人物言行的学术思想依据，将丧失大量有价值的史料。但是同时，也要时刻警惕牵强附会，求之过深，尤其是要严格避免为了立论的方便，随意将历史人物的言行归类。为此，需要进行大量仔细深入的考察，这是一项聚沙成塔的细致工作。

对于汉代儒学与制度相关性研究所应该达成的主要目标是，在学术思想理论方面，从儒学道德形而上学的高度构建儒学制度化的普遍形式，为儒学史、思想史、哲学史、制度史、社会史研究开一新生面。在学科建设发展方面，打破原来的哲学史、历史学、政治史、社会史等学科壁垒，构建哲学思想、伦理道德、政治制度、社会结构一以贯之的学术研究体系。哲学思想、伦理道德、政治制度、社会结构四者是四位一体，不可分割的，社会行为的个体性（包含但不限于个人性）即为道德，儒家思想的影响及于道德哲学与道德范式。政治与道德共同构成了社会性行为，在此中政治与道德的结合则成为德性政治：在中国古代，政治制度设计的政治哲学导向，正是指向德性之养成。道德和政治亦即德性政治构成了一定人群的基本行为模式。而对此予以解释，为何必须如此行为，亦即何谓道德的问题，对此提供论证的是哲学思想。德性政治的可能性，亦即何以能够以此行为模式行事的根基，则是与道德和政治制度相适应的社会形态。于是德性政治实际上包含四个层次：哲学思想、伦理道德、政治制度、社会形态。四者相辅相成，缺一不可。

对于汉代儒学与制度相关性研究的基本路径是，以儒学制度化为中轴，以儒生对于制度的改革和制定为起点，向上考察儒学制度制定的具体过程，向下考察儒学制度对于社会结构及人的行为方式的影响及改变。尤其关注制度大规模改革和大规模创制时期儒学之影响，新制度的恒定性与持久性，以及制度对于社会结构的影响。在此基础上以政治制度与伦理道德的关系为切入点，探讨政治制度与伦理道德之间的负相关性和正相关性，以及儒者对此的认识和分析，尤其是因应之道的研究。我们对于此因应之道的研究，特别是结合此后的儒生改制行动进行研究，可以清楚地分析出汉代儒学的道德形而上学及其践行能力。

对于汉代儒学与制度相关性的研究方法，一是以文献与史实考据为基础，通过对于基础史料和基本史实的考据，得其真实，尤其是细节的真实。二是致力于分析重要历史事件，主要是制度改革和创制事件中，参与各方的博弈，特别关注各方的思想背景，将历史事件转化为思想事件，探讨思想的歧异与冲突。三是追寻制度变迁的思想背景和逻辑线索。不是从政治史的角度，将参与各方的立场化约为利益之争，而是致力于将制度变迁史还原为哲学思想在现实世界中逻辑的展开与实现。四是以社会结构为制度变迁的长期化和定型化，探寻政治制度与社会结构之间的对应关系。五是以哲学思想、伦理道德、政治制度、社会结构四位一体的整体方法，探讨四者的互动和相关性，尤其是随着汉代儒学的发展深化，四者渐趋一致性和一体化。

通过对汉代儒学思想与政治制度的相关性研究，可知就汉代而言，思想与制度的相关性有三种表现：一、思想本身的制度化，二、制度受到思想的影响而变化（包含正反向变化），三、制度生成自身的意识形态。一、二带来制度的变革，三则是制度抗拒变革。三者都会导致思想的变革。从德性政治的角度看，汉代思想与制度之互动，最终形成哲学思想上儒道互补，伦理道德上忠孝兼修，政治制度上礼律同遵，社会结构上家国相持的格局，对中国文化的深层结构形成深远影响。

历来对韦伯社会理论的理解可以分为两派，一派主张思想、观念、精神因素对人的行动具有决定作用，于是，以韦伯“世界诸宗教的经济伦理”这一卷帙浩繁的系列研究为其著作主线；另一派则强调制约人的行动背后的制度原因才是决定因素，故而认为《经济与社会》这部鸿篇巨制为韦伯著述之核心。我们则致力于以康有为“义理—制度”二分的格局[①]来承接韦伯研究之二派，并由义理与制度的互动来透视思想与社会结构的互动，试图在中国研究中整合二歧之韦伯为一个理论整体，进而由中国历史经验及其研究建构中国理论。

① 康有为《实理公法全书》卷首《凡例》开篇即言：“凡天下之大，不外义理、制度两端。”载《康有为全集》，第1集，中国人民大学出版社2007年版，第147页。

绪 论
中国德性政治史要略

中国古典政制是德性制度，是道德与政治合一的制度。这主要体现在两个方面：一方面，道德必须由社会群体来承载，其核心是家族；另一方面，道德无法直接成为或支撑制度，制度的实现需要权力的支撑，权力在传统中国主要是君权。质言之，中华古典政制的核心是：家族承载道德，君权支撑制度。

第一节 中国古典德性政治

中国古典德性政治，亦即道德与权力合一的制度主要体现在周礼体系中。章太炎《检论》卷二《礼隆杀论》："礼者，法度之通名，大别则官制、刑法、仪式是也。周官三百七十有余品，约其文辞，其凡目在畴人世官。"[①] 周礼体制并非仅仅只是一套具体的礼节仪式，而是包含礼之义、职官制度、法令规章、礼节仪式在内的一整套王朝典制。

孔子所整理的周礼体系，其德性政制之历史始于《尚书》，以《尧典》居首。太史公著《史记》，首《五帝本纪》，梁玉绳疑曰："孔

① 章太炎：《检论》，载《章太炎全集》，第三卷，上海人民出版社 2014 年版，第 405 页。

子删《书》肇于唐、虞，系《易》起于包、炎。史公作史，每祖述仲尼，则本纪称首不从《尚书》之昉二帝，即从《易·辞》之叙五帝，庶为允当，而以黄帝、颛、喾、尧、舜为五，何耶？”遂谓其误仍《大戴礼·五帝德》[①]。崔适则据《史记·太史公自序》曰“述陶唐以来，至于麟止”，以为本当为“陶唐本纪”，后人改为《五帝本纪》[②]。史公之意当以李景星之说为确：“孔子删《书》，断自二典，详政治也；太史公记史，始于五帝，重种族也。盖五帝始于黄帝，为我国种族之所自出。”[③]其实崔适的实质理解倒是很对的：“上系黄帝，下兼虞舜，犹《周本纪》上系后稷，下统武王之比。”[④]要言之，黄帝使人成为类，尧舜禹使类成为人。也就是说，黄帝使华夏族成为一个整体，形成了族群的归属感；尧舜禹则确立了华夏族的基本生活方式。因此尧舜禹成为华夏族的真实开端。这也是《尚书》始于唐尧的原因。

《尚书》之人，则以尧舜禹三圣王居首，实以此三圣王奠定了中华德性政治的根基。

尧划分了天。《尧典》前半篇（相当于今本古文《尚书》中的《尧典》）关于尧的作为，集中在“羲和”章，刘起钎总结道：“分叙四季的政事，每一季约分三个内容：第一是派一位官员管该季相应的一方的事务；第二是依四中星定四季；第三是叙述其人民情况和鸟兽情况。”[⑤]最后，帝曰：“咨！汝羲暨和，期三百有六旬有六日，以闰月定四时，成岁。允厘百工，庶绩咸熙。”[⑥]孔子对尧的功绩极为称颂。《论语·泰伯》，子曰：“大哉！尧之为君也。巍巍乎！唯天为大，唯尧则之。荡荡乎！民无能名焉。巍巍乎！其有成功也。焕乎！其有

---

① ［清］梁玉绳：《史记志疑》，上册，中华书局1981年版，第1—2页。
②④ 崔适：《史记探源》，中华书局1986年版，第20页。
③ 李景星：《四史评议》，岳麓书社1986年版，第5页。
⑤ 刘起钎：《尚书学史》（订补本），中华书局1989年版，第462页。
⑥ 旧题［西汉］孔安国注、［唐］孔颖达疏：《尚书注疏》，载［清］阮元校刻：《十三经注疏》，第1册，艺文印书馆2007年版，第21页。

文章。”[1]金景芳对此“感到惊异”，因为孔子平生不轻许人，为什么独对尧这样称颂，简直把最美好的词句都用上了。及与《尧典》对照，才了解到这个天固然是自有人类以前就有，但是人的认识，并不是始终如一的。在尧制定新历之前，据《左传》襄公九年说，是“祀大火，而火纪时焉”，即视二十八宿中的心宿二纪时，心宿二当然不能代表天。而制新历是“历象日月星辰”，日月星三辰就能代表天了。尧历象日月星辰制历是“则天”，制历以后，依历行事也是“则天”[2]。顺天行政，尧由此建立了天人合一的政治模式。这也是后世《月令》类文献的滥觞。

舜划分了人。《尧典》后半篇（相当于今本古文《尚书》中的《舜典》）记载舜的作为，主要是任官授职。《论语·泰伯》子曰：“巍巍乎！舜禹之有天下也而不与焉。”[3]《汉书》卷九十九《王莽传》太后诏引之，师古曰：“言舜禹之治天下，委任贤臣，以成其功，而不身亲其事也。”[4]《孟子·滕文公》上引作：“君哉！舜也。巍巍乎！有天下而不与焉！”赵注：“舜得人君之道哉！”[5]《论语·泰伯》又曰：“舜有臣五人而天下治。”何晏《集解》引孔安国指为禹、稷、契、皋陶、伯益[6]。五人俱见命于《尧典》。放四凶，任贤人，舜也由此建立了位德合一的政治模式。张敬夫曰：“就《尧典》一篇，而知民族文化之基础已立。就《舜典》一篇，而知国家之规模已具。”[7]

禹划分了地。禹之功绩，主要著在《禹贡》一篇。《书序》所谓：

---

① 《论语》，[清]刘宝楠《正义》本，上册，中华书局1990年版，第308页。
② 金景芳：《尚书新解序》，载金景芳、吕绍纲：《〈尚书·虞夏书〉新解》，《序》，辽宁古籍出版社1996年版，第2页。
③ 《论语》，[清]刘宝楠《正义》本，上册，中华书局1990年版，第307页。
④ [东汉]班固：《汉书》，第12册，[唐]颜师古注，中华书局1962年版，第4049页。
⑤ 《孟子》，[清]焦循《正义》本，上册，中华书局1987年版，第391、392页。
⑥ 《论语》，[清]刘宝楠《正义》本，上册，中华书局1990年版，第309页。
⑦ 张元夫：《尚书述闻》，台湾商务印书馆1980年版，第14页。

“禹别九州，随山浚川，任土作贡。”[①] 但禹在中国历上的地位，却并非简单地就是由平治水土奠定的。胡渭《禹贡锥指》于“禹锡玄圭，告厥成功”下注曰：

> 成功，人皆谓水土之功成，此未足以尽其义。天生民而立君以治之，养与教二端而已。养之所以遂其生，教之所以复其性。生已遂而性犹未复，圣人之忧方深，故必祗台德先，不距朕行，声教讫于四海，而后为新民之极，功止于至善也。禹抑洪水不过八年，而告厥成功，需之十有三载，职是故耳。《禹贡》一书，虽言治水之事，而其规模之大，义理之精如此。二十八篇之中，唯《尧典》、《洪范》可与拮抗，馀皆不及也。[②]

那么，禹之教为何呢?《孝经》卷上《开宗明义章》：“子曰：‘先王有至德要道，以顺天下。民用和睦，上下无怨。’”[③]《释文》：“先王，郑玄云，禹，三王最先者。案，五帝官天下，三王禹始传于殷，于殷配天，故为孝教之始。王谓文王也。有至德，郑云，至德，孝悌也。要道，郑云，要道，礼乐也。”[④] 此以孝道为周礼之根基，故陆氏以王指文王。但以孝道为治天下之至德，实始于夏禹传子，故郑玄释为禹。由此可知《禹贡》关乎治者，端在“锡土姓”三字。考孔传：“天子建德，因生以赐姓，谓有德之人生此地，以此地名赐之姓以显之。”孔疏：“臣蒙赐姓，其人少矣。此事是用贤大者，故举以为

---

① 旧题［西汉］孔安国注、［唐］孔颖达疏：《尚书注疏》，载［清］阮元校刻：《十三经注疏》，第1册，艺文印书馆2007年版，第77页。

② ［清］胡渭：《禹贡锥指》，上海古籍出版社2006年版，第702页。

③ ［唐］唐玄宗李隆基注、［北宋］邢昺疏：《孝经注疏》，载［清］阮元校刻：《十三经注疏》，第8册，艺文印书馆2007年版，第10页。

④ ［唐］陆德明：《经典释文》，下册，上海古籍出版社1985年版，第1333页。“三王禹始传于殷”之“殷”疑“启”之误，参黄焯《经典释文彙校》引段玉裁校，中华书局1980年版，第201页。

言。”[①] 胡渭曰：“有土则必有氏，而赐姓为难，锡土姓谓始封之君有德者也。锡土姓是一事。《王制》云，有功德于民者，加地进律，即其事也。”又曰：“诸侯之氏即其国名，有土则有氏。故经不言氏，其所重在赐姓。姓非有德者不得赐，天下有有土而不锡姓者矣，未有锡姓而无土者也。”[②] 平治水土，划分服贡，在此基础上的传子与锡土姓，使得血缘与地缘合一，并由此建立其孝治合一的政治模式。

严正提出：“尧舜禹夏商周时代的历史作为一个整体，而不仅是其中的某些观念或某种思想，成为中华民族人生社会理想和信仰的源泉和象征。”[③] 尧之天人合一、舜之位德合一、禹之孝治合一，共同奠定了周礼、儒学，乃至中华文明的根基。在古人看来，至禹方真正区分了人兽。《左传》襄公四年魏绛述虞人之箴云：“芒芒禹迹，画为九州。经启九道，民有寝庙，兽有茂草，各有攸处，德用不扰。”[④] 故而周礼重典《洪范》、西周重器《豳公盨》均称颂禹，并以之与德相联系[⑤]。

要言之，周礼的基本格局有三：其一，尧定历法，顺天行政，奠定了天人合一的传统。其二，舜任官授职，委任贤臣，奠定了位德合一的传统。其三，禹平治水土，划分服贡，使得血缘与地缘合一，奠定了孝治合一的传统。天人合一、位德合一与孝治合一，共同奠定了周礼、儒学和中华文明的根基。

在由三圣王所奠定的三个“合一”的格局之中，天人合一和孝治合一基本上都得到遵守和贯彻，华夏三千年的变局实际上出现在德位

---

① 旧题［西汉］孔安国注、［唐］孔颖达疏：《尚书注疏》，载［清］阮元校刻：《十三经注疏》，第1册，艺文印书馆2007年版，第91页。

② ［清］胡渭：《禹贡锥指》，上海古籍出版社2006年版，第659—661页。

③ 严正：《五经哲学及其文化学的阐释》，齐鲁书社2001年版，第145页。

④ ［西晋］杜预注、［唐］孔颖达疏：《春秋左传注疏》，载［清］阮元校刻：《十三经注疏》，第6册，艺文印书馆2007年版，第507—508页。

⑤ 二者内容密切相关，参裘锡圭：《豳公盨铭文考释》，载裘锡圭：裘锡圭：《裘锡圭学术文集》，第三卷，复旦大学出版社2012年版，第152—153、163—165页。

问题上。检索中国历史，周代是比较完整地继承了这三个传统。周代以天作为权力的最高来源，天命是不容僭越的，体现在人事上则是等级秩序，即“礼”，从而，“礼”是来源于天，这体现了天人合一。同时，成康时期开始使用“天子”这一称号，即君主以天之宗子的名义统治天下，这直接体现了孝治合一。

第二节 “德”与“位”

“德”在周礼体系中是由位来提供的，换言之，位得于天命，而德由位定，是为“位德合一”。沈文倬认为，在殷周时代，贵族在政治上、思想上是依靠和运用天命思想来建立和巩固它的统治的。就是说，贵族的大小等级是依据天帝所赋予的德性来确立的。命是天授的，因而天帝命定的等级是不容僭越的。而这种不容僭越的等级身份，要用“礼”来表现，这样，“礼”和天命就直接联系起来了。具有何种等级就用何种礼典；有的礼典只有某一级贵族举行，比如觐礼只有王才能举行；有的礼典各级贵族都能举行而仪式不同，比如射礼，诸侯举行“大射”，而卿大夫在乡、州一级政权机构里举行的是“乡射”；又如婚、丧之礼，自天子至庶人都能举行，而在器物、仪式上加以区别，但又允许“摄盛”。每一礼典举行时，参加者各按其等级身份使用着不同的器物，同时表演着与等级相适应的仪容动作。差别极为森严，丝毫不容差忒。差忒了，不但要给予“非礼”的谴责，而且要被视作僭越、犯上、篡夺而加以罪戾。《左传》成公十三年载刘康公的话：“民受天地之中以生，所谓命也。是以有动作礼义威仪之则，以定命也。能者养以之福，不能者败以取祸。”就是这个意思。等级差别是唯一重要的①。

① 沈文倬：《略论礼典的实行和仪礼书本的撰作》，载沈文倬：《宗周礼乐文明考论》，浙江大学出版社2006年版，第4页。

可见，周礼体制的特色即为政治制度与道德修养合二为一，也就是位德合一，以位定德。《易·艮·象传》:“君子以思不出其位。”①《论语·宪问》:“曾子曰:‘君子思不出其位。’”②《论语·泰伯》:“子曰:‘不在其位，不谋其政。’”③于是周礼以位定德的“德”，实际是“物所得以生”的内在根据，是一物所以区分于他物的特性④。

但到春秋时期，礼坏乐崩，最为突出的表现即是位德不符。一方面是有德者失位，另一方面是在位者无德，身居高位者道德堕落。面对这种德位不一的状况，孔子大胆地改造了周礼体系，在礼上加仁，将传统表位的“君子”一称用以表成德之名。孔子的有教无类，也培养了一大批有德无位的君子。孔子本人即是有圣德而无君位，儒家称之为素王。但这样一来，导致孔子虽以复兴周礼为己任，却难以恢复作为周礼根基的位德合一，尤其不可能以位定德。而更为尴尬的，则是周礼的位德合一是以位定德，而位则通过王权，可上溯于天命。然而当位德分离之后，德就无所附丽，失去了自身的根据。

于是必须为德另寻根据。

《左传》昭公五年女叔齐、昭公二十五年子大叔均曾区分礼与仪⑤。基于此，孔子将周礼之义概括为“敬”，以敬区分礼仪与礼义。《论语·为政》:“子游问孝。子曰:‘今之孝者，是谓能养。至于犬

---

① [三国·魏]王弼注经、[东晋]韩康伯注传、[唐]孔颖达疏:《周易注疏》，载[清]阮元校刻:《十三经注疏》，第1册，艺文印书馆2007年版，第116页。

② 《论语》，[清]刘宝楠《正义》本，下册，中华书局1990年版，第587页。

③ 《论语》，[清]刘宝楠《正义》本，上册，中华书局1990年版，第304页。参刘氏《正义》。

④ 参张岱年:《中国古典哲学概念范畴要论》，中国社会科学出版社1989年版，第154页。

⑤ [西晋]杜预注、[唐]孔颖达疏:《春秋左传注疏》，载[清]阮元校刻:《十三经注疏》，第6册，艺文印书馆2007年版，第745、888页。

马，皆能有养；不敬，何以别乎？’”[①]但周礼是一个基于天命，以位定德的体系，因此虽然也强调敬，但实为“敬畏”。《尚书》中众多的“畏”、“畏威”无论已，《左传》襄公三十一年北宫文子论“威仪”曰：“有威而可畏谓之威，有仪而可象谓之仪。”[②]孔子则将“敬畏”改为“敬爱”。并在礼上加“仁”，以“爱人”为“仁”。问题是“爱”又从何而来？《论语·学而》：“有子曰：‘其为人也孝悌，而好犯上者，鲜矣；不好犯上，而好作乱者，未之有也。君子务本，本立而道生。孝悌也者，其为仁之本欤。’”[③]不犯上作乱，即是“无违”，即是合于礼。有子此语，乃谓修德始于孝悌，经礼而达仁。而所谓“孝为仁之本”，正透露了“仁”的根基在于“孝”。仁既是爱人，爱则是由孝中“提取”。由是，儒家之仁爱，便以人伦网格为中介，始于孝亲，以亲亲之杀的差序格局，达至泛爱众，终于立身。于是礼的根据就由外在的天命转变为内在的心性。相对于周礼的位德合一来说，孔子的位德基本上是分离的。孔子即曾斥“今之从政者”为“斗筲之人”(《论语·子路》)[④]。而他的反应一方面是有德者当疏离于位。《论语·宪问》：“宪问耻，子曰：‘邦有道，谷；邦无道，谷，耻也。’”[⑤]另一方面则是提出“正名”，要求君要像个君的样子，臣要守臣的规矩[⑥]。可是这样的缘位以求德，仍然是周礼的老路。看来孔子并未找到实现位德合一的有效途径。

真正开创新局面的是孟子。孟子继承了孔子的思想，以仁为最高

---

① 《论语》，[清]刘宝楠《正义》本，上册，中华书局1990年版，第48—49页。
② [西晋]杜预注、[唐]孔颖达疏：《春秋左传注疏》，载[清]阮元校刻：《十三经注疏》，第6册，艺文印书馆2007年版，第690页。
③ 《论语》，[清]刘宝楠《正义》本，上册，中华书局1990年版，第5—7页。
④ 《论语》，[清]刘宝楠《正义》本，下册，中华书局1990年版，第540页。
⑤ 同上书，第553页。
⑥ 《论语》，[清]刘宝楠《正义》本，上册，中华书局1990年版，第517—522、499页。

范畴，以恭敬之心说礼。同时，孟子也有着自己的思考，在孔子于礼上加仁之后，孟子于礼下加让，以辞让之心为礼之端。孟子区分了现实世界中实有之位与依据每一人之德行所应有之位，以前者为人爵，后者为天爵。“仁义忠信，乐善不倦，此天爵也；公卿大夫，此人爵也。”理想的秩序应当是“修其天爵而人爵从之”(《孟子·告子》上)[①]，亦即人爵应以天爵为依据。由此，孟子重建了位德合一，只是将原来周礼的以位定德颠倒为以德定位。于是，恭敬的实际含义，便是依据对方之天爵来行礼，而不论其人爵之尊卑；自人爵的角度来看，则可称之为礼贤下士。辞让更是拥有人爵之人，依据天爵以位与人，主动实现位德合一。至其极，如舜，其德至，便可以匹夫而为天子。于是敬不再占据孟子礼义体系的核心地位，而让位于让。

汉承秦制，当时便普遍要求惩秦之弊，革秦苛政。于是文帝时开始奠定察举制为基本的选人制度[②]，这实际上就是孟子以德定位思想的现实化。文帝时以《孟子》立于博士学官（赵岐《孟子题辞》）[③]，绝非偶然。于是，正如赵翼《廿二史札记》卷二“汉初布衣将相之局”条所言，盖秦汉间为天地一大变局。自古皆封建诸侯，各君其国，卿大夫亦世其官，成例相沿，视为固然。秦皇尽灭六国，以开统一之局。汉祖既起自布衣，其臣亦自多亡命无赖之徒，立功以取将相。天之变局，至是始定。迨至七国反后，于是三代世侯世卿之遗法，始荡然净尽，而成后世征辟、选举、科目、杂流之天下矣[④]。以德定位的实践也开启了世袭与选举之间的冲突。这种冲突反映在政治制度上是门阀与君权之间的冲突。汉代是通过培养家族来承载道德，

---

① 《孟子》,［清］焦循《正义》本，下册，中华书局 1987 年版，第 796 页。
② 阎步克:《察举制度变迁史稿》，中国人民大学出版社 2009 年版，第 3 页。
③ ［东汉］赵岐:《孟子题辞》，载［清］焦循《孟子正义》，上册，中华书局 1987 年版，第 17 页。
④ ［清］赵翼:《廿二史札记》，中国书店 1987 年版，第 21—22 页。

但是豪门氏族的兴起又侵害了君权。这里的家族主要是指豪门贵族或门阀。家族与君权的矛盾是华夏政治的内在矛盾：家族过盛则有德而无治，君权过盛则有治而无德。

第三节　世家大族与德性政治

既曰以德定位，于是亲亲尊尊之义，经有汉四百年之培育，终于形成门阀士族，各以其族内亲亲之杀，演为朝廷尊尊之等①，其甚者，乃至“王与马，共天下”(《晋书》卷九十八《王敦列传》)②。在门阀政治中，官爵实际成为皇权与世族之间的纽带，世族的权力最终来自其官爵与相应的权力，皇权则以官爵换取世族的支持。《世说新语·排调》：“初，谢安在东山居布衣时，兄弟已有富贵者，翕集家门，倾动人物。刘夫人戏谓安曰：‘大丈夫不当如此乎？’谢乃捉鼻曰：‘但恐不免耳。’”③其曰不免，即因兄弟并不成材，而家族又不能没有高官。田余庆认为，东晋才是真正的门阀政治，刘宋之时，世族便大势已去，受到皇权及皇权所扶持之寒族的夹击④。赵翼《廿二史札记》卷十一“宋齐多荒主”条以为“古来荒乱之君，何代蔑有，然未有如江左宋齐两朝之多者。……统计八九十年中，童昏狂暴，接踵继出。”⑤之所以如此，正是因为皇权与世族斗争趋于激烈，世族多以道德自命⑥，于是皇权便在凌轹世族时连其道德一并抛弃。唐代宫闱之

---

① 其著者，如《汉书》卷六十八《霍光传》：“自昭帝时，光子禹及兄孙云皆中郎将，云弟山奉车都尉侍中，领胡越兵。光两女婿为东西宫卫尉，昆弟诸婿外孙皆奉朝请，为诸曹大夫，骑都尉，给事中。党亲连体，根据于朝廷。”中华书局1962年版，第9册，第2948页。

② ［唐］房玄龄：《晋书》，第8册，中华书局1974年版，第2554页。

③ ［南朝·宋］刘义庆：《世说新语》，龚斌《校释》本，下册，上海古籍出版社2011年版，第1555页。

④ 田余庆：《东晋门阀政治》，北京大学出版社1989年版。

⑤ ［清］赵翼：《廿二史札记》，中国书店1987年版，第143页。

⑥ 如，即便在北朝，博陵崔氏与赵郡李氏世为婚姻，辈分始终合乎礼法。

秽乱，也肇因于此。

家族的德性突出表现在，当天下大乱之时，世家大族可以兴修水利、赈济流民，甚至上抗皇权，下敌外寇。正因为家族仁爱之德可以充实而扩大，兼济天下，所以北朝异族政权归化中华政制，即采取重建家族的形式。北魏孝文帝改革即以宗室为核心，与汉族世家联姻，形成婚姻集团掌控中枢政治。北周则以鲜卑旧族接续汉族世家统绪，形成关陇集团，彻底解决文化正统问题，得以一统天下，化六朝乱局而开大唐盛世。

隋唐君权既强，于是君权便谋求裁抑家族势力。科举正是将选人之权纳入皇权掌控。宋初殿试制度的建立标志着皇权对于科举选士权的完全掌控。另一方面，则是爵尊于族原则的确立。唐初太宗诏修天下氏族志，训诫诸大臣曰："卿等不贵我官爵耶！不须论数世以前，止取今日官爵高下作等级。"(《旧唐书》卷六十五《高士廉列传》)[①]于是，虽然世家大族仍然可以仕至高位，但必须经由科举铨选循序迁转等等程序，而不再如六朝之时可以单纯凭借家族门第。科举所带来的爵尊，彻底破坏了世族的宗法制，使得仕进为官者日益个体化，亦即其家族逐渐不再成为国家权力体系中的一股力量。例如，赵郡李氏——正如陈寅恪指出的，李唐皇族先世若非赵郡李氏之破落户即是赵郡李氏之假冒牌[②]——随着其家族地位上升，活动范围远远超出了赵郡故地，族人遍布全国[③]。于是族人之间的联系越来越少，相较于先秦宗族与明清家族，赵郡李氏既没有宗子、族长一类统领全族的人物，也没有宗庙或祠堂、族地等维系家族归属，最后赵郡李氏仅仅只

① ［五代·后晋］刘昫：《旧唐书》，第7册，中华书局1975年版，第2444页。

② 陈寅恪：《唐代政治史述论稿》，三联书店2004年版，第194页。

③ 例如宋代的蔡襄即曾慨叹："今之仕者，东西南北或千万里，士大夫得便其家者得相庆幸。"(《宋端明殿学士蔡忠惠公文集》卷二六《陈殿丞送行诗序》)陈庆元、欧明俊、陈贻庭校注：《蔡襄全集》，福建人民出版社1999年版，第582页。

是一个理念，无非就是很多人自认为李氏子孙而已，实际上，在政治生活中表明自身赵郡李氏的身份已经没有任何意义了[①]。至此，所谓世家大族也就此宣告终结[②]。

世家大族的消失是中国历史上的重大转折。此前，大量底层民众被吸纳到世族田庄之中，于是世族成为国家政权（皇权）与乡村社会的中介：对上，世族既可以凭借世传经学从道德上批评皇权，也可以依仗其家族实力在现实政治中钳制皇权；对下，则可循抚乡民，结成一自治之共同体，民赖以全活于乱世。世族消失之后，国家政权落入出身寒微的职业军人集团之手，乡村社会则为新兴土豪所掌握。由是国家分裂，横则藩镇割据，朝廷（或中原王朝）与地方互不统属；纵则军人武力集团与乡村土豪无法统合。因此，由晚唐经五代至宋初，国家整体无赖化、暴力化，道德既无保障之制度，更无承载之群体。唐末朱全忠秉政，“尽杀朝之名士，或投之黄河，曰：‘此辈清流，可投浊流。’而唐遂亡矣。”（欧阳修《居士集》卷十七《朋党论》）[③]

第四节　平民家族与德性政治

宋兴，国家层面的问题一是削平藩镇，重建中央政权，这一点做得很好；二是重新统合上下，使皇权下及乡村，这一点始终没有做到。叶适尝言：“古者民与君为一，后世民与君为二。”（《水心别集》卷二《民事》上）[④] 自先秦至唐中叶，国家都授民以田，豪族往往与

① 程颐曰：“宗子法坏，则人不自知来处，以至流转四方，往往亲未绝，不相识。”（《二程遗书》卷一五《入关语录》）[北宋] 程颢、程颐：《二程集》，上册，中华书局2004年版，第150页。

② David G. Johnson, “The last Years of a Great Clan: The Li Family of Chao Chun in Late T’ang and Early Sung”, in *Harvard Journal of Asiatic Studies*, V.37, N.1, 1977.

③ [北宋] 欧阳修：《居士集》卷十七《朋党论》，载 [北宋] 欧阳修：《欧阳修全集》，第2册，中华书局2001年版，第297页。“或”当作“咸”。

④ [南宋] 叶适：《叶适集》，下册，中华书局2010年版，第651—652页。

国家争夺人口，因此也就成为皇权的打击对象。唐代中期均田制崩溃之后，国家再也无力授田。“中国古代社会的君民关系出现了前所未有的格局，不是贵族政治，不是门阀政治，也不是国家直接控制编户齐民。唐末五代，由流民武装建立的政权不能直接掌握土地，也就不能直接控制地方社会。而作为经济上的主体力量，富民、土豪阶层又不能获得政权，或者将自己的经济力量上升为政治力量，于是出现了叶适所谓的‘民与君为二’的格局。也可以讲，这是国家与乡村社会分离的格局，或者说政治体系与经济体系分离的格局。”①

社会层面的问题则是重建道德，这成为理学兴起的动因。二程有谓：“今之学者，歧而为三：能文者谓之文士，谈经者泥为讲师，惟知道者乃儒学也。”（《二程遗书》卷六二先生语）② 文士为唐代经由科举进士新兴的文官，只知舞文弄墨，雕章琢句；讲师是传统世家大族之孑遗，对应于科举之明经，只知死啃书本，章句训诂：二者虽然身居高位，民具尔瞻，但都罔知天道，不能治国平天下。只有儒学（理学）之士，才是真正地贯通天道人心，以天下为己任。于是理学之士自命为重新整合国家—社会的核心。在张载、程颐等早期理学家看来，恢复道德、维系国家的关键，在于重建承载道德的社会群体，亦即世族。张载曰：

> 宗子之法不立，则朝廷无世臣［……］或问：“朝廷何所益？”公卿各保其家，忠义岂有不立？忠义既立，朝廷之本岂有不固？今骤得富贵者，止能为三四十年之计，造宅一区，及其所有，既死，则众子分裂，未几荡尽，则家遂不存。如此则家且不

① 吴铮强：《科举理学化——均田制崩溃以来的君民整合》，上海辞书出版社2008年版，第15—16页。

② ［北宋］程颢、程颐：《二程集》，上册，中华书局2004年版，第95页。

能保，又安能保国家！（《经学理窟·宗法》）①

范仲淹的族田则真正奠定了新型家族的经济基础。至朱熹以祠堂替家庙（《家礼》卷一《通礼》）②。明邱浚进而破祭祖之数至始祖，且以合族共祭（《家礼仪节》卷一《通礼》）③。其盛赞莆田阙下林氏：

> 然而说者卒谓祀尝止于四代，过则为僭。盍观鲁子之言乎！慎终追远，民德归厚。若祀惟四代而止，则世之玄孙往往有逮事高祖者，岂得为远哉！又何用追为！子程子谓冬至祭始祖，立春祭先祖，文公载之《小学》书中以为范。兹盖百世人家通行之常礼也，况有孝德如林氏哉！古称盛德必百世祀，孝为百世之本，德莫盛焉。阙下之林，独望于莆，阅六百年。其后裔犹合族以祀其十六世之祖，盛德之后，何其远哉！（《重编琼台会稿》卷十七《阙下林氏孝友祠堂记》）④

昔王国维尝作《殷周制度论》，以谓"欲观周之所以定天下，必自其制度始矣。"其制度之核心，"一曰立子立嫡之制，由是而生宗法及丧服之制，并由是而有封建子弟之制，君天子臣诸侯之制。二曰庙数之制。三曰同姓不婚之制。此数者，皆周之所以纲纪天下。其旨则在纳上下于道德，而合天子、诸侯、卿、大夫、士、庶民以成一道德之团

---

① ［北宋］张载：《经学理窟》，载［北宋］张载：《张载集》，中华书局1978年版，第259页。

② ［南宋］朱熹：《家礼》，载朱杰人、严佐之、刘永翔主编：《朱子全书》，第7册，上海古籍出版社、安徽教育出版社2010年修订本，第875页。

③ ［明］邱浚：《文公家礼仪节》，载《四库全书存目丛书·经部》，第114册，齐鲁书社1997年版，第457页。

④ ［明］邱浚：《重编琼台会稿》，载《景印文渊阁四库全书》，第1248册，台湾商务印书馆1986年版，第348页。

体。周公制作之本意实在于此。”(《观堂集林》卷十)[①] 邱氏重订之家礼，尤于祭礼，举宗法与庙数而去之，则使家族之内，亲亲之爱高于亲亲之杀，遂使族内亲亲之杀，不能再演为国家尊尊之等。此后，众家族辄囿于一隅之土，纵使族人获致高官，也仅仅是以个体身份入仕，其家族绝不可能成为国家政治力量。于是，此等县下家族上服朝廷规制，永无犯陛之虞，而下有人伦之亲，成为道德承载之中坚。其副作用则是，君权在现实政治中失去了其他政治力量的制衡，是以明清君主之刻毒，远甚前代。家族由私德向公德的扩充被打断，于是明清家族往往只知私恩而罔顾公义，六朝世家拥私兵而无内战，方之明清家族动辄械斗，可谓天壤之别。甚而至于，人有私德，即便无公德也可谓为有德。于是天下竟成一理学之牢笼，上至君主，下至庶民，皆丧失生命活力，只有贪欲横流。

① 王国维:《观堂集林》卷十《殷周制度论》，载《王国维遗书》，第1册，上海书店出版社1983年版，第467—468页。

第一章
以“天”代“帝”：周礼德性政治之建立

第一节 “德”与“帝”

“德”是华夏早期思想中最为重要的范畴。长期以来，学界一直流行着一种观念，“德”之观念起源于周人，是小邦周灭了大邑商之后，对商周成败进行反思的结果。此论始于郭沫若：

> 以天的存在为可疑，然而在客观方面要利用它来做统治的工具，而在主观方面却强调着人力，以天道为愚民政策，以德政为操持这政策的机柄，这的确是周人所发明出来的新的思想。发明了这个思想的周人，在《周书》中表示得很明白，那便是周公。①

在《周彝中之传统思想考》一文中，郭沫若也着重指出“德字始见周文。《班簋》：‘公告厥事於上：惟民氓拙哉，彝昧天命，故亡。允哉显，惟敬德，亡攸违。’此乃成王时器，乃彝铭中德字之最初见者。

① 郭沫若：《青铜时代·先秦天道观之进展》，载《郭沫若全集·历史编》，第1册，人民出版社1982年版，第337页。

殷彝无德字，卜辞亦无之。”[①]郭氏承袭王国维《殷周制度论》中关于殷周之变的研究，进而推衍到思想之突破，可谓有识。

郭氏宏论的一个重要论据，就是“德”的观念与“德”这个文字，都是周人的发明：

> 这的确是周人所独有的思想。在《商书》的《高宗肜日》中虽然也有这种同样的意思，但那篇文章很可疑。还有一个主要的旁证，便是在卜辞和殷人的彝铭中没有德字，而在周代的彝铭中如成王时的《班簋》和康王时的《大盂鼎》都明白地有德字表现着。[②]

这一观点也为后之学者普遍接受。如顾颉刚、刘起釪在校释《尚书·高宗肜日》时也说道：

> 本篇所用作为道德意义的“德”字，在甲骨文中也是没有的，到周代金文和文献中才出现。实际是西周统治者意识形态方面的一个范畴。殷代没有此德字，因为殷代尚没有形成而且也不具备德的观念，他们用杀戮的权威和上帝的权威来进行统治。[③]

但是，由于我们所见到的殷商史料有限，不能仅仅根据甲骨文中是否出现作为某一事物、观念在殷代有无的唯一根据。例如张亚初就

① 郭沫若：《金文丛考·周彝中之传统思想考》，载《郭沫若全集·考古编》，第5册，科学出版社2002年版，第67页。

② 郭沫若：《青铜时代·先秦天道观之进展》，载《郭沫若全集·历史编》，第1册，人民出版社1982年版，第335—336页。

③ 顾颉刚、刘起釪：《尚书校释译论》，第2册，中华书局2005年版，第1035页。

认为甲骨文虽无“傅”字，但商代应有三公之“傅”之一职[①]。蒋善国在讨论《高宗肜日》的时代时，就明确表示“卜辞出土虽已超过十余万，但单字尚不多，不能据已出土的卜辞里面，没有‘民’字和‘德’字，就认为殷代还没有‘民’字和‘德’字，也不可只据周初金文有‘德’字和《周书》有‘民’字，就否认殷代有这两个字。”[②]关于“德”是否为周人始创，我们不妨看看周人自己的认识。数年前，北京保利艺术博物馆曾购藏一件西周青铜器《豳公盨》[③]。该器“铭文的格式和内容与一般西周铜器迥异，劈头就说天命禹治水，天为民立法立王，导民以德，接着以较多文字讲民之好德者应如何行事，最后以豳公说民当用德的一句话作结。”[④]裘锡圭指出：“豳公盨铭中的一些词语和思想需要以《洪范》为背景来加以理解。这说明在铸造此盨的时代（大概是恭、懿、孝时期），《洪范》已是人们所熟悉的经典了。由此看来，《洪范》完全有可能在周初就已基本写定。”[⑤]《洪范》一篇是说武王伐纣之后，访于箕子，问治理天下之法，于是

① 张亚初：《商代职官研究》，载《古文字研究》，第十三辑，中华书局1986年版，第84页。参饶宗颐：《论殷代之职官、爵、姓》，载《饶宗颐二十世纪学术文集》，第4册，新文丰出版股份有限公司2003年版，第1519页。

② 蒋善国：《尚书综述》，上海古籍出版社1988年版，第210页。

③《豳公盨》，载《中国历史文物》，2002年第6期，铭文照片：封二，铭文拓片：第4页。

④ 裘锡圭：《豳公盨铭文考释》，载裘锡圭：《裘锡圭学术文集》，第三卷，复旦大学出版社2012年版，第146页。

⑤ 裘锡圭：《豳公盨铭文考释》，载裘锡圭：《裘锡圭学术文集》，第三卷，复旦大学出版社2012年版，第164页。关于《洪范》时代，还可参刘起釪：《〈洪范〉这篇统治大法的形成过程》，载刘起釪：《古史续辨》，中国社会科学出版社1991年版，第303—336页；李学勤：《帛书〈五行〉与〈尚书·洪范〉》，载《李学勤集》，黑龙江教育出版社1989年版，第370页；李学勤：《叔多父盘与〈洪范〉》，载饶宗颐主编：《华学》，第五辑，中山大学出版社2001年版，第110页；李学勤：《周易溯源》，巴蜀书社2006年版，第19—34页；［美］夏含夷：《略论今文〈尚书〉周书各篇的著作年代》，载［美］夏含夷：《古史异观》，上海古籍出版社2005年版，第321—325页。

箕子称述禹德以告[①]。箕子本为殷商宗室大贤，所言当为殷商先王治国方略。将《豳公盨》与《洪范》对读，可见周人并不认为“德”是自己的发明创造，而是将“德”上系于禹。这样一来，至少在周人看来，殷商一代有“德”乃是无可置疑之事了[②]。

郑开《德礼之间》一书认为，早期之“德”既是氏族或种族的本质属性（血统），同时也意味着种族绵延、宗庙不绝和民族认同[③]。正是在“德”与血统合一的观念之下，殷商一代商王统御万邦的正当性就表现在“帝”—“嫡”范畴关联的内在理路中。裘锡圭在《关于商代的宗族组织与贵族和平民两个阶级的初步研究》一文中指出，从古书和甲骨文资料来看，在商代，父子相继之制至迟在武丁时代就已经完全确立。在殷墟卜辞中，殷商时王常于直系先王冠以“帝”号。如第一期称父小乙为“父乙帝”，第二期称父武丁为“帝丁”，第三期称父祖甲为“帝甲”，第四期称父康丁为“帝丁”，第五期称父文武丁为“文武帝”。但是旁系先王从不称“帝”。嫡庶的“嫡”，经典多作“適”。不论是“嫡”或“適”，都是从“啻”声的，“啻”又是从“帝”声的。称父为“帝”跟区分嫡庶的观念显然是有联系的。商人所谓上帝，既是至上神，也是宗祖神。按照上古的宗教、政治理论，王正是由于他是上帝的嫡系后代，所以才有统治天下的权力。《尚书·周书·召诰》说“皇天上帝改厥元子兹大国殷之命”[④]，可见商王

---

① 旧题［西汉］孔安国注、［唐］孔颖达疏：《尚书注疏》，载［清］阮元校刻：《十三经注疏》，第1册，艺文印书馆2007年版，第167页。

② 刘泽华即据《尚书·商书·盘庚》认为殷商时期已有“德”观念：“殷代关于德的观念受敬上帝、尊祖思想的支配。所以德首先是一个宗教观念。当然也包含人事。”见刘泽华：《中国政治思想史集》，第一卷，人民出版社2008年版，第15页。

③ 郑开：《德礼之间——前诸子时期的思想史》，三联书店2009年版，第227页。

④ 旧题［西汉］孔安国注、［唐］孔颖达疏：《尚书注疏》，载［清］阮元校刻：《十三经注疏》，第1册，艺文印书馆2007年版，第220页。

本来是被大家承认为上帝的嫡系后代的[①]。《诗经·商颂·玄鸟》：

> 天命玄鸟，降而生商，宅殷土芒芒。古帝命武汤，正域彼四方。方命厥后，奄有九有，商之先后，受命不殆，在武丁孙子。武丁孙子，武王靡不胜。龙旂十乘，大糦是承。邦畿千里，维民所止，肇域彼四海。四海来假，来假祁祁。景员维河，殷受命咸宜，百禄是何。[②]

郑《笺》释曰：

> 天使鳦下而生商者，谓鳦遗卵，娀氏之女简狄吞之而生契，为尧司徒，有功封商。尧知其后将兴，又锡其姓焉。自契至汤八迁，始居亳之殷地而受命，国日以广大芒芒然。汤之受命，由契之功，故本其天意［……］古帝，天也，天帝命有威武之德者成汤，使之长有邦域，为政于天下。方命其君，谓遍告诸侯也。汤有是德，故覆有九州，为之王也［……］商之先君受天命，而行之不解殆者，在高宗之孙子，言高宗与汤之功，法度明也。[③]

又《商颂·长发》："有娀方将，帝立子生商。"郑《笺》云："帝，黑帝也。禹敷下土之时，有娀氏之国亦始广大。有女简狄，吞鳦卵而生

① 裘锡圭：《关于商代的宗族组织与贵族和平民两个阶级的初步研究》，载裘锡圭：《裘锡圭学术文集》，第五卷，复旦大学出版社2012年版，第122—124页。参王晖：《商周文化比较研究》，人民出版社2000年版，第46—47页。

② ［西汉］毛公传、［东汉］郑玄笺、［唐］孔颖达疏：《毛诗注疏》，载［清］阮元校刻：《十三经注疏》，第2册，艺文印书馆2007年版，第793—794页。

③ ［西汉］毛公传、［东汉］郑玄笺、［唐］孔颖达疏：《毛诗注疏》，载［清］阮元校刻：《十三经注疏》，第2册，艺文印书馆2007年版，第793—794页。

契，尧封之于商。后汤王，因以为天下号，故云帝立子生商。”① 在殷人看来，“帝”—“嫡”之统，既是每一商王即位的正当性，更是殷商王朝统御天下的正当性，二者实在是一而二，二而一的②。

---

①［西汉］毛公传、［东汉］郑玄笺、［唐］孔颖达疏：《毛诗注疏》，载［清］阮元校刻：《十三经注疏》，第2册，艺文印书馆2007年版，第800页。

② 晁福林认为：“在殷代社会政治结构中，神权具有举足轻重的地位。殷代神权基本上呈现三足鼎立之势，即：以列祖列宗、先妣先母为主的祖先神，以社、河、岳为主的自然神，以帝为代表的天神。三者各自独立，互不统属。过去那种以‘帝’为殷代最高神的传统认识，是错误地估价了它在殷人心目中的实际地位。帝只是殷代诸神之一，而不是诸神之长。居于殷代神权崇拜显赫地位的是殷人的祖先神，帝不过是小心翼翼地偏坐于神灵殿堂的一隅而已。整个有殷一代，并未存在过一个统一的、至高无上的神灵。”晁氏的主要论证是：“特别应当指出的是，在殷人的神灵世界里，帝并不能和祖先神等相颉颃。在殷代祭典的祭祀种类、祭品多寡、祭祀次数等方面，帝和祖先神等相比均望尘莫及。关于祖先神的卜辞有一万五千多条，而关于帝的仅六百多条。就祭品情况看，殷人祭祖的牺牲、人牲常以数十、数百为限［……］与此相映成趣的是，殷代的帝却是一副超然世外、不食人间烟火的‘清高’姿态。殷人只是向帝提出问题，如会不会刮风下雨、会不会降旱降灾等，却并不奉献祭品。古人认为‘涧溪沼沚之毛、苹蘩蕰藻之菜、筐筥锜釜之器、潢污行潦之水，可荐于鬼神，可羞于王公’（《左传》隐公三年），尽管‘心诚则灵’，但祭品总还是要有的。然而，殷人对于帝却一毛不拔，不奉献任何祭品。祭品情况的区别反映了殷人对于诸神作用和重要性的不同认识。祖先神可以满足人世间的各项祈求，不仅和帝一样可令风调雨顺，而且可以禳除人世间的灾难，赐下民以福佑，而这是帝无法做到的。在殷人看来，祖先神等和他们的关系直接而密切，帝和他们的关系则间接而遥远。祭品悬殊的原因就在于此。”晁福林：《先秦社会形态研究》，北京师范大学出版社2003年版，第164、178—179页。必须承认，晁先生对现象的观察十分敏锐，但是其解释却颇可商榷。《礼记·礼器》：“礼有以少为贵者，祭天特牲。（孔颖达疏：祭天特牲者，特，一也。天神尊尊质，故止一特也。）［……］礼之以少为贵者，以其内心者也。（郑玄注：内心，用心于内，其德在内。）德产之致也精微，（郑玄注：致，致密也。）天下之物无可以称其德者，（郑玄注：万物皆天所生，孰可奉荐以称也。孔颖达疏：言视天下万物皆是天地所生，若待彼所生以报，于彼终非报义，故云无可以称其德者也。）如此则得不以少为贵乎？是故君子慎其独也。（郑玄注：少其牲物，致诚悫。孔疏：既无物可称，则宜少外多内也，是其外迹岂得不贵少乎？）”孔颖达疏引王肃云：“欲遍取万物以祭天，终不能称其德，报其功，故以特犊，贵诚悫之义也。”［东汉］郑玄注、［唐］孔颖达疏：《礼记注疏》，载［清］（转下页）

第二节 “天”与“德”

郭沫若在其名文《先秦天道观之进展》中进一步提出：“卜辞称至上神为帝，为上帝，但决不曾称之为天。……卜辞既不称至上神为天，那么至上神称天的办法一定是后起的。”[①] 此后，就“天”是否为殷商就有之信仰，或“天”之信仰是否创自周初，学者多有争议。如傅斯年即言：

> 一位治汉学之美国人语余曰，天之观念疑自周起，天子之称，疑自周人入主中夏始。按，周之文化袭自殷商，其宗教亦然，不当于此最高点反是固有者。且天之一字在甲骨文虽仅用于

（接上页）阮元校刻：《十三经注疏》，第5册，艺文印书馆2007年版，第453、456页。必须承认，我们对殷代祭礼知之甚少。那么，以周礼为参照，卜辞不载帝之祭品，既可能是确无祭品，较周礼更少；也可能是同于周礼，有固定的少量祭品而无需每次记录。无论如何，这并不必然指向帝的地位卑微，而恰恰可能是其地位崇高，超绝于众神的表现。王震中认为：“晁福林的独到见解是非常可贵的。笔者以为卜辞中的帝比较特殊，说它是殷人的至上神，有些特征又不太完整，它处于正走向至上神的发展的途中。笔者之所以这样说，也是考虑到与周代至上神的天相比，商代的帝还欠缺一些。准确地说，是周代使‘天’、‘帝’具有了同一性才确立了天帝同为至上神的地位。”王震中：《商周之变与从帝向天帝同一性转变的缘由》，载《历史研究》，2017年第5期，第8页。这种可能性的确不能排除。以最为丰盛的祭品祭天，极有可能是始于墨子。墨子认为天爱民之厚，因此必须报天，《墨子·天志》中：“今有人于此，欢若爱其子，竭力单务以利之，其子长，而无报子求父，故天下之君子与谓之不仁不祥。今夫天兼天下而爱之，撽遂万物以利之，若豪之末，非天之所为，而民得而利之，则可谓否矣，然独无报夫天，而不知其为不仁不祥也。此吾所谓君子明细而不明大也。”报天之法，则是厚为祭品，《墨子·天志》上：“故昔三代圣王禹汤文武，欲以天之为政于天子明说天下之百姓，故莫不犓牛羊，豢犬彘，洁为粢盛酒醴，以祭祀上帝鬼神，而求祈福于天。”《墨子》，［清］孙诒让《间诂》本，上册，中华书局2001年版，第203—204、194页。

① 郭沫若：《青铜时代·先秦天道观之进展》，载《郭沫若全集·历史编》，第1册，人民出版社1982年版，第321页。

> “天邑商”一词中，其字之存在则无可疑。既有如许众多之神，又有其上帝，支配一切自然力及祸福，自当有“天”之一观念，以为一切上神先王之综合名。且卜辞之用，仅以若干场所为限，并非记当时一切话言之物。卜辞非议论之书如周诰者，理无需此达名，今日不当执所不见以为不曾有也。①

但傅氏所谓殷商时期必有“一切上神先王之综合名”的说法并不妥当：说“上神”可名为“天”，如此“上神”指“帝”而言，尚合乎史实；至于“先王”与“上神”可“综合”名为“天”，则所未闻。许倬云对此有深入的驳议：

> 对傅氏之说，持有异议者仍至少可有两点：第一，卜辞是卜祭祀的记录，祭山川河岳尚有卜，祭天之礼，若不是没有，则也必然是大祭，《春秋》三传屡见“卜郊”的记载，可为例证。商时若有郊天之祭，卜辞中必不致一无所见。卜辞所记均属祭祀，在这一点用默证，似乎并无不当。因此，推广而言，卜辞殊乏祀天的证据。由于商人上帝是祖神宗神型的最高神，虽不沾染自然现象的天，帝仍不失为最高神。第二点，卜辞中用作相当于“天”的达名，并非没有，此字即“下上”的“上”，“下上若”，“下上不若”中的下似指百神，而“上”则是天神。上而且也兼指天，大丰簋，“文王监在上”，上是文王所在的位置，显然周全承袭了卜辞中以“上”表“天”的用法。这种用法迄于《春秋》，依旧可见，例如《左传》宣公三年：“用能协于上下，以承天休”；《论语》“述而篇”：“祷尔于上下神祇”。可见卜辞中并非

① 傅斯年：《性命古训辨证》，载欧阳哲生主编：《傅斯年全集》，第二卷，湖南教育出版社2003年版，第577页。

> 没有天的观念，只是用“上”来代天，于是天帝在卜辞中就成为上帝了。上帝在卜辞每为合文，并可说明未用“天”来表示这个观念。至于卜辞中的“天”没有苍天义，也没有神明义，但《诗》《书》及周金文中突然有了这种用法，很难说是周初短短时期能发展出来，毋宁说是采用卜辞中的“天”字形式，而赋予与“上”相似的实质，甚至加上神明的意义。①

可为旁证的，是商王武乙之“射天”。《史记》卷三《殷本纪》：“帝武乙无道，为偶人，谓之天神，与之博，令人为行，天神不胜，乃僇辱之。为革囊盛血，仰而射之，命曰射天。”② 王晖认为这是殷人“企图用射天的巫术方式来达到制服敌方的主神以求胜利的目的。”③

之所以殷周之尊奉有“帝”“天”之别，许倬云推测是因为周人所处黄土高原植被矮小，因此“周人日日看到的是经常晴朗，笼罩四野，直垂落到视线尽头的一片长空，这样完整而灿烂的天空，当能

① 许倬云：《西周史》，三联书店 1994 年版，第 103—104 页。王晖在殷墟卜辞中找到两条祀天的卜辞，认为：“显然这两条卜辞中‘天’的性质已是天神了。然而，殷墟卜辞中这种表示天神或天空的‘天’笔者仅见这两条，其地位与影响远不能和周代相比。而从殷晚期武乙‘射天’与宋亡之前宋王偃‘射天’之事，可见殷人本对‘天’有敌忾之情，说明‘天’本非商族所崇祀的神祇，卜辞中未大量出现应在情理之中。周人的‘天’神崇拜是与殷人截然不同的在先秦时期神权崇拜中最富于特色的部分，是值得我们深入探讨的。”见王晖：《商周文化比较研究》，人民出版社 2000 年版，第 67 页。又陈梦家指出西周初年的大克鼎“肆克智于皇天，敬于上下”，与《召诰》“其自时配皇天，毖祀于上下”，皆以上下与皇天分立。可见“上”与“天”合一亦颇费时日。见陈梦家：《殷虚卜辞综述》，中华书局 1988 年版，第 580 页。

② ［西汉］司马迁：《史记》，第 1 册，中华书局 2013 年修订本，第 134 页。殷商之后人宋王偃也射天。《史记》卷三十八《宋微子世家》，第 5 册：“盛血以韦囊，县而射之，命曰射天。”第 1958 页。参顾颉刚：《宋王偃的绍述先德》，载《顾颉刚古史论文集》，卷一，中华书局 2011 年版，第 307—310 页。

③ 王晖：《商周文化比较研究》，人民出版社 2000 年版，第 82 页。

予人以被压服的感觉。”反之，殷商王畿所在多有森林，“其眼中所见的天空，比较支离破碎，也就未必有高亢地区那种天空慑伏人心的力量。”[①] 我们认为，这大概与殷周民族所擅长的生产方式有关。《管子·国准》：“殷人之王，诸侯无牛马之牢，不利其器。”[②] 又《轻重戊篇》：“殷人之王，立帛牢，服牛马，以为民利，而天下化之。”[③]《世本·作篇》：“胲作服牛”，又：“相土作乘马”[④]。虽然由甲骨文所见殷商农业也非常繁荣，但古人公认殷人的特长却是在畜牧，周人之兴则以农业。《尚书·虞书·尧典》载帝命周祖后稷：“弃！黎民阻饥，汝后稷，播时百谷。”[⑤]《史记》卷四《周本纪》：“后稷卒，子不窋立。不窋末年，夏后氏政衰，去稷不务，不窋以失其官，而奔戎狄之间。不窋卒，子鞠立，鞠卒。子公刘立。公刘虽在戎狄之间，复修后稷之业，务耕种，行地宜，自漆沮渡渭，取材用，行者有资，居者有畜积，民赖其庆。百姓怀之，多徙而保归焉。周道之兴自此始。”[⑥]《论语·阳货》：“子曰：‘天何言哉！四时行焉，百物生焉，天何言哉！’”[⑦] 百物之生基于四时之行，四时则基于天。殷人以畜牧而重血缘，故出以“帝”—“嫡”之论；周人以农耕而重天道，可惜由于文献不足徵，先周天道今已不得其详[⑧]。

---

① 许倬云：《西周史》，三联书店 1994 年版，第 105 页。
② 《管子》，黎翔凤《校注》本，下册，中华书局 2004 年版，第 1392 页。
③ 同上书，第 1507 页。
④ 《世本》，［清］王谟辑本，载《世本八种》，商务印书馆 1957 年版，第 38、41 页。
⑤ 旧题［西汉］孔安国注、［唐］孔颖达疏：《尚书注疏》，载［清］阮元校刻：《十三经注疏》，第 1 册，艺文印书馆 2007 年版，第 44 页。
⑥ ［西汉］司马迁：《史记》，第 1 册，中华书局 2013 年修订本，第 147 页。
⑦ 《论语》，［清］刘宝楠《正义》本，下册，中华书局 1990 年版，第 698 页。
⑧ 刘军社《先周文化研究》据考古发现综论先周文化，但由于缺乏文字资料，未能对先周观念进行探讨。三秦出版社 2003 年版。王震中则认为：“‘天’本姬姓族最大的图腾和宗神”，源于黄帝。王震中：《商周之变与从帝向天帝同一性转变的缘由》，载《历史研究》，2017 年第 5 期，第 6—8 页。

及至殷商后期，商王习于"帝"—"嫡"之论，以己之权柄为帝命所系，无由失坠。《尚书·商书·西伯戡黎》中商纣所谓"我生不有命在天"[①]即生动地刻画了这一观念。但《西伯戡黎》之"天"当为周史追记时所改，纣所言当为"帝"。尤其文中祖伊呼纣为"天子"，更是西周才产生的称呼（详下文）。刘起釪明确指出篇中的"天"字"非商代所习用，而是周人使用的语言。"[②]巴新生《西周伦理形态研究》亦道："如果把天理解成帝在这里是顺理成章的。准此则殷王认为自己的统治权是上帝专断的决定。"[③]

武王伐纣，小邦周取代大邑商奄有天下之后，周人反思殷之所以亡与周之所以兴，以"天"代"帝"。今存周人最早的文字资料是周原甲骨刻辞。杜勇指出：

> 今所发现的周原有字甲骨尽管不足二百片，但对周人宗教信仰的揭示却颇耐人寻味。"帝"字在周原甲骨文中凡三见，一为"文武帝乙"之"帝"(H11：1)，指称商王；二为禘祭之"帝"(H11：82)，是谓禘祭某一神灵；三为一个单独的"帝"字(H11：122)，应以名词为常，义指上帝。文王时代这三片甲骨文表明，周人关于"帝"字的用法与殷虚卜辞完全相同，足见殷人的宗教观念对周人是有影响的。但周人对殷人的上帝观念此时似乎还刚刚处在融摄阶段，单独刻一"帝"字的卜骨应即反映了周人这种朦胧甚或犹疑的心态。据此我们是否可以这样认为，周人的上帝观袭自殷人，大约开始于文王时代。《诗》、《书》所言上帝与文王的关系至为密切，可能与文王曾进行尊帝的宗教改革有关。与此相映成

① 旧题［西汉］孔安国注、［唐］孔颖达疏：《尚书注疏》，载［清］阮元校刻：《十三经注疏》，第1册，艺文印书馆2007年版，第145页。
② 顾颉刚、刘起釪：《尚书校释译论》，第2册，中华书局2005年版，第1069页。
③ 巴新生：《西周伦理形态研究》，天津古籍出版社1997年版，第16页。

趣的是，“天”字虽在周原甲骨文中也只出现过四次，却把周人奉天为神灵而大加顶礼膜拜的情形充分显露了出来［……］是知文王时代周人对上帝的信仰还处于探索之中时，“天”已被赋予至上神的意义而成为人们崇拜祭祀的对象了。由此看来，周人尊天远比承接殷人的上帝崇拜为早，或在迁岐前后即以奉天为神灵。①

张光直将殷周“帝”“天”之差异概括为：

卜辞中上帝与先祖的分别并无严格清楚的界限，而我觉得殷人的“帝”很可能是先祖的统称或是先祖观念的一个抽象［……］商人的此种上帝观念，并未为西周全副照收。在周人的观念中也有上帝，周人的上帝也是个至尊神，但周人的上帝与“天”的观念相结合，而与先祖的世界之间有明确的界线。②

亦即，“帝”与“天”的差异即在于是否相关于祖先（因而间接地与人王相关联）③。侯外庐分析了周人所遭遇的理论困难：

如果上帝是和先祖统一，则帝早为殷人所有，何以又生此周代王国呢？又如果上帝和先祖毫不相涉，则殷先祖可以使殷族立国，周先祖也可以使周族立国，又何以使殷人“侯服于周”呢？

---

① 杜勇：《尚书周初八诰研究》，中国社会科学出版社 1998 年版，第 210—211 页。

② ［美］张光直：《商周神话之分类》，载［美］张光直：《中国青铜时代》，三联书店 1999 年版，第 372 页。

③ 王震中强调：所谓“天”“帝”的同一性，“是指作为至上神的功能上的同一性，是哲学意义上的同一性，而并非说‘天’与‘帝’是完全相同的事物。无论是西周还是春秋战国，‘天’‘帝’除了作为至上神具有同一性之外，二者依旧是有个性差异的。”王震中：《商周之变与从帝向天帝同一性转变的缘由》，载《历史研究》，2017 年第 5 期，第 8 页。

> 所以，孔子读到“殷士肤敏，祼将于京”，也不能不奇怪地大叹“大哉天命”。这样看来，上帝和祖先神既不能不分裂为二，又不能不合之为一，分裂固然是维新，合一又何尝不是维新。因此，在周人形式理论上讲来就有道理了。逻辑是这样的：上帝与祖先神原是二而不可混为一的，殷之先祖从前可以“克配上帝”，现在不同了，“上帝既命，侯于周服”，这就证明殷人不知天人合一的道理。现在上帝不喜欢殷人，而喜欢周人了，因为上帝要命现在的周人作邑、作邦、营国，又要命宗子维城而统治农村，又要命“受命受疆土”，即又要命土地国有与劳动力集中使用，这些都是周人受命不易的地方，只有“宣哲维人”才做天子。殷人既然不知道天命维新，在主观上努力与天命相合，那就无怪乎要退下历史舞台来。所以，“假哉天命”，只有周人文王才知道的，于是周人的祖先神便克配上帝。①

也正是由此，形成了周人“天命靡常”(《诗·大雅·文王》)②的观念。杜勇指出：“‘天命靡常’固然强化了周人对‘汤武革命’的合理性解释，然而这个命题本身却隐含着一个新的疑问：‘天命靡常’是否对周人也适用？亦即代殷作‘民主’的周人是否同样会面临天命转移的危机？”③《尚书·周书·君奭》中，周公表达了深深的忧虑：“天降丧于殷，殷既坠厥命，我有周既受。我不敢知，曰厥基永孚于休，若天棐忱。我亦不敢知，曰其终出于不祥。”④如何永保天命？

---

① 侯外庐、赵纪彬、杜国庠：《中国思想通史》，第一卷，人民出版社 1957 年版，第 83—84 页。

② ［西汉］毛公传、［东汉］郑玄笺、［唐］孔颖达疏：《毛诗注疏》，载［清］阮元校刻：《十三经注疏》，第 2 册，艺文印书馆 2007 年版，第 536 页。

③ 杜勇：《尚书周初八诰研究》，中国社会科学出版社 1998 年版，第 215 页。

④ 旧题［西汉］孔安国注、［唐］孔颖达疏：《尚书注疏》，载［清］阮元校刻：《十三经注疏》，第 1 册，艺文印书馆 2007 年版，第 244 页。

《尚书·周书·召诰》载召公曰：

> 我不可不监于有夏，亦不可不监于有殷。我不敢知，曰有夏服天命，惟有历年；我不敢知，曰不其延，惟不敬厥德，乃早厥坠命。我不敢知，曰有殷受天命，惟有历年；我不敢知，曰不其延，惟不敬厥德，乃早坠厥命［……］王其德之用，祈天永命。①

由此“德”得以初步剥离于血统，而获得伦理之德性，从而肇创华夏德性政制之始基。但在数世之后，周人创制了“天子”一语，郑慧生指出：“‘天子’一词，产生于西周。西周之前，商人不称‘天子’。在商代甲骨卜辞、铜器铭文和有关历史文献中，没有‘天子’一辞出现。”② 黄然伟考察了金文中“天子”一词出现的频率：

> 西周之时，穆王以前多称王，穆王以后之铭文，“天子”一辞习见。此现象表示，时代越后，人民以王为上天之子之观念越为浓厚，国君之地位及尊严因而形成一种超然之统治地位，此足以反映西周之政治制度，国家由国君一人总掌一切。③

赵伯雄认为：“天子之称的含义，就在于天子是‘以天为宗’……周天子绝对大宗地位的确立，对于巩固周王对天下的统治，无疑是起了

---

① 旧题［西汉］孔安国注、［唐］孔颖达疏：《尚书注疏》，载［清］阮元校刻：《十三经注疏》，第1册，艺文印书馆2007年版，第222—223页。

② 郑慧生：《“天子”考》，载郑慧生：《甲骨卜辞研究》，河南大学出版社1998年版，第35页。

③ 黄然伟：《殷周青铜器赏赐铭文研究》，龙门书局有限公司1978年版，第217页。

积极作用的。”① 也就是说，当周德既衰之后，周人也开始走上了殷人建立君主与至上神之间血缘纽带的老路。

刘泽华敏锐地发现：

> 最能体现德之精神的是周王，因为周王独具交通天人的特权。周人笃信天命，认为“天命不僭”，“天休于宁（文）王，兴我小邦周”，“天惟丧殷。”(《尚书·大诰》) 周人取代殷商而王天下是天的选择。天或上帝主要依据君主是否有德来决定人间统治大权的赋予或是剥夺。在西周人看来，夏和殷之得失天下无不取决于这一点。同样，周族之兴也在于文王有德，能够“克明德慎罚”，“天乃大命文王殪戎殷，诞受厥命越厥邦厥民”。(《尚书·康诰》) 他们还反复强调，天子要敬德，用德，否则天命难以长保。如“天亦哀于四方民，其眷命用懋，王其疾敬德”；“天敬作所，不可不敬德”；“肆惟王其疾敬德，王其德之用，祈天永命”。(《尚书·召诰》) 因之，他们在这个意义上应用的德主要涵指周王个人的品行。他们把周王之德视为导致政治得失的根源，在逻辑上使德与王融为一体：“其惟王位在德元。”(《尚书·召诰》) 周人把德看作君主个人品行，既含有对王的意志行为的某种规范意义，同时又认可了王对德的垄断特权。唯王可以“以德配天”，使神权和王权在周天子身上得到了统一，恰恰表明，这一时期人们关于德的认识尚未能从天命的神秘权威中解脱出来。②

究其实，则是周王代表了周人之德。因此，从深层来看，此时的“德”仍未脱离所谓氏族血统的窠臼。《国语·晋语》四，司空季

① 赵伯雄：《周代国家形态研究》，湖南教育出版社 1990 年版，第 293—294 页。
② 刘泽华主编：《中国传统政治思维》，吉林教育出版社 1991 年版，第 72 页。

子曰：

> 异姓则异德，异德则异类。异类虽近，男女相及，以生民也。同姓则同德，同德则同心，同心则同志。同志虽远，男女不相及，畏黩敬也。黩则生怨，怨乱毓灾，灾毓灭姓。是故娶妻避其同姓，畏乱灾也。故异德合姓，同德合义，义以导利，利以阜姓。姓利相更，成而不迁，乃能摄固，保其土房。①

由于周礼体制之下，王朝与诸侯国的职官都是世官制，亦即一个家族世代承袭一个职官及其知识与技术，这一“德”甚至不因王朝易代而改变。如著名的青铜器《墙盘》就记载微史氏家族先祖为殷商史官，入周后继续担任周王朝史官。于是，当王朝兴亡取决于王“德”已成为共识之时，世族们却还在延续先祖的血缘之“德”，并沉醉其中不能自拔。

至春秋之末，孔子推原周公制礼作乐之真谛，以“德”完全剥离于氏族血统。《论语·述而》：“子曰：‘天生德于予，桓魋其如予何！’”②此“德”虽为“天生”，但却与血缘无关。斯言当与“子畏于匡”章对读。《子罕》：“子畏于匡，曰：‘文王既没，文不在兹乎！天之将丧斯文也，后死者不得与于斯文也。天之未丧斯文也，匡人其如予何！’”③可见孔子之“德”即其“文”，孔子以“天生”为言，并非谓之乃不学而成，而是坚信其必将大兴于世，决不可能为一时筲小之徒所湮灭。由是“德”得以纯为君子成德之名，遂奠定儒学之内核。

---

① 《国语》，下册，上海古籍出版社 1988 年版，第 356 页。
② 《论语》，［清］刘宝楠《正义》本，上册，中华书局 1990 年版，第 273 页。
③ 同上书，第 327 页。

第二章
历始革典：周代德性政治之崩颓

周秦之变，是中国历史上一大变革，其最为显著之处便是整个国家的政治制度发生了重大改变，古代学者多称之为以郡县代封建。关于这一制度变革的实质，朱子曾作过分析。《朱子语类》卷一三四：

> 黄仁卿问："自秦始皇变法之后，后世人君皆不能易之，何也？"曰："秦之法尽是尊君卑臣之事，所以后世不肯变。且如三皇称'皇'，五帝称'帝'，三王称'王'，秦则兼'皇帝'之号——只此一事，后世如何肯变？！"①

尊君卑臣，亦即专制君主之出现，始于西周末年的厉王革典。周厉王可称中国历史上第一位专制君主。

第一节 西周军事之衰

西周晚期，厉王曾多次与南方淮夷作战，而史籍失载，幸赖金铭屡述，方为人知。1942 年陕西省岐山县任家村出土铜器《禹鼎》即展

---

① ［南宋］黎靖德编：《朱子语类》，载朱杰人、严佐之、刘永翔主编：《朱子全书》，第 18 册，上海古籍出版社、安徽教育出版社 2010 年修订本，第 4189 页。

示了这样一幅战争图景：

> 呜呼哀哉！用天降大丧于下国。亦唯鄂侯御方率南淮夷、东夷，广伐南国、东国，至于历内。王乃命西六师、殷八师曰：扑伐鄂侯御方，勿遗寿幼！肆师弥怵匌恇，弗克伐鄂。肆武公乃遣禹率公戎车百乘、厮御二百、徒千，曰，于匡朕肃慕，惟西六师、殷八师伐鄂侯御方，勿遗寿幼！雩禹以武公徒御至于鄂，敦伐鄂，休获厥君御方。①

徐中舒点出：

> 夷王时代，周室衰微，屡见于记载，主要原因就是军队作战能力的衰落，厉王时代，伐鄂之役就充分反映了周室外强中干的情况。西六师和殷八师受命以后，"弥怵匌恇，弗克伐鄂"，军纪废弛，以至于此。伐鄂之役，取得胜利，完全是靠了武公的亲军。这些亲军虽仅"戎车百乘，厮御二百，徒千"，他们是起了督战和率先冲锋陷阵的作用的。②

作于宣王之世的《晋侯稣钟》也详细记载了其时周人与东南夙夷的一场战争：

> 隹王卅又三年，王亲遹省东国南国［……］王亲令晋侯稣：

---

① 《禹鼎》，铭文拓片及释文均据《殷周金文集成》02833，释文用宽式。中国社会科学院考古研究所编：《殷周金文集成》，第2册，中华书局2007年修订增补本，拓片：第1508页，释文：第1509页。

② 徐中舒：《禹鼎的年代及其相关问题》，载徐中舒：《徐中舒历史论文选辑》，下册，中华书局1998年版，第1018页。

> 率乃师左周镬，北周□，伐夙夷。晋侯稣折首百又廿，执讯廿又三夫。王至于郓城，王亲远省师。王至晋侯稣师，王降至车，立，南向，亲令晋侯稣自西北隅敦伐郓城。晋侯率厥亚旅、小子、呈秩人先，陷入，折百首，执讯十又一夫。王至淖列，淖列夷出奔，王令晋侯稣率大室小臣、车仆从，遂逐之。晋侯折首百又一十，执讯廿夫；大室小臣、车仆折首百又五十，执讯六十夫。王惟反归，在成周公族整师宫［……］①

雷晋豪认为："此一战役有两项特色：'主从易位'——晋为主，周为从，天子诸侯的军事关系颠倒；一为'私臣作战'——周王命内官统领王师，周政府的公私领域混淆。"②西周军队，除周王直接掌握的西六师、殷八师，以及诸侯军队之外，正如刘雨所说：

> 在西周战争舞台上活跃着一支支"族武装"［……］这个"族武装"的概念当然不只包括血缘亲族，也当包括从属于其家族的家臣武士及其他附属于其家族的武装［……］因为西周初年曾实行分封制度，封君一方面要镇抚土著，另外还要对付四周夷族和殷遗的攻扰，没有一个强大的武装集团，是无法生存下去的，就是这些族武装构成了屏障宗周的强大的地方武装。③

---

① 《晋侯稣编钟》，铭文拓片与释文均见马承源：《晋侯稣编钟》，载马承源：《中国青铜器研究》，上海古籍出版社2002年版，第315—325页。此处录文改为宽式，并参考李学勤先生释文作了修改。参李学勤：《晋侯苏编钟的时、地、人》，载李学勤：《缀古集》，上海古籍出版社1998年版，第101—105页。

② 雷晋豪：《西周晚期王朝军事的波折与顿挫》，为提交"社会·经济·观念史视野中的古代中国国际青年学术会议暨第二届清华青年史学论坛"论文，清华大学历史系，2010年1月。

③ 刘雨：《西周金文中的军事》，载刘雨：《金文论集》，紫禁城出版社2008年版，第88—89页。

西周晚期，王室军队显然已经难撑大厦，周王不得不更多地依靠诸侯军队和族武装来抵御外患。

关于西周一代的外患，唐兰归纳为二：

> 从铜器铭文里可以看到，周王朝在西北方面常为戎所侵扰，而在东南方面又常需抵御或征伐淮夷［……］一直到东周初年，曾伯霥簠还记载征伐淮夷，使铜锡来源畅通的事。所以周王朝是十分注意南国的，而对于北方的戎，却只是防守罢了。①

事实上，东部和南部的情形更糟。夏含夷搜集了有关周伐南夷东夷的22篇铭文，“从铜器铭文可知，至少在周公摄政时及成王、康王、穆王、懿王、厉王和宣王诸世，周人均曾经征伐淮夷。”并且，“从武王伐纣到宣王中兴的二百多年间，南淮夷一直都为周王朝的有力对手，也一直都未被克服。”② 穆王时铜器《㦰簋》记述了“戎伐𨱇③，㦰率有司、师氏奔追袭④戎于棫林，搏戎胡”⑤，并获得胜利的史实。其中涉及的几个国名地名，“𨱇”不详，“棫林”在今河南叶县东北，“胡”

① 唐兰：《用青铜器铭文来研究西周史——综论宝鸡市近年发现的一批青铜器的重要历史价值》，载故宫博物院编：《唐兰先生金文论集》，紫禁城出版社1995年版，第499—500页。

② ［美］夏含夷：《从驹父盨盖铭文谈周王朝与南淮夷的关系》，载［美］夏含夷：《古史异观》，上海古籍出版社2005年版，第214、218页。

③ “𨱇”用唐兰释。见唐兰：《西周青铜器铭文分代史征》，中华书局1986年版，第409页。

④ “袭”用裘锡圭释。见裘锡圭：《关于晋侯铜器铭文的几个问题》，载裘锡圭：《裘锡圭学术文集》，第三卷，复旦大学出版社2012年版，第75页。

⑤ 《㦰簋》铭文拓片及释文均据《殷周金文集成》04322.1，释文用宽式。中国社会科学院考古研究所编：《殷周金文集成》，第4册，中华书局2007年修订增补本，拓片与释文：第2698页。

国在今河南偃城县，距叶县约一百余里[①]。夏含夷认为：

> 《㦰簋》铭文恰恰证明了穆王即位不久之后，周朝所控制的地域正被他族人侵夺。为什么这样说呢？无疑，到了最后㦰的确获胜了。但是至少有两点我们应该特别注意：其一，这场战争不是周人先发而是淮夷始攻周之“内国”所引起的；㦰之胜利仅仅是一种抵御性的胜利。更为重要的一点是战场的地理位置［……］战场的位置似乎也可以说明戎胡已经长驱直入到周朝东都洛邑畿辅之内了。[②]

夏含夷又据《䧹鼎》(《殷周金文集成》02721）推论：

> 我认为到棫林战争第二年，周军之统率亲自到敌人的营垒，恐怕只能是为了媾和。这一推断如果不误，就至少可以说明以下两点：第一，周朝此时承认了淮夷为独立之政权；第二，周朝大概也承认了当时的地理疆界。这两点都表明，从这个时候开始，西周早期的大东已不再为周王朝所控制。[③]

第二节　西周政治之颓

林沄曾探讨商周家族内部关系：

> 商代晚期的省卣记载：“子赏小子省贝五朋，省扬君赏。”西

① 裘锡圭：《说㦰簋的两个地名——棫林和胡》，载裘锡圭：《裘锡圭学术文集》，第三卷，复旦大学出版社 2012 年版，第 33—38 页。

② ［美］夏含夷：《西周之衰微》，载吴荣曾主编：《尽心集》，中国社会科学出版社 1996 年版，第 124 页。

③ 同上书，第 126 页。

> 周的豦簋记载："休朕匋君公伯赐厥臣弟豦"。均可证家族内部诸成员和族长的关系，是君臣关系。《左传·哀十一年》记鲁国三分公族之后，"孟氏使半为臣，若子若弟。"《左传·桓二年》："士有隶子弟"。可见，子弟对族长的关系，至少是半奴隶性的。族长操纵家族的全部财产权，家族成员所得的一份，至少在名义上必须受赐于族长。①

裘锡圭指出，在宗法制度下，一族的主要财产掌握在世代相传的族长，即所谓"宗子"手里。商人所谓上帝，既是至上神，也是宗祖神。按照上古的宗教、政治理论，王正是由于他是上帝的嫡系后代，所以才有统治天下的权力。《尚书·召诰》说"皇天上帝改厥元子兹大国殷之命"，可见商王本来是被大家承认为上帝的嫡系后代的。周王称天子，也就是天之元子的意思。② 西周后期逆钟言，叔氏命逆"用摄于公室仆庸臣妾、小子室家"，裘锡圭据以得出："叔氏命家臣管理'小子室家'，正是'族长操纵家族的全部财产权'的反映。"裘氏进而指出，结合古代典籍和铜器铭文来看，在典型的宗法制度下，不但小家之长（一般是父亲）和小宗之长是全家和整个小宗之族的财产的支配者，大宗宗子也是整个宗族的财产的支配者。在宗法制度下，君统和宗统实际上是合一的。周天子是天下的大宗，也可以说是地位最高的宗子。在名义上，全国的土地和人都属他所有，即所谓"溥天之下，莫非王土；率土之滨，莫非王臣"(《诗·小雅·北山》)。侯外庐所著《中国古代社会史论》认为，周代宗法制度下的所有制

---

① 林澐：《从武丁时代的几种"子卜辞"试论商代家族形态》，载《古文字研究》，第一辑，中华书局 1979 年版，第 327 页。

② 裘锡圭：《关于商代的宗族组织与贵族和平民两个阶级的初步研究》，载裘锡圭：《裘锡圭学术文集》，第五卷，复旦大学出版社 2012 年版，第 122—124 页。

“不但土地是国有形态（贵族宗子所有），生产者亦系国有形态”①。宗子指宗族之长，周王就是全国最高的宗子，把贵族内部各级宗子对财产的支配权歪曲地表现出来的贵族宗族共有（这种共有不消说是很不完整的）称为“贵族宗子所有”，应该说是比较妥当的②。有学者论道，《北山》篇所谓“溥天之下莫非王土”，具有二重性。它不仅仅是说周王拥有“天下”的最高政治统治权，也不仅仅是说周王拥有“天下”土地所有权，而兼有周王既是“天下”的最高政治统治者、又是“天下”土地的所有者两层含义，反映了西周时期国家最高政治统治权与国家土地所有权曾经合为一体的历史实际。周王的政治统治权和土地所有权二者，相互关联，互为因果。王者对“天下”土地的所有权，以其处于“天下”的最高统治者地位、拥有国家最高政治统治权为前提；而其最高统治者地位和政治权力，又与其拥有“天下”土地所有权相关联。后来周王的最高统治权和“天下”土地所有权二者大体同步衰落以致丧失的历史事实，表明了这一点。《尚书·梓材》“皇天既付中国民越厥疆土于先王肆”③与《北山》“溥天之下莫非王土”④，含义大体相同。其语出自周公对康叔的诰词，这实际上是西周统治集团的政治、法律思想的一种理论表现，具有“法”的性质和“法”的效力。既然周王是“天子”，“中国”或“天下”土地是“皇天”给予周王的，那周王自然也就拥有“中国”或“天下”土地的“天然权利”，为“中国”或“天下”土地的所有者⑤。从理论上说，就是国家

① 侯外庐：《中国古代社会史》，第76册，第15页，载“民国丛书”，第一编，上海书店出版社1989年版。

② 裘锡圭：《从几件周代铜器铭文看宗法制度下的所有制》，载裘锡圭：《裘锡圭学术文集》，第五卷，复旦大学出版社2012年版，第209页。

③ 旧题［西汉］孔安国注、［唐］孔颖达疏：《尚书注疏》，载［清］阮元校刻：《十三经注疏》，第1册，艺文印书馆2007年版，第213页。

④ ［西汉］毛公传、［东汉］郑玄笺、［唐］孔颖达疏：《毛诗注疏》，载［清］阮元校刻：《十三经注疏》，第2册，艺文印书馆2007年版，第444页。

⑤ 周自强主编：《中国经济通史·先秦》，上册，经济日报出版社2007年版，第424—425页。

最高政治统治权表示的是一种政治的关系，而所有权表示的是一种经济的关系。然而在领主贵族的社会中，土地所有权和国家最高政治统治权却异乎寻常地连在一起了。在这里，政治的权力与经济的权力高度地统一。也可以说，对土地的所有权，往往成为政治统治的基础；而政治权力的获得，又是对土地实现所有权的前提①。张传玺明确指出西周的土地权利分配是："这时的土地权利已分为三个层次，即国王有土地所有权，各级受封诸侯和卿大夫等都对受封的土地拥有占有权，沦为庶民的原始公社成员和其他农业劳动者则在提供劳役或实物负担的前提下，拥有耕种田地的权力。"②可举一春秋之例。《春秋经》桓公元年，"郑伯以璧假许田。"③《公羊传》讥之曰："有天子存，则诸侯不得专地也。"④《穀梁传》亦曰："礼，天子在上，诸侯不得以地相与也。"范宁注："诸侯受地于天子，不得自专。"⑤

但原则未必能够在现实中被真正贯彻。辛田认为："地广人稀、人际交往贫乏以及国家实际控制地域的有限造成王有体制不能落到实处。"⑥伊藤道治根据西周前、中、后期青铜器的出土状况推论道："据西周青铜器的出土情况看到西周王朝在前期、中期向东方、东南方的扩张；与此相反，到了中期之末，即穆王时期，这种扩张由于南方的淮夷等而受阻，以后由于蛮族的夷，西周反而受到困扰。"非

① 赵伯雄：《周代国家形态研究》，湖南教育出版社 1990 年版，第 105 页。

② 张传玺：《从"协和万邦"到"海内一统"》，北京大学出版社 2009 年版，第 94 页。

③ [西晋]杜预注、[唐]孔颖达疏：《春秋左传注疏》，载[清]阮元校刻：《十三经注疏》，第 6 册，艺文印书馆 2007 年版，第 88 页。

④ [东汉]何休注、[唐]徐彦疏：《春秋公羊传注疏》，载[清]阮元校刻：《十三经注疏》，第 7 册，艺文印书馆 2007 年版，第 46 页。

⑤ [东晋]范宁注、[唐]杨士勋疏：《春秋穀梁传注疏》，载[清]阮元校刻：《十三经注疏》，第 7 册，艺文印书馆 2007 年版，第 28 页。

⑥ 辛田：《春秋战国时期社会转型研究》，陕西人民出版社 2006 年版，第 259 页。

常明显，在都城丰镐宗周一带，即渭水、泾水流域密布着西周文化的遗迹。特别是从西安到宝鸡的渭水两岸，密集排列着青铜器的出土地点。尤其值得注意的是，这里后期青铜器的出土大大多于其他地区，特别是反映西周后期历史的金文资料的出土几乎限于这个地域。因此，比较可信的结论是，在西周后半期，这个地方逐渐被戎狄侵蚀，只不过保住了渭水沿岸的细长地区。可以相映成趣的是，在从黄河弯曲处到汾水流域的地区，“在黄河北岸，除了出土西周后期青铜器的吉县遗迹之外，吕梁、石楼、洪赵出土的都是殷末周初的东西。这一部分尽管靠近陕西，除了吉县是后期的之外，其他都是西周前期、中期的东西，这一点很有趣。汾水流域对于西周王朝来说似乎是不太容易确保的地方，恐怕由于此处戎狄的势力也很强（可推测尤其在西周后期到春秋前期，在陕西、山西、河北、河南北部，称作戎、狄的山地民的侵寇十分激烈）。”① 由此带来的后果是异常严重的。周王对王畿的控制能力甚至也在逐渐衰退。伊藤道治进而指出：“在以长安为中心的地区，大小诸侯领主热衷于抢夺土地，哪怕是寸土，因土地而引起的纠纷频频发生，进而领主间依力量大小互相兼并。”这一进程的必然结局是，由于势力的衰退，周王朝可以新赠与的土地也减少。取代土地赐与的是，委任对直辖地区内的居民等的管理权，以此作为贵族的优惠政策，但这使得周王朝的力量日益变弱，王的权威衰退，以至失去了其控制力。其中一个重要变化就是，在西周前期，王的命令能达到诸侯内部，但后期以大贵族为主，实行了贵族的系列化，王臣变为大贵族的私臣的倾向十分突出②。由所谓册命金文可以很清楚地看到这一点。《卯簋盖》：

① ［日］伊藤道治：《中国古代王朝的形成》，江蓝生译，中华书局2002年版，第191—195页。

② 同上书，第223—224页。

唯王十又一月，既生霸丁亥，荣季入佑卯，立中庭，荣伯呼命卯曰，载乃先祖考尸司荣公室，昔乃祖亦既命乃父尸司莽人，不淑，捋我家，寀用丧。今余非敢梦先公有进遂，余懋称先公官，今余唯命汝尸莽宫、莽人，汝毋敢不善，锡汝瓒四、璋瑴、宗彝一肆，宝，锡汝马十匹、牛十，锡于作一田，锡于宎一田，锡于队一田，锡于戠一田，卯拜手稽手，敢对扬荣伯休，用作宝尊簋，卯其万年，子子孙孙永宝用。①

张懋镕论曰：

荣伯对其家臣卯的册命典礼，其程序以至于措辞都和王室册命典礼相同，区别仅仅是主持册命的是荣伯而不是天子。只须将铭中荣伯改为周王，便是一篇无可怀疑的地道的王室册命金文。而其赏赐品种类之繁、数量之多，在同时期王室册命金文中亦是少见的。通观铭文，荣伯世族俨然是个小王朝，荣伯本人则是小王朝的主宰者。一个世族的首领有如此巨大的权力，而册命制度又保障这种权力不受损害地使用下去。②

西周后期的《柞钟》被认为破坏了严格的册命铭辞格式：

唯王三年，四月初吉甲寅，仲太师佑柞。柞锡载、朱珩、銮，司五邑佃人事，柞拜手对扬仲太师休，用作大林钟，其子子

① 《卯簋盖》，铭文拓片及释文均据《殷周金文集成》04327，释文用宽式。中国社会科学院考古研究所编：《殷周金文集成》，第4册，中华书局2007年修订增补本，拓片：第2710页，释文：第2711页。

② 张懋镕：《金文所见西周世族政治》，载张懋镕：《古文字与青铜器论集》，科学出版社2002年版，第155页。

孙孙永宝。①

此铭仲太师乃是“佑柞”而非命柞，所命之职也是朝廷命官，则命者为王，可推而知。但铭中偏偏不记周王，称谢者竟也是仲太师。郭沫若慨叹道：“柞既受王锡，拜王官，因而作器矜荣，传诸子孙。然而所可异者，柞不对扬王休，而却‘对扬仲大师休’，这明明是知有恩人的仲大师，而不知有王了。”②如此受命公堂，谢恩私门，可见王纲不振，世卿执国命。正如李峰所言，西周国家所面临的问题在很大程度上是属于结构性的。西周国家的形成建立在周王与诸侯奉祀同一个祖先，并且后者臣服于前者这样一种原则之上。然而百年之后，血缘纽结的自然松弛，并且“封建”制度下授予地方封国的高度自治权也开始导致它们走向独立。考古证据显示，周王室与地方封国之间的交流在西周早期时有发生，但到西周中期则逐渐中断。进入西周晚期，在一些遥远的地方封国内，无论是贵族层面，还是非贵族层面都开始融入当地的文化传统中。西周政权衰弱的另一个根源在于王室对资源的不当管理。周王与供职于中央政府的贵族官员们的关系只能用“恩惠换忠诚”这样的交易来形容。当西周早期的大扩张结束后，中央政府持续的土地赏赐政策在一点点地抽干王室财富的同时，也导致渭河谷地贵族阶层力量的一天天膨胀。由于土地无法再生，周王向官员分发的土地越多，他继续这么做下去的可能性就会越小。在这场“恩惠换忠诚”的游戏中，这种自杀式的政府运转注定周王将成为失败的一方。至西周晚期，西周国家中两对最基本的关系——中央王室与地方

---

①《柞钟》，铭文拓片及释文均据《殷周金文集成》00135，释文用宽式。中国社会科学院考古研究所编：《殷周金文集成》，第1册，中华书局2007年修订增补本，拓片与释文：第144页。

②郭沫若：《金文丛考补录·扶风齐家村器群铭文汇释》，载郭沫若：《郭沫若全集·考古编》，第六卷，科学出版社2002年版，第350页。

封国、王权与贵族力量——中，周王丧失了自己的控制力，西周国家的基础自然也不复存在①。

第三节　厉王之政

西周晚期厉宣诸王曾希望力挽狂澜，重振声威。《国语·周语》下，周太子晋谏灵王有曰：

> 自我先王厉、宣、幽、平而贪天，祸至于今未弭［……］自后稷之始基靖民，十五王而文始平之，十八王而康克安之，其难也如是。厉始革典，十四王矣。②

韦《注》："革，更也。典，法也。厉王无道，变更周法，至今灵王，十四王也。"③可见厉王确有重大改革。但书缺有间，传世文献仅见《国语·周语》所载二事。《国语·周语》上：

> 厉王说荣夷公。芮良夫曰："王室其将卑乎！夫荣公，好专利而不知大难。夫利，百物之所生也，天地之所载也，而或专之，其害多矣！天地百物，皆将取焉，胡可专也！所怒甚多，而不备大难，以是教王，王能久乎！夫王人者，将导利而布之上下者也，使神人百物无不得其极，犹日怵惕，惧怨之来也。故《颂》曰，思文后稷，克配彼天。立我烝民，莫匪尔极。《大雅》曰，陈锡载周。是不布利而惧难乎，故能载周以至于今。今王学专利，其可乎？匹夫专利，犹谓之盗，王而行之，其归鲜矣！荣

---

① 李峰：《西周的灭亡》，徐峰译，上海古籍出版社 2007 年版，第 162—163 页。
② 《国语》，上册，上海古籍出版社 1988 年版，第 110 页。
③ 《国语》，上册，［三国·吴］韦昭注，上海古籍出版社 1988 年版，第 111 页。

公若用，周必败！”既，荣公为卿士，诸侯不享，王流于彘。①

许倬云论曰，厉王的罪名，“专利”一项，《国语》本文并无正面交代。但细玩文义，有数点可以析出。第一，利大约指天然资源，是以谓之“百物之所生”，“天地之所载”。第二，利须上下均沾，是以王人“将导利而布之上下”。第三，荣夷公专利的结果，是“诸侯不享”。循此推测，周在分封制度下，山林薮泽之利，由各级封君共享。即使以赏赐或贡纳方式，利源仍可上下分治。厉王专利，相对的也就使诸侯不享。厉王之时，西周王室颇有紧迫的情形。外有国防需要，内有领主的割据。周室可以措手的财源，大约日渐减少。费用多，而资源少，专利云乎，也许只是悉索敝赋的另一面。这是时势造成的情况，厉王君臣未必应独任其咎。然而，这种情势，也意指封建领主间，那种宝塔式的层级分配制度，已濒临崩解了②。但周书灿认为西周时期王畿内的土地还包括部分山林、陂泽和牧地，这些土地的最高所有权也是掌握在周天子的手里。周天子对以上土地的最高所有权和领有权是通过对以上土地的日渐严格的管理来实现的。西周青铜器铭文中有不少有关这方面内容的记载。如免簠：“王在周，令免作司土，司奠苑林及虞及牧。”同簠：“王命：……司易（场）林吴（虞）牧。”师事簋：“王乎乍册令师事曰：备于大左，官司丰还（苑）。”如果我们将这一历史事件和整个西周时期周天子对王畿之内部分山林、陂泽和牧地等的管理情况结合起来考察，就不难发现，所谓厉王专利，并非是导致其奔彘的直接原因，甚至说和厉王奔彘并无大的关系③。另

① 《国语》，上册，上海古籍出版社 1988 年版，第 12—13 页。

② 许倬云：《西周史》，三联书店 1994 年版，第 307—308 页。

③ 周书灿：《中国早期国家结构研究》，人民出版社 2002 年版，第 105—107 页。若晖谨按：周氏对免簠铭文释读有误，当为“司郑还林暨虞暨牧。”“还”典籍作“寰”，即都城四郊。见李家浩：《先秦文字中的“县”》，载《著名中年语言学家自选集·李家浩卷》，安徽教育出版社 2002 年版，第 16 页。

有学者认为，所谓“专利”实际上就是专地，这地主要是山林川泽之地，原属国有。“专利”谓之“盗”；“非其所有而取之者盗也”(《孟子·万章》下)①。荣夷公其人之“专利”，就是窃取属于国有的部分山林川泽，把它作为个人意志的专有领域②。我们认为，“专利”与“布利”相对，其重点在“专”，韦《注》：“专，擅也。”③检《说文》十二下《女部》：“嫥，壹也。”十下《壹部》：“壹，嫥也。”④方以智《通雅》卷六《释诂》曾搜集汉代“辜较”之用例：

> 辜较，一作酤榷、辜榷、估较、辜榷，转为榷酤。《史·郑庄传》，为大司农僦人多逋负，注，僦人辜较也。《索隐》辜较作酤榷，榷，独也。酤，卖也。又《后汉·宦者·单超传》，姻亲为州郡辜较百姓，与盗贼无异。《董皇后纪》，辜较在所珍宝货赂，悉入西省。又《陈万年传》，浸入辜榷财物，注，辜，罪也。榷，专也。《翟方进传》，贵戚子弟多辜榷为奸利者，注，己自专利，他人取者辄有辜罪也。此随字作训耳。《后汉》灵帝光和四年，豪右辜榷马一匹，注，辜，障也。榷，专也。障余人买卖而自利也。又作估较。《晋书·南蛮传》，徼外诸国赍宝物自海路贸货，日南太守估较大半。又作辜榷。《王莽传》，滑吏奸民，辜而榷之。榷与榷同。按汉武帝始为榷酤之法，榷较通算也，官自酤酒计较专利也。私酤者有罪，故后转为辜较。凡官税民间一例科敛者，皆谓辜较一切之名。⑤

---

① 《孟子》，[清]焦循《正义》本，下册，中华书局1987年版，第701页。
② 周自强主编：《中国经济通史·先秦》，上册，经济日报出版社2007年版，第459页。
③ 《国语》，上册，[三国·吴]韦昭注，上海古籍出版社1988年版，第13页。
④ 段玉裁注：“嫥各本作专，今正。嫥下云，壹也，与此为转注。”[清]段玉裁：《说文解字注》，上海古籍出版社1981年版，第496页。
⑤ [明]方以智：《通雅》，为侯外庐主编：《方以智全集》，上册，第一卷，上海古籍出版社1988年版，第265—266页。

“障余人买卖而自利”，“己自专利，他人取者辄有辜罪”，正是“专利”一语的绝佳解释。单超“姻亲为州郡辜较百姓，与盗贼无异”，则颇可与芮良夫“匹夫专利，犹谓之盗”之语对读。

正如赵伯雄所言，文献及金文材料表明，周王拥有对“天下”的统治权。这种统治权是至高无上的，至少在名义上，普天之下谁都得承认天子的至尊地位。因此西周是拥有最高政治统治权的政治实体。既然如此，那就应该承认西周是一个统一的大国。然而西周这种对天下的最高统治权仅仅行使到邦君这一层次（各邦的最高统治层），并不贯彻到社会结构的末端，所以这种统治权事实上有一部分被分割了，由天子分别授予了庶邦的邦君。所谓“授民授疆土”就是指这种统治权由天子到邦君的转移。而邦君一旦被赋予这种统治权，在领地之内就有相当大的独立性。事实上，邦君就是国家最高政治统治权在这块领地上的体现者。因此，所谓对天下的最高统治权实际上是被分割了的，我们把这种情况叫作“最高权力的分散性”。一方面，存在着某种统治天下的最高权力；一方面，这种最高权力又事实上被分割①。裘锡圭指出，宗子对宗族财产的支配权，跟一般的私人所有权是有本质区别的。宗子是以全宗族代表的身份来支配宗族财产的。“庇族”“收族”对宗子来说不仅仅是一种美德，而是必须承担的义务。李亚农在《中国封建领主制和地主制》中说：“卿大夫的采邑……非他一个人所能独享，他还负担着养活全族的责任。……他必须把他所得的土地，再分给奉他为大宗的小宗们。”②这是很正确的。实际上，宗子对宗族财产的支配权歪曲地反映了宗族的财产关系。所以宗子的室家就是“公室”，“入于公”跟交给宗子支配也是一回事。侯外庐等

① 赵伯雄：《周代国家形态研究》，湖南教育出版社1990年版，第93—94页。

② 李亚农：《中国的封建领主制和地主制》，上海人民出版社1961年版，第104页。

著的《中国思想通史》第一卷说："在宗法政治之下，西周贵族阶级的代表人物是公子公孙。古'公'字不是指公私之公，而指公族之公……"①。其实在贵族宗族内部，这两种"公"是统一的②。裘先生进而认为，在宗法制度下，统治者可以把全国各宗族的人都看作自己的亲属。《尚书·吕刑》的"族姓"，显然不仅仅是指王族的族人而言的。《国语·越语上》说勾践"栖于会稽之上"时号令三军曰："凡我父兄昆弟及国子姓，有能助寡人谋而退吴者，吾与之共知越国之政。"这里所说的"我父兄昆弟及国子姓"，甚至包括了越国国都里的全部国人。所以"百姓"一称既可以指本族族人，也可以泛指全国各宗族的族人，也就是整个统治阶级，是一点也不奇怪的③。周王为了凸显自身统治天下的正当性，而创制了"天子"一语。石井宏明综合各家之说得出："一般认为商王朝时期没有'天子'称号，是西周前期才出现的。"④赵伯雄深入分析了这一称号的历史意义：

> 周人的天子之称，除了具有"王权神授"的意义以外，同时还具有宗法的意义［……］对于周王来说，诸侯是小宗，每一支小宗都可以追溯出它的始祖，都有它所依傍的大宗；那么周王呢？天子之称的含义，就在于天子是"以天为宗"，这样就使得天子的大宗地位绝对化了，也使得周人的宗法秩序获得了更为完整的形态［……］周天子绝对大宗地位的确立，对于巩固周王对

---

① 侯外庐、赵纪彬、杜国庠：《中国思想通史》，第一卷，人民出版社1957年版，第95页。

② 裘锡圭：《从几件周代铜器铭文看宗法制度下的所有制》，载裘锡圭：《裘锡圭学术文集》，第五卷，复旦大学出版社2012年版，第208页。

③ 裘锡圭：《关于商代的宗族组织与贵族和平民两个阶级的初步研究》，载裘锡圭：《裘锡圭学术文集》，第五卷，复旦大学出版社2012年版，第135页。

④ ［日］石井宏明：《东周王朝研究》，中央民族大学出版社1999年版，第129页。

天下的统治，无疑是起了积极作用的。①

《尚书·周书·召诰》载召公曰："呜呼！有王虽小，元子哉！"伪孔《传》："召公叹曰，有成王虽少，而大为天所子。"②正可证成赵说。与此相应的，是汉儒以天子为爵称。《白虎通德论·爵》：

> 天子者，爵称也。爵所以称天子何？王者父天母地，为天之子也。故《援神契》曰："天覆地载，谓之天子，上法斗极。"《钩命决》曰："天子，爵称也。"

清濡陈立《白虎通疏证》：

> 此《易》说、《春秋》今文说也。《周易乾凿度》云："孔子曰：《易》有君人五号：帝者，天称也；王者，美行也；天子者，爵号也；大君者，兴盛行异也；大人者，圣明德备也。"[……]《初学记》引《尚书刑德放》亦云："天子，爵称也。"[……]按《孟子》序班爵之制云："天子一位，公一位，侯一位，伯一位，子男同一位。"以天子与五等之爵并称，安见天子非爵也[……]而《礼记·王制》云"王者之制禄爵，公、侯、伯、子、男凡五等"者，盖以王者之制言之，则不数天子；以作君作师之义言之，则天子亦侪乎公侯也。③

对人而言，王为人之君主；对天而言，天子为天之宗子。故而由王者

① 赵伯雄：《周代国家形态研究》，湖南教育出版社1990年版，第293—294页。
② 旧题［西汉］孔安国注、［唐］孔颖达疏：《尚书注疏》，载［清］阮元校刻：《十三经注疏》，第1册，艺文印书馆2007年版，第221页。
③ ［清］陈立：《白虎通疏证》，上册，中华书局1994年版，第1—2页。

言，诸侯皆小宗，王者为诸侯制禄爵；由天而言，天子为王者之爵称。黄然伟考察了西周金文中称“天子”的频率：“西周之时，穆王以前多称王，穆王以后之铭文，‘天子’一辞习见。此现象表示，时代越后，人民以王为上天之子之观念越为浓厚，国君之地位及尊严因而形成一种超然之统治地位，此足以反映西周之政治制度，国家由国君一人总掌一切。”①

周王既以“天之宗子”的身份执掌大宝，那么从宗法制的角度来看，天下即当为宗族共有，王只是享有最高支配权而已。从现代财产权利的角度来看，“不受限制的用益人之权利乃是绝对财产的基本性质，微此，便无绝对财产可言［……］用益人的此项权利必须包括排除他人使用该土地的权利及权力。”②绝对私人所有权“是排斥其他一切人的，只服从自己个人意志的领域。”③显然，宗法制度非但并未为周王提供支配天下的绝对权利，而且恰恰对这种绝对权利进行了限制④。因此，厉王之“专利”，正是要将原由宗族共同拥有的财产权利据为周王一己之私，排斥其他贵族的分有，使之“只服从自己个人意志”。换言之，厉王在中国历史上第一次追求财产权利的个人私有。

---

① 黄然伟：《殷周青铜器赏赐铭文研究》，龙门书局有限公司1978年版，第217页。

② ［美］霍菲尔德：《基本法律概念》，张书友译，中国法制出版社2009年版，第14—15页。

③ ［德］马克思：《资本论》，中共中央马克思恩格斯列宁斯大林著作编译局，人民出版社1975年版，第695页。

④ 英国法学家梅因对古罗马财产制度的分析可堪参照：“如果把我们的注意力限于个人的所有权，则就先天地极少可能对早期的财产史获得任何线索。真正古代的制度很可能是共同所有权而不是各别所有权，我们能得到指示的财产形式，则是些和家族权利及亲族团体权利有联系的形式。在这里，罗马法律学不能对我们有所启发，因为正是被自然法理论所改变后的罗马法律学把下述的印象遗留给我们现代人，即个人所有权是正常状态的所有权，而人的集团所共有的所有权只是通则的一个例外。”［英］梅因：《古代法》，沈景一译，商务印书馆1959年版，第147页。

这样一来，厉王必将亲手毁坏周天子统御天下的正当性基础，被破坏的意识形态在残缺了普遍真理一极之后，只余下赤裸裸的暴力。《国语·周语》上：

> 厉王虐，国人谤王。召公告曰："民不堪命矣！"王怒，得卫巫，使监谤者，以告，则杀之。国人莫敢言，道路以目。王喜，告召公曰："吾能弭谤矣！乃不敢言。"召公曰："是鄣之也。防民之口，甚于防川。川壅而溃，伤人必多，民亦如之。是故为川者决之使导，为民者宣之使言。故天子听政，使公卿至于列士献诗，瞽献曲，史献书，师箴，瞍赋，矇诵，百工谏，庶人传语，近臣尽规，亲戚补察，瞽史教诲，耆艾修之，而后王斟酌焉，是以事行而不悖。民之有口，犹土之有山川也，财用于是乎出，犹其有原隰衍沃也，衣食于是乎生。口之宣言也，善败于是乎兴。行善而备败，其所以阜财用衣食者也。夫民虑之于心而宣之于口，成而行之，胡可壅也！若壅其口，其与能几何？"王不听，于是国人莫敢出言。三年，乃流王于彘。①

遥想周之初兴，文王为政乃是"询于八虞而咨于二虢，度于闳夭而谋于南宫，诹于蔡原而访于辛尹，重之以周召毕荣，亿宁百神而柔和万民。"(《国语·晋语》四）②这既是周王对耆旧重臣的尊重，实际上也是宗族分享权力的过程。李峰根据对西周册命金文的统计分析，认为周王在行政管理中的角色其礼仪性可能多于实际效用。周王虽然进行了大量的册命，但很可能官僚体制在周王"作出决定"的过程中施加了它的影响。事实上，册命过程中右者与受命者之间的相对稳定关系

① 《国语》，上册，上海古籍出版社 1988 年版，第 9—10 页。
② 《国语》，下册，上海古籍出版社 1988 年版，第 387 页。

本身就是对“官僚自治”的很好显示。周王册命的决定不大可能是在没有经过咨询有关政府部门的高级官员而作出的。亦即，尽管周王经常参与行政事务，但他与政府的实际关系可以受到有影响力的王廷官员的干预。① 厉王弭谤，则是将王权凌驾于国人之上，以臣民为奴仆。当经济上的以天下为私产与政治上的以臣民为奴仆相结合，绝对的专制君权便呼之欲出了②。但这绝对君权的胎体无法萌生于宗法封建的社会结构之中，厉王被流放，表明绝对君权与宗法封建制度，亦即周王与周制已成为势不两立的仇敌。东周时代，就是它们你死我活的战场。《史记》卷十四《十二诸侯年表序》：

> 太史公读《春秋历谱牒》，至周厉王，未尝不废书而叹也［……］及至厉王，以恶闻其过，公卿惧诛而祸作，厉王遂奔于彘，乱自京师始，而共和行政焉。是后或力政，强乘弱，兴师不请天子。然挟王室之义，以讨伐为会盟主，政由五伯，诸侯恣行，淫侈不轨，贼臣篡子滋起矣！③

太史公所着眼的是王权之衰微，但也清晰地描绘出宗法制的崩溃。欧阳修则明确指出周秦之变在于由礼治转为法治。《新唐书》卷十一《礼乐志》：

---

① 李峰：《西周的政体：中国早期的官僚制度和国家》，吴敏娜等译，三联书店2010年版，第148—149页。

② 刘家和曰：“周厉王的‘革典’就是经济上的专利和政治上的专权，一言以蔽之，也就是他在谋取专制的王权。”见刘家和：《论中国古代王权发展中的神化问题》，载施治生、刘欣如主编：《古代王权与专制主义》，中国社会科学出版社1993年版，第24页。罗祖基亦云：“周厉王因好利而革典，破坏了王政（宗法政治）赖以树立的社会经济基础；同时，又出于集权目的而弭国人之谤，乃是改革宗法政治体制的重大举措。”见罗祖基：《重新评价周厉王》，载《学术月刊》，1994年第1期，第84页。

③ ［西汉］司马迁：《史记》，第2册，中华书局2013年修订本，第641页。

由三代而上，治出于一，而礼乐达于天下；由三代而下，治出于二，而礼乐为虚名。古者，宫室车舆以为居，衣裳冕弁以为服，尊爵俎豆以为器，金石丝竹以为乐，以适郊庙，以临朝廷，以事神而治民。其岁时聚会以为朝觐聘问，欢欣交接以为射乡食飨，合众兴事以为师田学校，下至里闾田亩，吉凶哀乐，凡民之事莫不一出于礼。由之以教其民为孝慈友悌忠信仁义者，常不出于居处动作衣服饮食之间。盖其朝夕从事者，无非乎此也——此所谓治出于一，而礼乐达天下，使天下安习而行之，不知所以迁善远罪而成俗也。及三代已亡，遭秦变古，后之有天下者，自天子百官名号位序、国家制度、宫车服器一切用秦。其间虽有欲治之主，思所改作，不能超然远复三代之上，而牵其时俗，稍即以损益，大抵安于苟简而已。其朝夕从事，则以簿书狱讼兵食为急，曰："此为政也，所以治民。"至于三代礼乐，具其名物而藏于有司，时出而用之郊庙朝廷，曰："此为礼也，所以教民。"——此所谓治出于二，而礼乐为虚名。①

① [北宋]欧阳修、宋祁：《新唐书》，第2册，中华书局1975年版，第307—308页。

第三章
失德而后礼：清华简《系年》“蔡哀侯取妻于陈”章考论

楚之崛起，为春秋时代的重要历史事件。《春秋经》桓公二年：“蔡侯、郑伯会于邓”，《左传》：“始惧楚也。”① 是楚未出场而先闻其声。至庄公十年，《春秋经》载“秋九月，荆败蔡师于莘。”为楚事始见《春秋经》，杜预注曰：“于此始通上国。”②《史记》卷四十《楚世家》亦于楚文王六年伐蔡之役后，作一结语曰：“楚强，陵江汉间小国，小国皆畏之。”③ 据《左传》，楚入蔡一事，牵涉楚、蔡、息之间复杂的三角关系。出土文献清华简《系年》一篇首尾完整，保存完好，极其珍贵，亦于前四章叙述周之衰弱后，第五章即叙述楚事，“文王以北启出方城”。有意思的是，《系年》的记载，亦从相同的事件开始，记述楚之始强。可知，由息妫引出的楚、蔡、息三国之争，是为战国文献所载楚国于春秋初兴起的关键④。

---

① ［西晋］杜预注、［唐］孔颖达疏：《春秋左传注疏》，载［清］阮元校刻：《十三经注疏》，第6册，艺文印书馆2007年版，第89、95页。

② 同上书，第146页。

③ ［西汉］司马迁：《史记》，第5册，中华书局2013年修订本，第2035页。

④ 关于《系年》写作时间，李学勤曾推断是在楚肃王（公元前381—370在位）或楚宣王（前369—前340在位）世。见李学勤：《清华简〈系年〉及有关古史问题》，载《文物》，2011年第3期，第71页。陈伟进一步指出，“(楚)肃王之世可能性较大。”见陈伟：《清华大学藏竹书〈系年〉的文献学考察》，载《史林》，2013年第1期，第43页。关于《左传》成书时代，（转下页）

第一节 “弗宾”考

对于《春秋经》所记“荆入蔡”一事，《左传》庄公十四年，于史事叙述完毕之后，有“君子曰”一语：“《商书》所谓恶之易也，如火之燎于原，不可向迩，其犹可扑灭者，其如蔡哀侯乎？”① 易，延也。历代注释皆已正确指出，左氏此处“君子曰”，盖责哀侯自作其孽。味其语意，乃追本溯源于哀侯止息妫事。

《左传》庄公十年：

> 蔡哀侯娶于陈，息侯亦娶焉。息妫将归，过蔡。蔡侯曰：“吾姨也。”止而见之，弗宾。息侯闻之，怒，使谓楚文王曰：“伐我，吾求救于蔡，而伐之。”楚子从之。秋九月，楚败蔡师于莘，以蔡侯献舞归。②

其事肇端，在于哀侯“弗宾”。《史记》卷三十五《管蔡世家》作“不敬”③。历代注家多从之。考“宾”字训“敬”，文献有征。《广雅·释诂》：“宾，敬也。”王念孙《疏证》：“《周官·乡大夫》：‘以礼礼宾之。’郑众注云：‘宾，敬也。’”④ 赵生群云：“‘弗宾’即不敬，其义甚明”⑤。联系此后哀侯绳誉息妫之美一事，则极易将“不敬”进一步落实为对息妫的轻佻行为。日人竹添光鸿即笺曰：“许多轻亵，只

（接上页）则异见纷呈，本书暂采赵伯雄说，约在公元前375至343年之间，见赵伯雄：《〈春秋〉经传讲义》，人民出版社2012年版，第47页。则《左传》成书年代大致与《系年》同时。

① ［西晋］杜预注、［唐］孔颖达疏：《春秋左传注疏》，载［清］阮元校刻：《十三经注疏》，第6册，艺文印书馆2007年版，第154、156页。

② 同上书，第147页。

③ ［西汉］司马迁：《史记》，第5册，中华书局2013年修订本，第1885页。

④ ［清］王念孙：《广雅疏证》，中华书局1983年版，第14页。

⑤ 赵生群：《〈左传〉志疑》，载《中国典籍与文化》，2005年第2期，第52页。

‘弗宾’二字尽之。”[①] 在传统典籍训诂的范围内，哀侯“弗宾”行为之恶劣，可说已经推到了极致。

清华简《系年》对哀侯止息妫一事的记载，与《左传》微异：

> 息妫将归于息，过蔡，蔡哀侯命止之，曰：“以同姓之故，必入。”息妫乃入于蔡，蔡哀侯妻之。[②]

对读之下，《系年》“妻之”显然对应《左传》“弗宾”。整理者注释即云：“《左传》庄公十年说蔡侯对息妫‘弗宾’，杜注：‘不礼敬也。’《管蔡世家》说‘蔡侯不敬’，意思相仿佛，都是说有轻佻的行为。简文言‘蔡哀侯妻之’，与《左传》、《史记》不同。”[③] 注意到了《系年》记载与《左传》文字的不同。陈伟则致力于从意义上沟通二者：

> “妻”有污辱义。《后汉书·董卓传》：“又奸乱公主，妻略宫人。”《通鉴》汉纪四十五“妻略妇女”，胡三省注：“妻者，私他人之妇女，若己妻然。不以道妻之曰略。”在这个意义上，“妻之”可以说是极端的“弗宾”、“不敬”。[④]

---

① ［日］竹添光鸿：《左氏会笺》，第1册，巴蜀书社2008年版，第266页。

② 清华大学出土文献研究与保护中心编：《清华大学藏战国竹简》［贰］，下册，中西书局2011年版，第147页。

③ 同上书，第148页。

④ 陈伟：《读清华简〈系年〉札记》，载《江汉考古》，2012年第3期，第118页。此外，刘光胜在认同陈说的同时，又认同《系年》“妻之”的记载意思即是哀侯娶息妫，故而认为“不排除《系年》记载有误的可能性。”是据传世文献，怀疑《系年》记载的真实性。皆未明晰二处记载的深层关联，详下文。刘光胜：《清华简〈系年〉与〈竹书纪年〉比较研究》，中西书局2015年版，第40页。

由此，《左传》“君子曰”之评似得到更为确实的证据。

然这一“责哀侯”的思路，不无可疑之处。清人魏禧即曰：“然以二国论，则首祸在息矣。止而弗宾，固为有过，何为遽谮人以伐国乎？”因论息侯之谋“已开战国一派”①。换言之，哀侯轻佻固不堪，但同时息侯行为恐更为恶劣。

进而言之，《左传》僖公二十八年，城濮之战，晋大夫栾贞子曰：“汉阳诸姬，楚实尽之。”②“汉阳诸姬”为周王室防备南方蛮夷，尤其是楚国的重要屏障。《国语·周语》中富辰曰：“息由陈妫”，韦昭注：“息，姬姓之国。”③息国即为“汉阳诸姬”重要一员④。桓公六年，楚事始见《左传》，斗伯比言于楚武王曰：“吾不得志于汉东。”⑤即言谋取姬姓随国之事。可知至迟自武王起，楚即有侵伐诸姬之行动。息国自然知晓这一状况。

明晰这一背景之后，我们认为，无论哀侯“弗宾”的行为性质如何恶劣，恐怕都很难引起息国做出引入楚王干预的重大行动。何以言之？盖若蔡侯对息妫有轻佻行为，则蔡侯即为明显违礼，以春秋常例言，息侯最可能的选择为鸣钟击鼓而讨伐之，此为其一。或疑息小而蔡大，息侯恐不会如此。而我们知道，同样是《左传》隐公十一年：“郑、息有违言，息侯伐郑。郑伯与战于竟，息师大败而还。”⑥

① ［清］魏禧：《左传经世钞》，载《续修四库全书·经部》，第120册，上海古籍出版社1996年版，第343页。

② ［西晋］杜预注、［唐］孔颖达疏：《春秋左传注疏》，载［清］阮元校刻：《十三经注疏》，第6册，艺文印书馆2007年版，第272页。

③ 《国语》，上册，［三国·吴］韦昭注，上海古籍出版社1988年版，第48、50页。

④ 据杨东晨、杨建国考证，“汉阳诸姬”包含国家分汉水流域与淮水上游流域二系。本书所论蔡、息、随等国皆为其中重要国家。杨东晨、杨建国：《“汉阳诸姬”国史述考》，载《学术月刊》，1997年第8期，第89—91页。

⑤ ［西晋］杜预注、［唐］孔颖达疏：《春秋左传注疏》，载［清］阮元校刻：《十三经注疏》，第6册，艺文印书馆2007年版，第109页。

⑥ 同上书，第82页。

郑为春秋初东迁诸侯之长，《系年》第二章所谓“郑武公亦正东方之诸侯”。息与其一时言语不合，居然有伐郑的举动。而且尤其需要注意的是，郑国与蔡国情况一样，皆为姬姓。息国行事风格可见一斑。《左传》不禁又有一段评论：“君子是以知息之将亡也。不度德，不量力。”① 此为其二。或者退一步说，息国即使考虑到己小而蔡大，引入外援联合伐蔡，也不必背地里搞小阴谋，因兴师问罪正大光明，此为其三。或者再退一步说，即使要小阴谋，亦不会自毁长城，主动引入虎视眈眈的楚国，此为其四。

故此，左氏“君子曰”思路恐有重新检讨之必要。对应《左传》文本，即为“弗宾”二字含义之再认识。考前述诸家如此认同“不敬”一释之故，根本原因即在于“不敬”与“君子曰”责哀侯思路之相互印证。

同样是对“弗宾”的解释。杜预《集解》曰：“不礼敬也。”② 刘文淇《疏证》云：“用史公说。”③ 按：刘说未是。“不敬”与“不礼敬”不同。杜注实着眼于礼，“不礼敬”之释当导源于服虔。考《左传》隐公七年有“凡伯弗宾”一语④，服虔彼注曰：“戎以朝礼及公卿大夫，发陈其币，凡伯以诸侯为王卿士，不修宾主之礼，敬报于戎。”⑤ 是《左传》旧注以“宾礼”释“宾”字，且明示此处宾礼表“敬”⑥。

---

① ［西晋］杜预注、［唐］孔颖达疏：《春秋左传注疏》，载［清］阮元校刻：《十三经注疏》，第 6 册，艺文印书馆 2007 年版，第 82 页。

② 同上书，第 147 页。

③ ［清］刘文淇：《春秋左氏传旧注疏证》，科学出版社 1959 年版，第 157 页。

④ ［西晋］杜预注、［唐］孔颖达疏：《春秋左传注疏》，载［清］阮元校刻：《十三经注疏》，第 6 册，艺文印书馆 2007 年版，第 72 页。

⑤ 《仪礼·觐礼》贾公彦疏引，［东汉］郑玄注、［唐］贾公彦疏：《仪礼注疏》，［清］阮元校刻：《十三经注疏》，第 4 册，艺文印书馆 2007 年版，第 326 页。

⑥ 陈英杰据士山盘等金文资料论证此处“（凡伯）弗宾”一句，意义无疑是指回赠的宾礼。参陈英杰：《再说〈左传〉之“弗宾”》，载《中国典籍与文化》，2006 年第 1 期，第 46、34 页。

当即杜注所本。“（哀侯）弗宾”与“凡伯弗宾”辞例一致，含义应同“（凡伯）弗宾”。

辞例一致之外，《左传》所记二处“弗宾”尚有相同的礼制背景。《仪礼》贾公彦疏释“凡伯弗宾”一句云，此为“诸侯朝天子亦有聘及公卿大夫之事”[①]。是则此处凡伯所应“宾”之礼，乃为宾礼中聘礼的一部分。而哀侯此处止息妫之“弗宾”，所涉礼制亦属聘礼。据周礼，息妫过蔡，当修过邦之礼，《仪礼·聘礼》：“若过邦，至于竟，使次介假道……誓于其竟”云云[②]，即其事也。左氏亦明过邦有礼，如僖公五年著名的晋献公假道伐虢。据《仪礼》，过邦之礼亦属聘礼。

综上所述，此处“（哀侯）弗宾”当平实为训，意即哀侯对息妫不修宾主之礼。

那么，此处蔡侯该如何“宾”事息妫呢？就在哀侯止息妫前四年，《左传》记载了另一个过境“止而见之”的故事。庄公六年：“楚文王伐申，过邓。邓祁侯曰：‘吾甥也。’止而享之。”[③]则“享之”当为这一情况下的惯常仪节。

明了“弗宾”二字确训及其蕴含的礼制背景，为我们理解《左传》记载中楚、息、蔡三国纠葛打开了一个入口。事实上，前论“君子曰”责哀侯以恶的基本错误，为脱离具体礼制背景的道德批判。接下来，让我们暂时抛开对个体行为善恶的评价，回到历史情境中重新审视息蔡之争，并进而讨论其中蕴含的历史意义。

---

① ［东汉］郑玄注、［唐］贾公彦疏：《仪礼注疏》，［清］阮元校刻：《十三经注疏》，第 4 册，艺文印书馆 2007 年版，第 326 页。

② 同上书，第 230 页。

③ ［西晋］杜预注、［唐］孔颖达疏：《春秋左传注疏》，载［清］阮元校刻：《十三经注疏》，第 6 册，艺文印书馆 2007 年版，第 141 页。

第二节 姨与媵

在明晰“弗宾”二字训释的基础上，首先重构《左传》所述此事原委。息妫过蔡，行过邦之礼，哀侯知之。进而，因所过之邦非主聘之国，一般情况下不劳国君面见，是以哀侯“止而见之”必有特殊原因。此为哀侯“吾姨也”一语必须交待之理。在这一语境中，《左传》所记“弗宾”一语的否定意义显示出来：蔡侯既然以国君之尊面见息妫，则其性质即为息蔡两国之聘礼。哀侯却“不修宾主之礼，敬报于”息妫一行。

至此，问题的要害显示出来。即《左传》这一思路有一重要前提，是“息妫”已为息夫人，如此才谈得上主宾的问题。问题是，哀侯是否认同此说。这里，哀侯止息妫的说辞，“吾姨也”一语为我们理解哀侯所思所想提供了线索①。

“姨”，《尔雅·释亲》：“妻之姊妹同出为姨。”②郝懿行《尔雅郭注义疏》：

> 姨者，左氏庄十年传，蔡侯曰：“吾姨也。”据蔡侯、息侯同娶陈，是夫于妻之姊妹互相谓姨也。《释名》云：“妻之姊妹曰姨。姨，弟也。言与己妻相长弟也。”《说文》云：“妻之女弟同出为

① 金泽文库本作“吾姨”，竹添光鸿笺：“石经宋本，姨下俱有也字。”然意义无别。［日］竹添光鸿：《左氏会笺》，第1册，巴蜀书社2008年版，第266页。《系年》记载蔡侯之语为：“以同生之故，必入。”罗运环认为：“‘以同生之故必入’句中存在‘之故’二字，这是原作者的叙述语气；‘吾姨也’是蔡哀侯的语气，具有纪实性，二者不可混为一谈。”甚是。罗运环：《清华简〈系年〉楚文王史事考论》，载《出土文献与中国古代文明——李学勤先生八十寿诞纪念论文集》，中西书局2016年版，第223页。蔡侯原语当为“吾姨也”。

② ［东晋］郭璞注、［北宋］邢昺疏：《尔雅注疏》，载［清］阮元校刻：《十三经注疏》，第8册，艺文印书馆2007年版，第63页。

> 姨。”变姊妹为女弟者，盖古之媵女取于侄娣，姊为妻，则娣为妾，同事一夫，是谓同出。《诗·硕人》及《左传》正义并引孙炎曰：“同出，俱已嫁也。”然则此有二义。据《诗》、《左传》，同出谓各自行嫁；据《说文》、《释名》，同出谓共事一夫。二义俱通。《诗》及《左氏》于义为长。①

按：郝氏敏锐意识到“姨”字训释中“同出”一语有二义，是其卓识。然仅以“于义为长”断之，殊失。进一步分析郝氏二系之说，实分别对应典籍用语与字书训诂二支。则郝氏是以典籍用语反驳字书释义。我们的看法则正好相反，《说文》等字书所传释义当为姨字本义。

而且，不唯《说文》、《释名》，考《尔雅》后文“女子同出，谓先生为姒，后生为娣”，郭璞彼注亦曰：“同出，谓俱嫁，事一夫。”②与《说文》、《释名》等释义全同。

例外的是，郭璞注释“姨”之“同出”为“俱已嫁”③。考其缘由，与郝懿行所虑类似，即与文献用例的龃龉不合。

这一问题由来有自。盖文献《诗·卫风·硕人》咏庄姜为“邢侯之姨”④，而庄姜本为卫侯之妻。显与字书相传“姨”字旧训不合。《鲁诗》径取《尔雅》“妻之姊妹同出为姨”⑤为说，是意识到其中问题而不弃古训。至《毛传》：“妻之姊妹曰姨。”⑥始不取《尔雅》之说。味

---

① ［清］郝懿行：《尔雅郭注义疏》，载《续修四库全书·经部》，第187册，上海古籍出版社1996年版，第509页。

②③ ［东晋］郭璞注、［北宋］邢昺疏：《尔雅注疏》，载［清］阮元校刻：《十三经注疏》，第8册，艺文印书馆2007年版，第63页。

④ ［西汉］毛公传、［东汉］郑玄笺、［唐］孔颖达疏：《毛诗注疏》，［清］阮元校刻：《十三经注疏》，第2册，艺文印书馆2007年版，第129页。

⑤ ［清］王先谦：《诗三家义集疏》，中华书局1987年版，第279—280页。

⑥ ［西汉］毛公传、［东汉］郑玄笺、［唐］孔颖达疏：《毛诗注疏》，［清］阮元校刻：《十三经注疏》，第2册，艺文印书馆2007年版，第129页。

毛公之虑，当为贴合诗意而舍弃《尔雅》“同出”二字。郑笺无说[①]。检《诗经》“姨”字此仅一见[②]，则此处《鲁诗》与《毛传》皆以《尔雅》旧说与经文相违而抉择不同。

需要注意的是，至此，雅诂与诗训二系虽出现歧义，然尚并行不悖而未淆乱。至孙炎，始更进一步，引文献用义反释《尔雅》，其《尔雅孙氏注》“姨”字注曰：“同出，俱已嫁也。”郭注因之[③]。《尔雅》“同出”二字诂训随之出现“俱嫁”与“俱已嫁”之歧义。据马国翰《玉函山房辑佚书》，孙炎此句经典注释凡三引[④]。皆为后世注家复以孙说释经。

但孙说显系擅改旧说。从“俱嫁”到“俱已嫁”，其实质乃为牵合经义而增字为训。语法后果，使得副词“同”字由表示复数主语一起发出同一动作行为，变为复数主语皆具有谓语所显示的特征。然考“同”字这一用法晚出，且须与“是”字联用[⑤]。故而，此处“姨”字雅诂“同出”之义亦为“俱嫁”无疑，也即郝懿行所谓“共事

---

① ［西汉］毛公传、［东汉］郑玄笺、［唐］孔颖达疏：《毛诗注疏》，［清］阮元校刻：《十三经注疏》，第2册，艺文印书馆2007年版，第129页。

② 陈宏天、吕岚合编：《诗经索引》，书目文献出版社1984年版，第342页。

③ 《文选》卷十六潘岳《寡妇赋》注引“嫁”下有“也”字，因袭孙说之迹更明。周祖谟：《尔雅校笺》，云南人民出版社2004年版，第209页。事实上郭璞《尔雅注》序即自言其注释为“错综樊孙”，孙即指孙炎。黄侃进一步指出“郭注多同叔然”而“袭旧不明举”者，所在多有。此处当为一例。事实上，前引郭注娣姒“同出”之意“俱嫁”，虽为旧义，但其直接文献来源也是孙炎，见《左传》成公十一年正义引孙说。黄侃：《尔雅略说》，载黄侃：《黄侃论学杂著》，中华书局1964年版，第375页。

④ 三引分别为：《诗·卫风·硕人》正义、《左传》庄十年正义、《左传》襄公二十三年正义，见［清］马国翰：《玉函山房辑佚书》，载《续修四库全书·子部》，第1203册，上海古籍出版社1996年版，第235页。

⑤ 据何乐士示例，“同”字这一用法，最早的例子可以追溯到乐府诗《孔雀东南飞》：“同是被逼迫，君尔妾亦然。”［南朝·陈］徐陵编：《玉台新咏》卷一无名人《古诗为焦仲卿妻作》，程琰删补［清］吴兆宜《笺注》本，中华书局1985年版，第52页。参何乐士编：《古代汉语虚词词典》，语文出版社2006年版，第396页。

一夫”①。

至此，可知《尔雅》、《说文》及《释名》释“姨”字皆一脉相承。我们认为，字书相传之经师旧训实有其独立意义，即使现有文献无例证乃至不合。这一情况亦常见，如《尔雅·释诂》首条“初、哉、首、基、肇、祖、元、胎、俶、落、权舆，始也。”②其中“胎”字用作“始”的语例，先秦文籍即未见③。再如《说文解字》一上《玨部》释“班”字：“分瑞玉，从玨从刀。”④从字形分析，刀在两玉之中，解为“分瑞玉”即“用刀把玉分开”是可以的。然而在上古文献中，我们也难以找到这个本义的用例⑤。就此而论，毛传的处理方

① 《系年》记载蔡侯止息妫语为“以同生之故，必入。”整理者读“生”为“姓”，诚可通。然据《广雅·释诂》：“生，出也。”颇疑《系年》“同生”即对应“姨”字雅诂“同出”。若然，则《系年》“以同生之故”与《左传》“吾姨也”实同义。至如清人于鬯注意到“出”、“生”、“姓”三者文字上的相通性，遂解释《尔雅》“同出”可能为“同姓”，亦可能为“同生”，没有分析任何“姨”字用例，而随意反驳郭注“俱嫁”之释，实不足为据。［清］于鬯：《香草校书》，下册，中华书局1984年版，第1110页。

② ［东晋］郭璞注、［北宋］邢昺疏：《尔雅注疏》，载［清］阮元校刻：《十三经注疏》，第8册，艺文印书馆2007年版，第6页。

③ 后世学者以《汉书》卷五十一《枚乘传》中“福生有基，祸生有胎”一语为例，证《尔雅》记“胎”之“始”义，然观其上下文有“纳其基，绝其胎”之说，郭鹏飞即指出，《汉书》此处“胎”字实用其所指义，即“胚胎”。以此解释《尔雅》，并不恰当。见郭鹏飞：《尔雅义训研究》，上海古籍出版社2012年版，第48页。又《尔雅·释诂》下，“讫、徽、妥、怀、安、按、替、戾、底、废、尼、定、曷、遏，止也。”“徽”之训止，亦于经传无征。［清］严元照：《娱亲雅言》，载《续修四库全书·经部》，第175册，上海古籍出版社1996年版，第577页。事实上，就本文措意之“姨”字言，《左传》襄公二十三年有“穆姜之姨子”一语，［西晋］杜预注、［唐］孔颖达疏：《春秋左传注疏》，载［清］阮元校刻：《十三经注疏》，第6册，艺文印书馆2007年版，第606页。《尔雅》明言“妻之姊妹”同出为姨，不论“同出”何解，显然《左传》此处并非《尔雅》意义上的用法。如此之类，不烦多举。若必欲强求字书释义与典籍用义之一致，反自为乱。

④ ［东汉］许慎：《说文解字》，中华书局1963年版，第14页。

⑤ 关于此例，董琨进一步论述道：“《尚书·舜典》：‘班瑞于群后。’似乎应该是最贴切的了。《汉语大字典》即以此作为‘分瑞玉’的用例。（转下页）

式实为可取，其释“姨”字不径取雅诂[①]，而去掉“同出”二字，显然是意识到典籍用义与字书旧训之不合，但其一方面仍随文释义以疏通文献，另一方面又不据文献用例而反驳字书旧说[②]。

“姨”字称呼之本义，与媵娣婚紧密相关。《释名》后文说法尤明，郝氏《义疏》未及，今具列如下：“母之姊妹曰姨，亦如之。礼谓之从母。为娣而来，则从母列也。故虽不来，犹以此名之也。”[③]此处“礼”指礼本经。《仪礼·丧服》小功章云，“从母，丈夫、妇人报”，郑玄注：“从母，母之姊妹。”[④]则《丧服》“从母”之称，本义指子对母之姊妹为娣而来者之称[⑤]。在父的角度，即对媵娣之称曰“姨”。

（接上页）但伪孔传在此处却注道：‘班，还。’孔颖达疏云：‘更复还五瑞于诸侯者，此瑞本受于尧，敛而又还之。’是同意这个说法的。”董琨：《正确解读王力先生的词典学思想——现汉性质词典“义项按历史发展脉络排列”说质疑》，载董琨：《述学集》，商务印书馆2012年版，第390页。

① 清儒邵晋涵辨明，《尔雅》非为释诗而作，毛传乃采《尔雅》释诗。［清］邵晋涵：《尔雅正义》，《续修四库全书·经部》，第187册，上海古籍出版社1996年版，第38页。

② 这一点，王力亦曾有论：“古代的经生们抱残守缺，墨守故训，这是一个缺点。但是我们只是不要墨守故训，却不可以一般地否定故训。训诂学的主要价值，正是在于把故训传授下来［……］最好不要轻易去做翻案文章。”王力：《训诂学上的一些问题》，载王力：《王力文集》，第十九卷，山东教育出版社1990年版，第200页。

③ ［东汉］刘熙：《释名》，［清］王先谦补［清］毕沅《疏证》本，上海古籍出版社1984年版，第159页。

④ ［东汉］郑玄注、［唐］贾公彦疏：《仪礼注疏》，［清］阮元校刻：《十三经注疏》，第4册，艺文印书馆2007年版，第386页。

⑤《通典》卷九十二载晋袁准论曰：“从母小功五月，舅缌麻三月，礼非也。从母缌，时俗所谓姨母者也。舅之与姨，俱母之姊妹兄弟，焉得异服？从母者，从其母而为庶母者也。亲益重，故小功也。”亦明《丧服》“从母”实为媵娣，可为旁证。但其论从母服重于舅为“礼非”，则误。这一观念延至唐贞观十四年，太宗谓侍臣曰：“舅之与姨，亲疏相似，而服纪有殊，理未为得。”于是侍中魏征等议曰：“谨按舅服缌麻，请与从母同小功。”制可，具《开元礼》。则为唐太宗等人不明媵娣婚所致。［唐］杜佑：《通典》，中华书局1988年版，第2513页。

周礼有媵婚制度。典籍多见，如《礼记·曲礼》："大夫不名世臣、侄娣。"正义释曰："侄是妻之兄女，娣是妻之妹，从妻来为妾也。"①汉儒于媵婚制的理解微异。《仪礼·士昏礼》："媵御馂。"郑玄注："古者嫁女必侄娣从，谓之媵。侄，兄之子。娣，女弟也。"②《公羊传》庄公十九年则谓"诸侯壹聘九女"："媵者何？诸侯娶一国，则二国往媵之，以侄娣从。侄者何？兄之子也。娣者何？弟也。"③但对其存在则无异词④。

"娣"，《说文》大徐本释"娣"、"妹"皆曰："女弟也。"⑤当有讹误。小徐本释"娣"同，然于"妹"字释曰："夫之女弟也。"⑥显然互讹。段玉裁据小徐本校"娣"字之释为："同夫之女弟也。"⑦甚是。是则姨娣二字虽然形音义三者皆极近，但严格说起来，在周礼媵娣婚中，"娣"为同夫姊妹间之称呼，而"姨"为夫对媵娣

---

① ［东汉］郑玄注、［唐］孔颖达疏：《礼记注疏》，载［清］阮元校刻：《十三经注疏》，第5册，艺文印书馆2007年版，第71—72页。

② ［东汉］郑玄注、［唐］贾公彦疏：《仪礼注疏》，载［清］阮元校刻：《十三经注疏》，第4册，艺文印书馆2007年版，第54页。

③ ［东汉］何休注、［唐］徐彦疏：《春秋公羊传注疏》，载［清］阮元校刻：《十三经注疏》，第7册，艺文印书馆2007年版，第97页。

④ 当然，汉儒依据少量文献试图构筑出整齐严密的媵婚制架构，其中必掺杂不少理想成分。对此，有学者曾详细讨论，参看林素娟：《神圣的教化——先秦两汉婚姻礼俗中的宇宙观、伦理观与政教论述》，台湾学生书局有限公司2011年版，第114—154页。陈昭容亦通过对两周媵器的全面考察，发现"西周、春秋时期，女子出嫁，本家长辈可以特别作器为媵，或以家长自作用器为媵，也可以侄娣为媵；同姓贵族可以来媵人或媵物，异姓来媵也无不可。"故此，据零星文献记载与考古实物，"要拼构出一个清楚明确的'媵婚体系'，实有困难。"陈昭容：《两周婚姻关系中的"媵"与"媵器"——青铜器铭文中的性别、身分与角色研究之二》，载"中央研究院"《历史语言研究所集刊》，第77本第二分，1996年6月，第245页。

⑤ ［东汉］许慎：《说文解字》，中华书局1963年版，第259页。

⑥ ［北宋］徐锴：《说文解字系传》，中华书局1987年版，第242页。

⑦ ［清］段玉裁：《说文解字注》，上海古籍出版社1981年版，第615页。

之称呼①。

至于文献用例中“姨”字用义多非本义。盖春秋已降婚制丕变，致使“姨”字语义出现变化。其演变方向则大致有二：一为从“姨”字所表述的血缘关系引申，凡妻之姊妹谓之姨。“邢侯之姨”的说法当是反映的这一状况。②再往后，至《释名》记载：“母之姊妹曰姨，亦如之。”王先谦引苏舆曰：“据此，则呼母党为姨，自汉已然，盖子效父言，古无是称也。”③二则是取“姨”字的婚制含义引申，非正妻则称姨。翟灏《通俗编》曰：“姨本姊妹俱事一夫之称，后世无从媵之礼，而侧庶实与媵比，故虽非母姊妹，而得借此称之。”④清人赵翼《陔余丛考》据《南史》记载齐衡阳王钧及晋安王子懋皆呼母为姨，为之疏释曰：“二王所生母皆非正嫡，宫中久呼为姨，故其子之呼母亦同耳。”因谓：“世俗又称妾为姨娘，亦有所本。”⑤可以明显看出，所延伸之二义正对应“媵娣”的两方面内涵。

回到《左传》，此处蔡侯“吾姨也”一语，杜预注：“妻之姊妹曰姨。”⑥亦当本于牵合经意的毛传⑦。清人俞樾已经指出，蔡侯此语之

---

① 赵林推断“娣指一己之女弟，姨指己妻之女弟。因此，造成娣与姨分离的必要条件，便是亲属称谓法中对平辈女性作出区隔夫方及妻方的要求，以相对于一个已存在的、不对平辈女性作出夫方及妻方区隔的称谓法，这个时代发生在周初。”是注意到娣姨之不同，而分别稍疏。盖赵著关注点在殷周之别，而未及二者在周制内部的进一步区分。赵林：《殷契释亲——论商代的亲属称谓及亲属组织制度》，上海古籍出版社2011年版，第119页。

② 《硕人》一诗作于春秋，于《诗》列于变风，已非严守周礼之纯粹媵娣制。

③ ［清］王先谦：《释名疏证补》，上海古籍出版社1984年版，第159页。

④ ［清］翟灏：《通俗编》，上册，中华书局2013年版，第253页。

⑤ ［清］赵翼：《陔余丛考》，商务印书馆1957年版，第831页。

⑥ ［西晋］杜预注、［唐］孔颖达疏：《春秋左传注疏》，载［清］阮元校刻：《十三经注疏》，第6册，艺文印书馆2007年版，第147页。

⑦ 《吕氏春秋》载蔡侯此语为：“吾妻之姨。”芮逸夫据《尔雅》、《说文》释“姨”皆言“妻之姊妹”，因谓“‘姨’之称是表现称谓人性别的。男子对妻之姊妹有此称，女子对自己的姊妹是不当有的。”所以蔡侯对息夫人之称，当从《左传》。其说甚是。芮说参《伯叔姨舅姑考》，载芮逸夫：（转下页）

义，“盖谓是本吾娣媵之属耳。”① 可谓一语中的。

实际上，哀侯有娶息妫的想法，本不奇怪。《春秋经》桓公十七年：“六月丁丑，蔡侯封人卒。秋八月，蔡季自陈归于蔡”。《左传》释经曰：“蔡桓侯卒。蔡人召蔡季于陈。秋，蔡季自陈归于蔡，蔡人嘉之也。”② 可知哀侯献舞曾长期在陈，当早闻息妫之美。此处“止而见之”之前，即呼“息妫”为“吾姨”，知哀侯娶妻于陈（即蔡妫）之时，很可能即提出以息妫为媵。

然而，事情却横生变故，陈国将息妫转嫁于息③。这一点，《系年》与《左传》无异词，可知息妫将成为息夫人这一点，为时人所普遍认同。在这一情况下，哀侯却仍然坚持自己的想法。

而哀侯何以仍可坚持？一言以蔽之，在于有礼的依据。至春秋之世，媵婚制仍然存在④。即以息妫母国陈国言，《左传》隐公三年，卫

（接上页）《中国民族及其文化论稿》，下集，台湾大学人类学系，1972 年，第 886 页，注 26。另：高诱注谓：“妻之女弟为姨。”在《说文》的解释上去掉“同出”二字，则致思与《毛传》同。见许维遹：《吕氏春秋集释》，上册，中华书局 2009 年版，第 333 页。

① ［清］俞樾：《群经平议》，载《续修四库全书·经部》，第 178 册，上海古籍出版社 1996 年版，第 565 页。

② ［西晋］杜预注、［唐］孔颖达疏：《春秋左传注疏》，载［清］阮元校刻：《十三经注疏》，第 6 册，艺文印书馆 2007 年版，第 124 页。

③ 联系《系年》本节结尾楚王“恐陈侯”一语，则此处陈国分嫁二女于息、蔡，想必有同时结好二国，以共同防御楚国之意。又，杨东晨、杨建国以为陈、蔡、息三国联姻为共同抗郑。杨东晨、杨建国：《“汉阳诸姬”国史述考》，载《学术月刊》，1997 年第 8 期，第 93 页。恐不确。盖杨说只注意到息伐郑的事实以推测三国联盟的指向，却忽视《春秋经》桓公二年记：“蔡侯、郑伯会于邓”，《左传》释：“始惧楚也。”［西晋］杜预注、［唐］孔颖达疏：《春秋左传注疏》，载［清］阮元校刻：《十三经注疏》，第 6 册，艺文印书馆 2007 年版，第 89、95 页。

④ 童书业：《春秋左传研究》，中华书局，2006 年校订本，第 192 页。证诸传世文献。《诗·大雅·韩奕》：“诸娣从之，祁祁如云。”《传》：“祁祁，徐靓也。如云，言众多也。诸侯一取九女，二国媵之。诸娣，众妾也。”《笺》云：“媵者必娣侄从之，独言娣者，举其贵者。”［西汉］毛公传、［东汉］郑玄笺、［唐］孔颖达疏：《毛诗注疏》，载［清］阮元校刻：（转下页）

庄公娶于陈曰厉妫，其娣戴妫[1]。是为陈女行媵娣婚实例。有意思的是，厉戴二妫同嫁之卫庄公，正是《硕人》一诗所咏庄姜之夫。[2]是则虽齐女分嫁二夫，而媵娣婚亦同时存在的生动事例。或以为从媵者当与妻一起出嫁，否则即表明息妫自始至终非蔡妫之媵。而实际上，由于从媵之女一般较主嫁之女为小，有时会出现媵女陪嫁，因其年少而在本国待年而嫁的情况。《春秋经》隐公二年：“伯姬归于纪”，七年载“叔姬归于纪。”何休注曰：“叔姬者，伯姬之媵也。至是乃归者，待年父母国也。”[3]正是说的这一情况。

《清华简》整理者已经正确指出，从地理上说，“陈都宛丘，在今河南淮阳，蔡都在今河南上蔡西南，故息妫由陈至息必过蔡。”哀侯当然也明了这一点。故“息妫将归”，必假道蔡国行过邦之礼。哀侯即因而“妻”之。

至此，《系年》“妻之”的记载始与《左传》“弗宾”形成真正意义上的互证。也就是说，“弗宾”与“妻之”记载的同一性，并非由对应语词之互训建立。二者的内在联系，实为不同思路之下对同一事件不同角度的表述。哀侯本义目“息妫”为蔡妫媵娣，对此《系年》与《左传》皆不认同，而处理方式相异。《左传》是拘于礼的观念，例哀侯以“弗宾”，此其所以为近经；《系年》则是仍然实录哀侯行为，“妻之”，此其所以为近史。

（接上页）《十三经注疏》，第2册，艺文印书馆2007年版，第682页。江林对《诗经》中有关媵婚的记载曾作一检讨，可参看江林：《〈诗经〉与宗周礼乐文明》，上海古籍出版社2010年版，第118—134页。

① ［西晋］杜预注、［唐］孔颖达疏：《春秋左传注疏》，载［清］阮元校刻：《十三经注疏》，第6册，艺文印书馆2007年版，第53页。

② 《诗序》：“闵庄姜也。庄公惑于嬖妾，使骄上僭，庄姜贤而不答。”［西汉］毛公传、［东汉］郑玄笺、［唐］孔颖达疏：《毛诗注疏》，载［清］阮元校刻：《十三经注疏》，第2册，艺文印书馆2007年版，第129页。

③ ［东汉］何休注、［唐］徐彦疏：《春秋公羊传注疏》，载［清］阮元校刻：《十三经注疏》，第7册，艺文印书馆2007年版，第26、37页。

而即使是这一看似鲁莽的行为背后，依然有哀侯循礼而行的考虑。依周礼，婚礼六礼至见舅姑方为成妇。《礼记·曾子问》：“三月而庙见，称来妇也。择日而祭于祢，成妇之义也。”“成妇”才算真正入夫宗。所以如果嫁女未庙见而死，则“不迁于祖，不祔于皇姑，婿不杖不菲不次，归葬于女氏之党，示未成妇也。”[①]故而哀侯止息妫于“将归”途中，归，女子嫁谓也[②]，也即在息妫未成婚之前。换言之，严格说起来，此时蔡妫之妹的礼制身份，尚不成其为“息妫”。至于文献记载中“息妫”未嫁而冠以夫国之号，顾炎武即已解释到：“此临文之不得不然也。”[③]

至此，当可理解息侯的反常举动了。前述疑问，在春秋之初可以一怒而伐郑的息国，此时要背地里与楚国耍小阴谋以击蔡，究其缘由，正是由于蔡侯的一系列举动皆有礼的依据，致使息侯无法以“非礼”的口实伐蔡。当然，不唯蔡侯知礼，息侯亦知。且看息侯弗顺之后，与楚子之谋，《管蔡世家》所记“我求救于蔡，蔡必来。”是一“必”字，何以息侯有如此想法？盖因息蔡乃同姓之国，一国受敌，求救则必来[④]。于是有《春秋经》所记蔡侯莘之败。

息蔡之间来来回回数次钩心斗角，居然都是在礼的形式之中。

---

① ［东汉］郑玄注、［唐］孔颖达疏：《礼记注疏》，载［清］阮元校刻：《十三经注疏》，第5册，艺文印书馆2007年版，第366页。对此更详细的讨论，可参［清］汪中：《文集》第一辑《女子许嫁而婿死从死及守志议》，载［清］汪中：《新编汪中集》，扬州：广陵书社2005年版，第375—377页。

② 或以为“归”有归宁之义。但《清华简》有“息妫将归于息”一语，比《左传》多出“于息”二字，可证此次息妫过蔡，目的地乃息而非陈，故此，此处“归”字乃指息妫“出嫁”无疑。

③ ［清］顾炎武：《原抄本日知录》，明伦书局1975年版，第124页。

④ 春秋诸国重同姓之义，左氏亦明。如《左传》僖公三十三年，秦师袭郑而还，晋先轸曰：“秦不哀吾丧，而伐吾同姓，秦则无礼。”因以败秦师于殽。［西晋］杜预注、［唐］孔颖达疏：《春秋左传注疏》，载［清］阮元校刻：《十三经注疏》，第6册，艺文印书馆2007年版，第290页。

第三节　谋诈礼义之间

目光转向楚国。我们注意到，发生在楚、息、蔡三国之间的这一故事，也为传世文献《吕氏春秋》所记载，却往往被忽略。我们认为，《吕氏春秋》的记载，最值得注意的就是保留了楚文王在其中的作为。而这一点被重礼的《左传》与《系年》失记。

《吕氏春秋·长攻篇》：

> 楚王欲取息与蔡，乃先佯善蔡侯，而与之谋曰：“吾欲得息，奈何？”蔡侯曰：“息夫人，吾妻之姨也。吾请为飨息侯与其妻者，而与王俱，因而袭之。”楚王曰：“诺。”于是与蔡侯以飨礼入于息，因与俱，遂取息。旋，舍于蔡，又取蔡。①

与《左传》以及《系年》以息妫为核心叙述不同，《吕氏春秋》的记载，是以楚王作为故事的主谋者。不过，诸多不尽相同的叙述逻辑中，却有一个重要的共同点，即春秋初年楚、息、蔡的这一三角故事，在楚取息这一重要结局上却是一致的。也就是说，如果我们暂时抛开“息由陈妫”(《国语·周语》中富辰语）②的思路，会发现，发生在春秋初年的这一事件，核心问题实际上就是楚取息。

换言之，在息蔡之争发生后，楚王看到的是打破“汉阳诸姬”防御链条的机会。《史记》卷四十《楚世家》载楚武王三十五年，“欲以观中国之政”③，开始大规模灭国行动。其基本路线有两条，一是沿汉水北上袭取罗、卢、邓、申等国，二则是越过汉水侵伐汉东诸国。大致说来，北出一线比较顺利，而汉东一线则颇遇抵抗。据何

① 《吕氏春秋》，许维遹《集释》本，上册，中华书局2009年版，第333—334页。
② 《国语》，上册，上海古籍出版社1988年版，第48页。
③ ［西汉］司马迁：《史记》，第5册，中华书局2013年修订本，第2034页。

浩“春秋楚灭国次第”，汉东以至淮水间小国，除陨外，息国是最早被楚灭的国家[①]。可谓楚国打开汉阳诸姬“惧而协来谋我”[②]的重要一环。

据此来说，我们认为，楚王无疑是本文讨论的三国关系之关键。且看《吕氏春秋》载楚王谋略之初，“佯善蔡侯”。此节，《左传》、《史记》及《系年》皆无明文言及，但亦有蛛丝马迹可相印证。

限于《长攻篇》所论重心，此处当略去楚王善蔡侯之前史。“《吕览》一书，多成于荀卿门人之手。荀卿为《左氏春秋》之先师，故《吕览》一书，多引左氏之文。”[③]其说当与《左传》有同一来源。据《左传》记载以补充，楚王与蔡侯交集即前引《春秋经》庄公十年：“秋九月，荆败蔡师于莘。”[④]

接下来，《左传》有“以蔡侯献舞归”一语。正是此言，隐含“善蔡侯”之意。何以言之？“以归”者，隐公七年“戎伐凡伯于楚丘以归”，杜预彼注云：“但言以归，非执也。”正义释曰：“杜意言‘以归’者，以彼随己而已，非囚执之辞，故云‘但言以归，非执也。’”[⑤]同样的，正义于“以蔡侯献舞归”曰：“则以归者，直将与

① 何浩：《楚灭国研究》，武汉出版社1989年版，第148页。

② 《左传》桓公六年载斗伯比言于楚武王之语，是彼时楚王行为已经引起汉东诸国的警惕，并结成抗楚联盟。[西晋]杜预注、[唐]孔颖达疏：《春秋左传注疏》，载[清]阮元校刻：《十三经注疏》，第6册，艺文印书馆2007年版，第109—110页。

③ 刘师培：《读左札记》，载钱玄同编：《刘申叔遗书》，上册，江苏古籍出版社1997年版，第297页。杨伯峻虽然认为《吕氏春秋》所记与《左传》不尽相合而“难以尽信”，但仍注意到，“然楚子如息，以食入享，则有相近处。”是亦为二处记载同源之旁证。杨伯峻：《春秋左传注》，第1册，中华书局1990年版，第198页。

④ [西晋]杜预注、[唐]孔颖达疏：《春秋左传注疏》，载[清]阮元校刻：《十三经注疏》，第6册，艺文印书馆2007年版，第146页。

⑤ 同上书，第71页。

其归，不被囚执，其耻轻于执也。”[①] 是也。被获之君，不被囚执，此可谓之“善”蔡侯[②]。不仅如此，从《左传》及《系年》后文看，楚王尚且与蔡侯共同为客于息，可知蔡侯此次归楚，不仅不好说是“虏”，甚至都可以说是受到礼遇了。

据此，《吕氏春秋》楚王“佯善蔡侯”的记载与《左传》实暗相符合。不过《左传》重礼，故未收楚王行为；《吕氏春秋》此节“长功”[③]，故记楚王之计。

在把蔡侯带回楚国以后，楚王将莘战的实情告知蔡侯，此即《系年》所记“蔡侯知息侯之诱己也”。这一切都做完之后，息蔡彻底反目，楚王乃可明目张胆与蔡侯谋曰：“吾欲得息，奈何？”

接下来，《吕氏春秋》记载，明白了一切的蔡侯毫不含糊，使出一计，二人做客于息。于是与楚王“以飨礼入于息”，“遂取息”。《左传》庄公十四年亦记载：“楚子如息，以食入享。遂灭息。”[④] 可以明

① ［西晋］杜预注、［唐］孔颖达疏：《春秋左传注疏》，载［清］阮元校刻：《十三经注疏》，第 6 册，艺文印书馆 2007 年版，第 146 页。

② 宋人林尧叟谓“败蔡而执其君，经不言执蔡侯以归，盖蔡自是服于楚也。”［明］王道焜、赵如源同编：《左传杜林合注》卷五，《景印文渊阁四库全书》，第 171 册，台湾商务印书馆 1986 年版，第 387 页。显为宋人抛开注疏之臆说，蔡之服楚非此时，详后文。

③ 《吕氏春秋》“长攻”篇名当作“长功”，孙锵鸣曰：“此篇历引越王勾践、楚文王、赵襄子之事，皆不循理而有功者也。以功为贵，故曰长功。今篇题作‘长攻’，非。下《恃君览》有《长利篇》。”［清］孙锵鸣：《〈吕氏春秋〉高注补正》，载胡珠生编注：《孙锵鸣集》，上册，上海社会科学院出版社 2003 年版，第 397 页。

④ ［西晋］杜预注、［唐］孔颖达疏：《春秋左传注疏》，载［清］阮元校刻：《十三经注疏》，第 6 册，艺文印书馆 2007 年版，第 156 页。当然，两处尚有一细微不同。即古字“飨”与“享”不同，而且严格说起来，对应不同之礼。飨，源于乡人饮酒；享，则本于祭祀之献，后用为“宾主致币帛之礼”。可参钱玄：《三礼通论》，南京：南京师范大学出版社 1996 年版，第 637 页。不过段玉裁已经指出，《左传》“飨”“享”二字多混用，此处当作“飨”，盖假借之法。［清］段玉裁：《说文飨字解》，载［清］段玉裁：《经韵楼集》，上海古籍出版社 2008 年版，第 287 页。

显看出，此节《吕氏春秋》与《左传》之史源亦同。

但这一记载明显失真。楚王为客于息，且有享礼，如何灭息？杜预意识到其中难处，遂解“以食入享”四字为“伪设享食之具”[①]。殊不知所云。沈玉成《左传译文》作“楚王到息国，设享礼招待息侯（而加以袭杀），就灭亡了息国。”[②]亦据杜注而作。

依笔者所见材料，至徐旭生，始将《左传》“以食入享”及“遂灭息”二事分开考虑，认为“灭息当在庄公十年冬至十二年间。”[③]《系年》出土后，苏建洲即据《系年》确证徐说，并进而推测楚王“‘杀息侯，取息妫以归’可能是在“庄公十一年，楚文王七年。”[④]此处《系年》记载当近是：

> 文王为客于息，蔡侯与从，息侯以文王饮酒，蔡侯知息侯之诱己也，亦告文王曰：息侯之妻甚美，君必命见之。文王命见之，息侯辞，王固命见之。既见之，还。明岁，起师伐息，克之，杀息侯，取息妫以归，是生堵敖及成王。

文王终于实现自己得息之志，以及更为重要的，打开“汉阳诸姬”协防链条。“自此也拉开了楚人消灭淮河上、中游诸侯国的历史序幕。”[⑤]而作为得息的附带结果，息妫被虏为楚王夫人。

此后，命运多舛的息妫被添油加醋地演绎了一番，其演绎的方向，是成为一位守妇道的贞女。首先是今本《左传》庄公十四年，记

---

① ［西晋］杜预注、［唐］孔颖达疏：《春秋左传注疏》，载［清］阮元校刻：《十三经注疏》，第6册，艺文印书馆2007年版，第156页。

② 沈玉成：《左传译文》，中华书局1981年版，第50页。

③ 徐旭生：《中国古史的传说时代》，广西师范大学出版社2003年版，第206页。

④ 苏建洲等：《清华二〈系年〉集解》，万卷楼图书出版有限公司2013年版，第297页。

⑤ 金荣权：《周代淮河上游诸侯国研究》，河南大学出版社2012年版，第45页。

载息妫生堵敖及成王，未言，楚子问之，对曰：“吾一妇人而事二夫，纵弗能死，其又奚言？”① 童书业已经指出，此种“一妇不事二夫”之观念起源甚晚，“盖《左氏》作者误采战国时之野语人之传中也。”② 至于《列女传》，则更以“终不以身更贰醮”断然拒绝楚王纳之宫中的行为，以至于自杀③。已全同小说家言。去除此类野语，作为一介女子，可以说，息妫通其故事本末完全是被动的。

至于哀侯结局，向来颇有疑点。《史记》卷三十五《管蔡世家》云：“哀侯留九岁，死于楚。”《楚世家》则记载：“虏蔡哀侯以归，已而释之。”对此，梁玉绳疑曰：“莫知孰是”④。实则二处记载并不构成直接对立。梁立勇即已推断，“留九岁”与“已而释之”分别对应两事而非一事。也即，分别对应楚王两次虏哀侯⑤。其论甚是。下面我们根据《史记》的两处记载，对此作进一步考辨。

先具列二处记载如下：

> 哀侯十一年，初，哀侯娶陈，息侯亦娶陈。息夫人将归，过蔡，蔡侯不敬。息侯怒，请楚文王：“来伐我，我求救于蔡，蔡必来，楚因击之，可以有功。”楚文王从之，虏蔡哀侯以归。哀侯留九岁，死于楚。凡立二十年卒。(《管蔡世家》)⑥
>
> 六年，伐蔡，虏蔡哀侯以归，已而释之。楚强，陵江汉间小国，小国皆畏之。十一年，齐桓公始霸，楚亦始大。(《楚

① ［西晋］杜预注、［唐］孔颖达疏：《春秋左传注疏》，载［清］阮元校刻：《十三经注疏》，第 6 册，艺文印书馆 2007 年版，第 156 页。
② 童书业：《春秋左传研究》，中华书局 2006 年校订本，第 337—338 页。
③ ［西汉］刘向：《刘向古列女传》，卷四，页十一 b—十二 a，载张元济编：《四部丛刊》初编，第 47 册，上海书店 1989 年版。
④ ［清］梁玉绳：《史记志疑》，中册，中华书局 1981 年版，第 907 页。
⑤ 梁立勇：《读〈系年〉札记》，载《深圳大学学报》，2012 年第 3 期，第 59 页。
⑥ ［西汉］司马迁：《史记》，第 5 册，中华书局 2013 年修订本，第 1885 页。

世家》）[①]

两相对照，非常清楚，《楚世家》的“六年，伐蔡，虏蔡哀侯以归，已而释之。”一句在《管蔡世家》的对应性记载应为：“楚文王从之，虏蔡哀侯以归。”这一事件，也即上文所论《左传》庄公十年的“以蔡侯献舞归”与《清华简》的“获哀侯以归”。是为楚王第一次掳哀侯，其结局只有《楚世家》记了下来，“已而释之”。这一论断，可以从两处材料得到旁证。其一，《左传》庄公十四年：“楚子以蔡侯灭息，遂伐蔡。秋七月，楚入蔡。”这一记载表明，蔡侯此时当在蔡而非在楚，不然楚子二次伐蔡的口实，实无处着落。其二，即前文对《吕氏春秋》“佯善蔡侯”的分析，楚王此时主要目的，志在得息而已。故此，第一次虏哀侯的结局，当为“已而释之”无疑。具体时间，《史记》卷十四《十二诸侯年表》系于鲁庄公十年、楚文王六年[②]，可从。

问题在于楚王第二次掳哀侯，《管蔡世家》与《楚世家》的记载，就含混了许多。此事可靠的讨论基点，应为《春秋经》庄公十四年：“秋七月，荆入蔡。”[③]这一事实略显奇怪地被《史记》的两处记载所忽略。先来看《楚世家》的记载：“十一年，齐桓公始霸，楚亦始大”。据年表，楚文王十一年为鲁庄公十五年，也即，楚于鲁庄公十四年七月“入蔡”之役后，紧接着即“始大”。据此可以推测，《楚世家》所依据之史源的作者，很可能是明晰此次“荆入蔡”的意义

① ［西汉］司马迁：《史记》，第5册，中华书局2013年修订本，第2035页。

② ［西汉］司马迁：《史记》，第2册，中华书局2013年修订本，第700—701页。

③ 清儒崔适曾基于《管蔡世家》的记载，怀疑此处“楚入蔡”一事的真实性：“是时哀侯虏于楚，已非蔡君，以虏之一言，而入其故国，楚子当不如是之愦愦焉，其可通乎？”乃囿于“哀侯留九岁”之说，我们的看法与此不同，详后。崔适：《春秋复始》，载《续修四库全书·经部》，第131册，上海古籍出版社1996年版，第498页。

的，只是故意不记[①]。至于《管蔡世家》所述，显然是未分清哀侯两次被虏的事实[②]。对于我们的讨论来说，有意义的是它保留了哀侯二次被虏的结局，即“死于楚”。

进一步说，楚王第二次伐蔡的口实，或与息妫有关。而其战略意图，当为服蔡。清儒顾栋高曾注意到“楚在春秋，北向以争中夏，首灭吕灭申灭息，其未灭而服属于楚者曰蔡。蔡为今汝宁府上蔡县。汝宁诸小国尽属于楚，独蔡存。”因论“春秋时楚始终以蔡为门户”[③]。为顾氏此语作一补充论证，我们说楚王二次伐蔡之虏哀侯，当是楚以蔡为门户之始。与其形成对应的，是为《左传》隐公十一年记郑庄公之服许以固南方[④]。

论者或因《吕氏春秋》记载此事多权谋色彩而疑为后人伪作。我们分析此处楚王“佯善蔡侯”的记载则可信度非常高。童书业即指出，此时楚国尚不强，故多用计取[⑤]。且观《左传》所记春秋初年史事，虽诸侯之间时相攻伐，却绝少作无原因之战。然楚国史事初见

① 楚借此次入蔡与虏哀侯而“始大”，这一记载故意隐去此节，似可推定，《楚世家》所依据的材料，很可能来源于楚文献。

② 考《管蔡世家》本节文字自“初”字至“虏蔡哀侯以归”一段为插入语。其原本所述事件应为“哀侯十一年……哀侯留九岁，死于楚。”我们认为，插入语部分无疑为叙述哀侯第一次被虏事件，而剩余部分本应叙述哀侯第二次被虏，然而由于此节作者未分清哀侯两次被掳的事实，故而在杂糅二事的过程中，皆系之于哀侯十一年，由此致误。其后史公《十二诸侯年表》即据以系“楚虏我侯”于蔡哀侯十一年（鲁庄公十年），当为因袭这一错误而致。今考“楚虏我侯”一句语气为蔡人自述，当是蔡人对哀侯第二次被虏不得归的原始描述，其对应时间，当为蔡哀侯十五年（鲁庄公十四年），则哀侯留楚时间当为五年而非九年。《年表》所系时间，见《史记》，中华书局 2013 年修订本，第 700—701 页。

③ ［清］顾栋高：《春秋大事表》，第 2 册，中华书局 1993 年版，第 2024 页。

④ ［西晋］杜预注、［唐］孔颖达疏：《春秋左传注疏》，载［清］阮元校刻：《十三经注疏》，第 6 册，艺文印书馆 2007 年版，第 80—81 页。

⑤ 可参童书业：《春秋左传研究》，中华书局 2006 年校订本，第 47—49 页。

《左传》，即以“楚武王侵随”[1]为始，《史记》载随侯之语曰，“我无罪”[2]。是楚国之尚强力权谋，其来有自，此亦其所以为诸夏目为蛮夷也。

可以清楚的看到，楚王之作为，与上文所论息、蔡之争一直维持在礼的外表之下，恰成对比。

第四节　小结：礼的工具化

周室衰微，“天方授楚”[3]。首当其冲的即处于其间的汉阳诸姬。在失去宗周的坚强后盾之后，诸姬只能依靠自身的联合来防御楚国，而其联系纽带则为周礼。就此来说，由息妫一介女子引发的息蔡之争具有礼制背景，并不奇怪。

但是，本章考证息蔡之争有礼的背景，并非为了说明哀侯或息侯为守礼的谦谦君子。恰恰相反，在双方看似循礼而行的背后，指向的皆为一己之私欲。本来，礼的制作初衷，是为了节制欲望以止争。至此，则完全走向了反面。身处其间的息侯，终于将目光转向礼乐之外。

从中，我们或可窥见周礼崩坏的一个重要环节，即礼乐的制度形式仍然存在，但却失去了贵族精神内在德性的支撑，走向空壳化。顾炎武曾对比春秋战国，云“春秋时犹尊礼重信，而七国则绝不言礼与信矣”[4]。从我们的分析来看，春秋所讲之礼，大致是这一被工具化之礼。处于华夏文明外围的楚国，也正是在这一背景下，逐步强大，开始蚕食中原诸侯。

---

① ［西晋］杜预注、［唐］孔颖达疏：《春秋左传注疏》，载［清］阮元校刻：《十三经注疏》，第6册，艺文印书馆2007年版，第109页。

② ［西汉］司马迁：《史记》，第5册，中华书局2013年修订本，第2034页。

③ 《左传》桓公六年，季梁谏随侯语。［西晋］杜预注、［唐］孔颖达疏：《春秋左传注疏》，载［清］阮元校刻：《十三经注疏》，第6册，艺文印书馆2007年版，第110页。

④ ［清］顾炎武：《原抄本日知录》，明伦书局1975年版，第375页。

第四章
“礼”“法”陵替：周秦之变中的德性政治范式转换

第一节　礼法之分

《汉书》虽然是东汉班固所撰，但卷三十《艺文志》实本于西汉刘向刘歆父子的《七略》，该篇六略之序及下各家小序，皆源自向歆父子《辑略》①。其中《诸子略》法家小序一篇，事关周秦以来华夏数千年格局之演变，今析论之如下。其言曰：

> 法家者流，盖出于理官。信赏必罚，以辅礼制。《易》曰：“先王以明罚饬法。”此其所长也。及刻者为之，则无教化，去仁爱，专任刑法，而欲以致治。至于残害至亲，伤恩薄厚。②

此论以法为法家所独擅，而“仁爱教化”即指儒家之礼制。所谓不可“专任刑法”，也就是说不可使法家执国柄。为国必本于礼制，而以法家为辅，此固儒门之通义。可见法家小序的核心，即基于儒学立场，

① 参余嘉锡：《目录学发微》，艺文印书馆1987年版，第59—61页。
② ［东汉］班固：《汉书》，第6册，中华书局1962年版，第1736页。

讨论礼法关系：最劣者乃专任刑法，荡绝仁爱；最佳者为以法辅礼。由史实言之，最劣者即秦之暴政，此实汉儒过秦之论，一以贯之。最佳者则当日之汉制，礼主法辅。处于其间者，一为纯任礼制之姬周，一为法主礼辅之六国。由此看来，此篇法家小序所论，实际总括了千年礼法之陵替：理官本为周礼职官之一，亦即刑罚本为礼制的一部分。春秋末年郑晋铸刑鼎，成文法颁布，法独立于礼，并开始对礼制的破坏，直至秦政的弃绝礼义。汉兴以来儒学对于法家的驯化，最终奠定以法辅礼的格局。

无疑，此篇之中最为重要的关键词，便是“辅”字。“辅”是一个动词，这里表述一种关系。要构成一种关系，必须有二者。二者如何可能？换一句话说，就是这二者如何区分？“区分”这个概念本身不构成任何实际的区分，于是我们必须回到文本，找到有待区分的真实对象：“礼”、“法”。二者能够构成区分，在于其有共同的基础。瞿同祖认为：“儒家法家都以维持社会秩序为目的，其分别只在他们对于社会秩序的看法和达到这种理想的方法。”[①] 达到各自理想的方法，即是儒家之礼和法家之法。那么，“礼”和“法”的区分何在？瞿同祖的看法是：

> 儒家着重于贵贱、尊卑、长幼、亲疏之“异”，故不能不以富于差异性，内容繁杂的，因人而异的，个别的行为规范——礼——为维持社会秩序的工具，而反对归于一的法。法家欲以同一的，单纯的法律，约束全国人民，着重于“同”，故主张法治，反对因贵贱、尊卑、长幼、亲疏而异其施的礼。两家出发点不同，结论自异。礼治法治只是儒法两家为了达到其不同的理想社

① 瞿同祖：《中国法律与中国社会》，载瞿同祖：《瞿同祖法学论著集》，中国政法大学出版社 1998 年版，第 296 页。

会秩序所用的不同工具。①

瞿先生以有等差之“异”与无等差之“同”分别概括“礼”与“法”，并以等差之有无为“礼”“法”之区分②。单纯从逻辑上来看，的确是很完美的。但从经验事实来说，则期期以为不可。儒家的核心价值为“仁”，“仁”是经由“礼”来实现的。《论语·颜渊》：

颜渊问仁，子曰：“克己复礼为仁。一日克己复礼，天下归仁焉。为仁由己，而由仁乎哉？”颜渊曰：“请问其目。”子曰：“非礼勿视，非礼勿听，非礼勿言，非礼勿动。”颜渊曰：“回虽不敏，请事斯语矣。”③

所以刘丰归结为“仁内礼外”④，谭承耕亦谓“仁”是“礼”的内容，“礼”是“仁”的形式⑤。《论语·颜渊》又云：“樊迟问仁，子曰：‘爱人。’”⑥但儒家既以礼行仁，必然导致爱有等差⑦。因此，除去

① 瞿同祖：《中国法律与中国社会》，载瞿同祖：《瞿同祖法学论著集》，中国政法大学出版社 1998 年版，第 313 页。

② 瞿同祖《中国法律之儒家化》一文曰：“所谓儒法之争主体上是礼治、法治之争，更具体言之，亦即差别性行为规范及同一性行为规范之争。”载瞿同祖：《瞿同祖法学论著集》，中国政法大学出版社 1998 年版，第 362 页。

③ 《论语》，[清]刘宝楠《正义》本，下册，中华书局 1990 年版，第 483—484 页。

④ 刘丰：《先秦礼学思想与社会的整合》，中国人民大学出版社 2003 年版，第 121—122 页。

⑤ 参谭承耕：《〈论语〉〈孟子〉研究》，湖南教育出版社 1990 年版，第 30—31 页。

⑥ 《论语》，[清]刘宝楠《正义》本，下册，中华书局 1990 年版，第 511 页。李泽厚《孔子再评价》认为这句话标明了仁的基础。载李泽厚：《中国古代思想史论》，安徽文艺出版社 1994 年版，第 22 页。

⑦ 费孝通称为“差序格局”，参费孝通：《乡土中国》，三联书店 1985 年版，第 21—28 页。

“礼—仁爱”之等差，所得到的并非“法”，而是墨家的“兼爱”。《墨子·兼爱》中：“视人之国若视其国，视人之家若视其家，视人之身若视其身。”[①] 所以《墨子·非儒》下批评儒者“言亲疏尊卑之异”[②]。孟子则批评墨者夷之曰：“天之生物也，使之一本，而夷子二本故也。”（《孟子·滕文公》上）[③] 甚且直斥“杨氏为我，是无君也。墨氏兼爱，是无父也。无父无君，是禽兽也。”（《孟子·滕文公》下）[④] 荀子也不满墨家“僈差等，曾不足以容辩异，县君臣。”（《荀子·非十二子》）[⑤] 瞿先生固然引用了法家“同一精神”的论述，如《商君书·赏刑》云：“所谓壹刑者，刑无等级，自卿相、将军以至大夫、庶人，有不从王令，犯国禁，乱上制者，罪死不赦。”[⑥] 韩非子云：“法不阿贵，绳不挠曲。法之所加，智者弗能辞，勇者弗敢争。刑过不避大臣，赏善不遗匹夫。”（《韩非子·有度》）[⑦] 然而正如栗劲所说：“法家虽然标榜‘刑无等级’，但是，这仅仅指的是适用法律，而所适用的法律的内容却仍然是有等级的。”[⑧] 也就是说，瞿先生混淆了立法平等和司法平等。立法平等是指法律不是按照某一社会集团的特殊利益和意志制定（这是立法不平等），而是按照全体社会成员的利益和意志制定的。显然，法家之法只能是立法不平等的。如商君之军功爵制就规定：“明尊卑爵秩等级，各以差次；名田宅、臣妾衣服以家次。”（《史记》卷六十八《商君列传》）[⑨] 此即立法不平等。杜正胜明

---

① 《墨子》，[清]孙诒让《间诂》本，上册，中华书局2001年版，第103页。
② 同上书，第287页。
③ 《孟子》，[清]焦循《正义》本，上册，中华书局1987年版，第404页。
④ 同上书，第456页。
⑤ 《荀子》，[清]王先谦《集解》本，上册，中华书局1988年版，第92页。
⑥ 《商君书》，蒋礼鸿《锥指》本，中华书局1986年版，第100页。
⑦ 《韩非子》，张觉《校疏》本，上册，上海古籍出版社2010年版，第104页。
⑧ 栗劲：《秦律通论》，山东人民出版社1985年版，第121页。
⑨ [西汉]司马迁：《史记》，第7册，中华书局2013年修订本，第2696页。

言：“秦爵与封建爵位互有异同，它们各给当时社会树立一套身分制度。”“商鞅虽然开创一个新社会，他并不要打破阶级制度，只想改变封建阶级的内容而已。”① 所谓“刑无等级”、“法不阿贵”，是指的司法平等，亦即所有人都必须遵守法律，如有违犯，都要受到法律所规定的处罚。

如果从司法平等的角度看礼，恰恰是违反礼制规定，无论何人都会受到舆论的指责。《论语·述而》：

> 陈司败问：“昭公知礼乎?”孔子曰：“知礼。”孔子退，揖巫马期而进之，曰：“吾闻君子不党，君子亦党乎？君取于吴，为同姓，谓之吴孟子。君而知礼，孰不知礼?”巫马期以告。子曰：“丘也幸，苟有过，人必知之。”②

国君违礼，同样受到指责，这样说来，又何尝不是遵礼之平等呢！童书业即指出，春秋时伦理观念与后世不同：

> 左氏书在“忠”、“节”二德上，大体尚合春秋及战国初期人之观念。如“弑君”之赵盾，左氏引孔子语竟评为“古之良大夫”(宣二年)，又称之为“忠”(成八年)。春秋初年，周、郑交质，左氏载“君子曰”仅谓：“信不由中，质无益也……君子结二国之信，行之以礼，又焉用质?”于“挟天子以令诸侯”、“抗击王师”、“射王中肩”之郑庄公，则赞扬备至。陈大夫泄冶因谏陈灵公“宣淫”而被杀，左氏引孔子评之曰：“《诗》云：民之多辟，无自立辟。其泄冶之谓乎！”(宣九年《传》)反以为泄冶多事当死。此皆

---

① 杜正胜：《编户齐民》，联经出版事业有限公司1990年版，第333、335页。
② 《论语》，[清]刘宝楠《正义》本，上册，中华书局1990年版，第279页。

> 春秋时人之伦理观念与后世大有不同者。左氏“凡例”竟言：“凡弑君称君，君无道也；称臣，臣之罪也。”（宣四年）“郑公子归生弑其君夷”，书法曰：“权不足也。”并引君子曰：“仁而不武，……”“宋人弑其君杵臼”，书法曰：“君无道也”（文十六年）。此类思想皆属早期儒家之思想，孟子以后即基本上不可见。①

论者或谓在刑罚方面，《周礼》有“八议”之条。但是法家也有以爵抵罪的法令。如张金光即指出秦简《司空律》规定：“公士以下居赎刑罪、死罪者，居于城旦舂，毋赤其衣，勿拘椟欙杕。”这是对有爵犯事者的优待。又《游士律》规定：“有为故秦人出，上造以上为鬼薪，公士以下刑为城旦。”这是爵位不同，虽同罪而亦不同罚②。

关于“礼”“法”之别，费孝通则有另一种看法：

> 礼是社会公认合式的行为规范。合于礼的就是说这些行为是做得对的，对是合式的意思。如果单从行为规范一点说，本和法律无异，法律也是一种行为规范。礼和法不相同的地方是维持规范的力量。法律是靠国家的权力来推行的。“国家”是指政治的权力，在现代国家没有形成前，部落也是政治权力。而礼却不需要这有形的权力机构来维持。维持礼这种规范的是传统。③

① 童书业：《春秋左传研究》，中华书局2006年校订本，第245页。

② 张金光：《秦制研究》，上海古籍出版社2004年版，第756页。

③ 费孝通：《乡土中国》，三联书店1985年版，第50页。瞿同祖先生《中国法律与中国社会》第六章《儒家思想与法家思想》也有类似的看法：“我们如从制裁的性质及方式来看，或可得一重要的分别。礼是藉教化及社会制裁的力量来维持的，一个人有非礼的行为，他所得的反应不外乎舆论的轻视、嘲笑、谴责或不齿，《礼记》所谓‘在执者去，众以为殃’（《礼记·礼运》）是，可以说是一种消极的制裁。法律则藉法律制裁来执行，可以说是一种积极的或有组织的制裁。”载瞿同祖：《瞿同祖法学论著集》，中国政法大学出版社1998年版，第354页。

费先生指出“礼”是靠传统来维持，“法”是靠政治权力来维持，亦即二者之别是赖以维持的权力不同①。但从逻辑的角度看，费先生在此只是将有待区别的二者做了替换，并未真正告诉我们二者之区分为何。因此我们可以接着问：传统和政治权力的区分又是什么呢？费先生还有进一步的说明：

> 礼并不是靠一个外在的权力来推行的，而是从教化中养成了个人的敬畏之感，使人服膺；人服礼是主动的。……法律是从外限制人的，不守法所得到的罚是由特定的权力所加之于个人的。人可以逃避法网，逃得脱还可以自己骄傲、得意。道德是社会舆论所维持的，做了不道德的事，见不得人，那是不好；受人吐弃，是耻。礼则有甚于道德：如果失礼，不但不好，而且不对、不合、不成。这是个人习惯所维持的。十目所视，十手所指，即是在没有人的地方也会不能自已。②

我们提炼费先生的观点，一言以蔽之，“礼”与“法”的区别即在于强制力的有无③。一般认为，强制力“是指在人际之间的交往过程中，

---

① 日本学者滋贺秀三在《中国法文化的考察——以诉讼的形态为素材》中指出：“在中国，虽然拥有从古代就相当文明的漫长历史，却始终没有从自己的传统中生长出私法的体系来。中国的所谓法，一方面就是刑法，另一方面是由官僚统治机构的组织法、行政的执行规则，以及针对违反规则行为的惩罚所构成。而且，中国法的这些类别在遥远的古代就高度发达，这一点也许在世界史上都是无与伦比的。但在另一方面，人民却不得不说私法理念在那里是一个空白。与这些具有不可分的关系是，在中国，法的出现几乎只是限于来自国家权力的成文制度。”王亚新译，载王亚新、梁治平编：《明清时期的民事审判与民间契约》，法律出版社1998年版，第1—2页。

② 费孝通：《乡土中国》，三联书店1985年版，第52页。

③ 有人会质疑难道礼就没有包含强制的内容，或者说法就没有包含不强制的内容吗？对此，我的回答是，你可以构想或寻找一百种、一千种礼（转下页）

双方中的任何一方为强迫对方服从于己方的意志所使用的力量。强制力的实质是在违背对方意愿的情况下，单方面的强加行为。从其表现形式来说，强制力不是精神力量，而是一种物理力量。”① 强制力的实质即在于以暴力手段违背他人意愿。于是，强制力显现的前提条件就是作为对象的人具有意愿。然而，法作为社会规范违背人们的意愿建构社会好理解，礼怎样顺从意愿建构社会呢？

第二节 自然秩序：礼

裘锡圭指出，结合古代典籍和铜器铭文来看，在典型的宗法制度下，不但小家之长（一般是父亲）和小宗之长是全家和整个小宗之族的财产的支配者，大宗宗子也是整个宗族的财产的支配者。在宗法制度下，君统和宗统实际上是合一的。周天子是天下的大宗，也可以说

（接上页）和法在执行过程中的经验事实，然后拿放大镜在礼里面找到了强制，在法里面找到了非强制，就认为这个区分不能成立了。但是这种单纯的经验事实，不能够构成一个逻辑性的反驳。在经验之中，的确可以在礼里面找到带有强制的。比如说礼有具体的仪式，仪式本身的执行是不允许自由地发挥，任意地行礼。这当然是强制。但这不是礼的根本。礼的一套仪式虽然带有强制性，但它本身不是为了强制力而设计的。法的整个一套东西，就是为了强制他人才制定的。任何一套规范，再自由的规范，既然是规范就有强制性。那岂不是说所有的东西都是法了，也就等于说任何东西都没有区别了。譬如厨师做菜也是有规则的，《食品卫生法》和菜谱是不是有区分？虽然菜谱要求的作料、程序，也可以说强制性的。菜谱和礼仪等等，是为了让游戏能够玩下去而必须制定规则，规则在客观上附带有强制意义。但规则本身不是为了强制人而制定的，菜谱不可能是为了强制厨师而制定的。但是既然写出菜谱，那么它的用料、步骤、做工等等都有要求，什么时候该切丝，什么时候该切块等等等等这些，哪个先下锅，哪个要煮等等都有要求。种种这些苛刻要求，必然对厨师产生强制约束力。但是菜谱做这些要求的时候，目的是为了菜的营养、色香味俱全等等，而不是为了要把这个厨师管死。礼也是一样的。“礼之用，和为贵。”礼是为了人伦关系的和谐而制定的。但礼一旦定出来，当然对身处其中的人是有制约的，这强制力不是主观制造的，而是客观形成的。

① 李晓明：《非强制行政论》，吉林人民出版社2005年版，第2页。

是地位最高的宗子。在名义上，全国的土地和人都属他所有，即所谓“溥天之下，莫非王土；率土之滨，莫非王臣”(《诗·小雅·北山》)。宗子指宗族之长，周王就是全国最高的宗子，把贵族内部各级宗子对财产的支配权歪曲地表现出来的贵族宗族共有（这种共有不消说是很不完整的）称为“贵族宗子所有”，应该说是比较妥当的[①]。孙曜《春秋时代之世族》论宗族观念有云：

> 封建制度，本系由家族关系扩大而成。当时所谓国，所谓天下，皆不过一大家庭耳［……］盖宗法社会决无人权之可言。无论何人，只认其为族中之一分子，而不认其个人人格之存在［……］故个人之人格，即隐于全族之内。个人对外之行为，全族常代为负责。观左氏所记灭族之事，所在皆有。[②]

因此，周代的权力建构和社会控制实际是通过严格到僵化的等级制度来实现的。周礼等级制度包含两个方面，一是世官制。沈文倬尝论周礼曰：

> 爵可世袭，官是否随之世职？史书虽无明确记载，而西周鼎彝铭文中，授官时常有“更乃祖（或考）司某事”，更读为赓，训“续也”。据此而知，宗周存在过世官制度。学者是子或孙，教者是父或祖，这使教、学更为方便［……］世官制度在西周曾实行过——不仅显要的冢司徒，还有一般属吏的左右走马。而且，某些学术或技能较强的职位，将被某氏所独擅，史某、师某

① 裘锡圭：《从几件周代铜器铭文看宗法制度下的所有制》，载裘锡圭：《裘锡圭学术文集》，第五卷，复旦大学出版社 2012 年版，第 208—209 页。

② 孙曜：《春秋时代之世族》，中华书局 1936 年版，第 35—36 页。

这种世官将非他姓所能问津，世官也有可能成为世学呢！①

《左传》襄公十年："子孔当国，为载书以位序听政辟。"杜《注》："自群卿诸司，各守其职位以受执政之法，不得与朝政。"孔《疏》引服虔云："郑旧世卿，父死子代。今子孔欲擅改之，使以次先为士、大夫，乃至卿也。"②据服虔之说，子孔的改革实际上触动了周礼等级制度的第二点，也是更为关键的一点，即等级层次的不可变更。《左传》昭公七年，楚申无宇曰："天有十日，人有十等，下所以事上，上所以共神也。故王臣公，公臣大夫，大夫臣士，士臣皂，皂臣舆，舆臣隶，隶臣僚，僚臣仆，仆臣台。马有圉，牛有牧，以待百事。"③《左传》襄公九年，楚子囊曰："晋君类能而使之，举不失选，官不易方。其卿让与善，其大夫不失守，其士竞于教，其庶人力于农啬，商工皂隶，不知迁业。"④《左传》隐公三年石碏有谓："夫贱妨贵，少陵长，远间亲，新间旧，小加大，淫破义：所谓六逆也。"⑤《左传》成公二年：

新筑人仲叔于奚救孙桓子，桓子是以免。既，卫人赏之以邑，辞，请曲县、繁缨以朝，许之。仲尼闻之曰："惜也！不如多与之邑。唯器与名不可以假人，君之所司也。名以出信，信以守器，器以藏礼，礼以行义，义以生利，利以平民，政之大节

---

① 沈文倬：《略论宗周王官之学》，载沈文倬：《宗周礼乐文明考论》，浙江大学出版社2006年版，第120页。唯该书目录将此文标题"王官"误为"王冠"，不知何故。

② ［西晋］杜预注、［唐］孔颖达疏：《春秋左传注疏》，载［清］阮元校刻：《十三经注疏》，第6册，艺文印书馆2007年版，第541页。

③ 同上书，第759页。

④ 同上书，第527页。

⑤ 同上书，第54页。

也。若以假人，与人政也。政亡则国家从之，弗可止也已。”①

反之，《左传》僖公二十五年，晋文公请隧，襄王弗许，曰：“王章也。未有代德，而有二王，亦叔父之所恶也。”②许倬云在考察了西周墓葬习俗后得出：

> 严整的封建等级化及其礼仪，在西周中叶以后已渐渐发展成形。墓葬习俗即反映这种制度化的等级［……］规整的礼仪也代表统治阶层内部秩序的固定，使成员间的权利与义务有明白可知的规律可以遵循，减少了内部的竞争与冲突，增加了统治阶层本身的稳定性。相对的，统治阶层也为了安定而牺牲其灵活适应的能力。③

此即《新书·阶级》所言：“古者圣王制为列等，内有公卿大夫，外有公侯伯子男，然后有官师、小吏，施及庶人。等级分明而天子加焉，故其尊不可及也。”相应地，礼也逐渐成为“规范、衡量人的行为的正义原则”④。因此在周礼体系中，反对使用暴力，强调以德服人，对中华民族造成了深远的影响。如《左传》庄公八年，庄公不许伐齐师，曰：“不可！我实不德，齐师何罪？罪我之由，《夏书》曰，皋陶迈种德，德乃降。姑务修德以待时乎！”⑤可见“礼”正是从正面

---

① ［西晋］杜预注、［唐］孔颖达疏：《春秋左传注疏》，载［清］阮元校刻：《十三经注疏》，第6册，艺文印书馆2007年版，第422页。

② 同上书，第263页。

③ 许倬云：《西周史》，三联书店1994年版，第162—165页。

④ 陈来：《古代思想文化的世界——春秋时代的宗教、伦理与社会思想》，三联书店2002年版，第213页。

⑤ ［西晋］杜预注、［唐］孔颖达疏：《春秋左传注疏》，载［清］阮元校刻：《十三经注疏》，第6册，艺文印书馆2007年版，第143页。

规定了君子之修养，并由此建构了国家权力与社会控制。此正王静安所论："欲观周之所以定天下，必自其制度始矣［……］此数者皆周之所以纲纪天下，其旨则在纳上下于道德，而合天子、诸侯、卿大夫、士、庶民以成一道德之团体。周公制作之本意实在于此。"（《观堂集林》卷十《殷周制度论》）① 费孝通也道："礼并不是靠一个外在的权力来推行的，而是从教化中养成了个人的敬畏之感，使人服膺；人服礼是主动的。礼是可以为人所好的，所谓'富而好礼'。" ②

但周礼体系到了西周后期却渐渐难以为继了。李峰指出，周王与供职于中央政府的贵族官员们的关系只能用"恩惠换忠诚"这样的交易来形容。当西周早期的大扩张结束后，中央政府持续的土地赏赐政策在一点点地抽干王室财富的同时，也导致渭河谷地贵族阶层力量的一天天膨胀。由于土地无法再生，周王向官员分发的土地越多，他继续这么做下去的可能性就会越小。在这场"恩惠换忠诚"的游戏中，这种自杀式的政府运转注定周王将成为失败的一方。至西周晚期，西周国家中两对最基本的关系——中央王室与地方封国、王权与贵族力量——中，周王丧失了自己的控制力，西周国家的基础自然也不复存在 ③。西周晚期厉宣诸王曾希望力挽狂澜，重振声威。许倬云论曰，厉王之时，西周王室颇有紧迫的情形。外有国防需要，内有领主的割据。周室可以措手的财源，大约日渐减少。费用多，而资源少，专利云乎，也许只是悉索敝赋的另一面。这是时势造成的情况，厉王君臣未必应独任其咎。然而，这种情势，也意指封建领主间，那种宝塔式的层级分配制度，已濒临崩解了 ④。

① 王国维：《观堂集林》，载王国维：《王国维遗书》，第 1 册，上海书店出版社 1983 年版，第 467—468 页。

② 费孝通：《乡土中国》，三联书店 1985 年版，第 52 页。

③ 李峰：《西周的灭亡》，徐峰译，上海古籍出版社 2007 年版，第 162—163 页。

④ 许倬云：《西周史》，三联书店 1994 年版，第 307—308 页。

正如赵伯雄所言，文献及金文材料表明，周王拥有对“天下”的统治权。这种统治权是至高无上的，至少在名义上，普天之下谁都得承认天子的至尊地位。因此西周是拥有最高政治统治权的政治实体。然而西周这种对天下的最高统治权仅仅行使到邦君这一层次（各邦的最高统治层），并不贯彻到社会结构的末端，所以这种统治权事实上有一部分被分割了，由天子分别授予了庶邦的邦君。所谓“授民授疆土”就是指这种统治权由天子到邦君的转移。而邦君一旦被赋予这种统治权，在领地之内就有相当大的独立性。事实上，邦君就是国家最高政治统治权在这块领地上的体现者。因此，所谓对天下的最高统治权实际上是被分割了的，我们把这种情况叫作“最高权力的分散性”。一方面，存在着某种统治天下的最高权力；一方面，这种最高权力又事实上被分割。①孙曜则揭出诸侯内部诸侯之于卿大夫也是同样情形：

盖世族于其封域以内，固俨然君也。其家臣及私属心目中，只知有家主，而不知有国君。此于秦以后之集权政体举全国之人心统于一尊者既异其势，故重阶级，明分际，一毫不得紊乱。观楚芋尹无宇之言人有十等［……］可见一斑。所言虽未必果为各国通行之制，然各国自诸侯以下有许多阶级，必为可信之事。名分之间，上尊下卑，虽属井然有序；然而神阻气阂，上下之间，划为若干段落，痛痒决不相关，真阶级制度之奇观矣［……］以理度之，世族既多为各国之宗亲，国存与存，国亡与亡，宜乎对于国家有爱护之诚。然考之事实，适得其反，往往置本国利害存亡于不顾，楚之伍员其最著者也［……］宗法社会不但个人人格不存在，即国家亦为宗族观念所笼罩。一班世族，但知有宗而

① 赵伯雄：《周代国家形态研究》，湖南教育出版社1990年版，第94页。

已，心目中无国家也。[①]

周王既以“天之宗子”的身份执掌大宝，那么从宗法制的角度来看，天下即当为宗族共有，王只是享有最高支配权而已。从现代财产权利的角度来看，绝对私人所有权“是排斥其他一切人的，只服从自己个人意志的领域。”[②] 显然，宗法制度非但并未为周王提供支配天下的绝对权利，而且恰恰对这种绝对权利进行了限制。因此，厉王之“专利”，正是要将原由宗族共同拥有的财产权利据为周王一己之私，排斥其他贵族的分有，使之“只服从自己个人意志”。换言之，厉王在中国历史上第一次追求财产权利的个人私有。这样一来，厉王必将亲手毁坏周天子统御天下的正当性基础。被破坏的意识形态在残缺了普遍真理一极之后，只余下赤裸裸的暴力。《国语·周语》上所载厉王弭谤[③]，则是将王权凌驾于国人之上，以臣民为奴仆。当经济上的以天下为私产与政治上的以臣民为奴仆相结合，绝对的专制君权便呼之欲出了。但这绝对君权的胎体无法躁动于宗法封建的社会结构之中，厉王被流放，表明绝对君权与宗法封建制度已成为势不两立的仇敌。

面对春秋世族之祸，清儒顾栋高《春秋列国卿大夫世系表序》叹曰：“世卿之祸，小者淫侈越法，陨世丧宗；或族大宠多，权逼主上；甚者厚施窃国，陈氏篡齐，三家分晋：故世卿之祸几与封建等。”[④] 为什么哪怕周天子都没能掌握绝对权力？因为他较之后世专制皇帝少了立法权。在世官体制下，天子虽然掌握了最大的权力，甚至也掌

① 孙曜：《春秋时代之世族》，中华书局 1936 年版，第 32—38 页。
② ［德］马克思：《资本论》，中共中央马克思恩格斯列宁斯大林著作编译局译，人民出版社 1975 年版，第 695 页。
③ 《国语》，上册，上海古籍出版社 1988 年版，第 9—10 页。
④ ［清］顾栋高：《春秋大事表》，中册，中华书局 1993 年版，第 1203 页。

握了相当的立法权，但立法的立法权，或者说任一法律的正当性，却是以世官制为基础的。某一职官的祖先，那个既是人更是神的传说人物，赋予了他的子孙掌管这一职守，包括相关律法的合理性与正当性——一言以蔽之，所有法律的立法权不为现世的任何人所掌握，它只属于祖先，或者作为祖先的神。因此这一官职哪怕王朝灭亡也难以改易，某一位具体的君主更无力剥夺——这当然不是在否定某一具体的官员甚至家族被免职，但相对于所有职官构成的世官制来说，周天子也无力改变这一格局。成为世族衰落、专制兴起的关键者，即为“铸刑鼎”。即在诸侯国中，掌握着最高权力的人试图自行立法：

《左传》昭公六年：“三月，郑人铸刑书。叔向使诒子产书，曰：‘始吾有虞于子，今则已矣！昔先王议事以制，不为刑辟，惧民之有争心也。犹不可禁御，是故闲之以义，纠之以政，行之以礼，守之以信，奉之以仁。制为禄位以劝其从，严断刑罚以威其淫。惧其未也，故诲之以忠，耸之以行，教之以务，使之以和，临之以敬，莅之以强，断之以刚。犹求圣哲之上、明察之官、忠信之长、慈惠之师，民于是乎可任使也，而不生祸乱。民知有辟，则不忌于上。并有争心，以征于书，而徼幸以成之，弗可为矣。夏有乱政而作禹刑，商有乱政而作汤刑，周有乱政而作九刑，三辟之兴，皆叔世也。今吾子相郑国，作封洫，立谤政，制参辟，铸刑书，将以靖民，不亦难乎！《诗》曰，仪式刑文王之德，日靖四方。又曰，仪刑文王，万邦作孚。如是何辟之有！民知争端矣，将弃礼而征于书。锥刀之末，将尽争之。乱狱滋丰，贿赂并行，终子之世，郑其败乎！肸闻之，国将亡，必多制，其此之谓乎！’复书曰：‘若吾子之言，侨不才，不能及子

> 孙，吾以救世也。既不承命，敢忘大惠！’”①
>
> 《左传》昭公二十九年：“冬，晋赵鞅、荀寅帅师城汝滨，遂赋晋国一鼓铁，以铸刑鼎——著范宣子所为刑书焉。仲尼曰：‘晋其亡乎！失其度矣。夫晋国，将守唐叔之所受法度，以经纬其民。卿大夫以序守之，民是以能尊其贵，贵是以能守其业，贵贱不愆，所谓度也。文公是以作执秩之官，为被庐之法，以为盟主。今弃是度也，而为刑鼎，民在鼎矣，何以尊贵？贵何业之守？贵贱无序，何以为国？且夫宣子之刑，夷之搜也，晋国之乱制也，若之何以为法！’”②

近代以来，学者大都以西方法律史为参照，将铸刑鼎比附于古罗马之十二铜表法，以之作为中国成文法的颁布，视为历史进步的标志。秋风则一扫旧说，指出这是由“古典贵族共和”转向君主专制的关键一步：

> 在古典中国的政体中，法律的创制和解释之权，是一种与统治权并列、独立于统治权之外、另外拥有自己的来源的权力。这才是古典判例法的真正意义：统治的权力归君主，但发现和解释

---

① ［西晋］杜预注、［唐］孔颖达疏：《春秋左传注疏》，载［清］阮元校刻：《十三经注疏》，第6册，艺文印书馆2007年版，第749—751页。有学者引用《周礼·秋官·大司寇》悬法象魏之文，以为西周即已公布法律。邢义田《秦汉的律令学——兼论曹魏律博士的出现》一文认为：“《周礼》所述或有所本，然更近于战国以降，法家诸子所鼓吹的公布法令的思想。春秋时代虽已有平民教育，然真能识字之一般庶人恐极有限。即使宪令公布，其条目似亦非一般小民能确切了解。春秋中晚期以后，平民教育渐发达，民智渐开，平民的权益不再是贵族可以任意轻重，公布成文刑书乃成必要与有意义的举动。”载邢义田：《秦汉史论稿》，东大图书公司1987年版，第258页脚注39。

② ［西晋］杜预注、［唐］孔颖达疏：《春秋左传注疏》，载［清］阮元校刻：《十三经注疏》，第6册，艺文印书馆2007年版，第926页。

> 法律的权力却并不归君主。相反，法律由一个大体上世袭的贵族群体所保存和解释。正因为他们的权力独立于君王，因此，法律本身也就在君王的权力之外生长。因此，君王的权力是有限的，因为它缺乏专制君主任意发布法律的权力。这正是古典贵族共和制下的宪政元素。而颁布成文法的郑、晋二国，已经出现了郡县制的雏形。从某种意义上说，封建与郡县制的区别，在政体上，实际上就表现为贵族共和制与君主制之间的区别。郡县制必然导致君主权力的无限加强。在这种君主制下，君主在掌握（并扩大）了统治权之外，又掌握了法律之权。这是君主专制的基本含义。因此，从一开始，成文法就是与君主专制同时出现的。如本书作者所指出的，成文法的理论支柱正是《管子·任法》篇中的一句话：“生法者君也，守法者臣也。”法律不再由世袭的法律家群体所保存和解释，相反，它成为君主进行统治的一件工具。由郑晋两国实际掌握统治权力的人颁布成文法，不啻告诉臣民：你们必须服从统治者所颁布的法律，而且，只有统治者所颁布的成文条文才是真正的法律。①

如果“礼”是纳上下而成一道德团体以建构国家权力与社会控制，那么法是如何建构国家权力与社会控制的呢？

第三节 人为秩序：法

如果说“礼”是从高端将人作为君子而提出“德”之要求，“法”则是从低端将人作为利欲之物而论证“刑”之必要。《韩非子·备内》：

---

① 秋风：《孔子反对铸刑鼎的宪政含义》，载陈明、朱汉民主编：《原道》，第十辑，北京大学出版社 2005 年版，第 142—154 页。

> 王良爱马，越王勾践爱人，为战与驰。医善吮人之伤，含人之血，非骨肉之亲也，利所加也。故舆人成舆，则欲人之富贵；匠人成棺，则欲人之夭死也。非舆人仁而匠人贼也，人不贵则舆不售，人不死则棺不买，情非憎人也，利在人之死也。①

所有人都基于利害，所有人都在算计。《韩非子 · 饰邪》：“君臣异心，君以计畜臣，臣以计事君。君臣之交，计也。害身而利国，臣弗为也；害国而利臣，君不行也。臣之情，害身无利；君之情，害国无亲。君臣也者，以计合者也。”②于是一切最终都是一场交易。《韩非子 · 难一》：“臣尽死力以与君市，君垂爵禄以与臣市。君臣之际，非父子之亲也，计数之所出也。”③一言以蔽之，“他是把一切的人看成坏蛋的”④，因此必须以严刑峻法治国。

“法”既基于强制力，而强制力是以违背意志为前提。于是逻辑上必须有被违背的意志之外的一个意志存在，于是周礼纳上下于一体的共同意志必然分裂，一个执行对于被违背意志之违背的意志在共同意志的血泊中矻矻立起。该意志同时还必须掌握强制力，否则将无法达成对于他人意志之违背。具有这两个条件的人，在当时历史环境下，只能是君主。《管子 · 任法》：“夫法者，上之所以一民使下也。”⑤君主既掌握强制力，于是同时也就是“法”的执掌者。也就

① 《韩非子》，张觉《校疏》本，上册，上海古籍出版社 2010 年版，第 308 页。
② 同上书，第 345 页。“害国而利臣”之“害”，原误“富”，王先慎改作“害”，曰：“乾道本‘害’作‘富’，案《意林》‘富’作‘害’，今据改。”［清］王先慎：《韩非子集解》，中华书局 1998 年版，第 128 页。
③ 《韩非子》，张觉《校疏》本，下册，上海古籍出版社 2010 年版，第 942 页。
④ 郭沫若：《韩非子的批判》，载郭沫若：《十批判书》，东方出版社 1996 年版，第 390 页。
⑤ 《管子》，黎翔凤《校注》本，中册，中华书局 2004 年版，第 905 页。

是说，“法”是依据君主的意志与利益来制定，并体现和贯彻了君主的意志和利益。在先秦思想中，此一观念被表述为“君生法”。《管子·任法》：

> 圣君亦明其法而固守之，群臣修通辐辏以事其主，百姓辑睦听令道法以从其事。故曰：有生法，有守法，有法于法。夫生法者，君也；守法者，臣也；法于法者，民也。君臣上下贵贱皆从法，此谓为大治。①

于是，君主也就高于法。虽然的确有要求君主也守法的声音，如《管子·法法》：“虽圣人能生法，不能废法而治国。”②马王堆帛书《黄帝书·道法》：“故执道者，生法而弗敢犯也，法立而弗敢废也。”但既然“权势者，人主之所独守也”(《管子·七臣七主》)③，“权者，君之所独制也”(《商君书·修权》)④在现实中，实际上并没有任何政治力量可以制衡君主，客观上便造成君居法上的事实。《史记》卷六十八《商君列传》：“于是太子犯法。卫鞅曰：‘法之不行，自上犯之。’将法太子。太子，君嗣也，不可施刑。刑其傅公子虔，黥其师公孙贾。”⑤可见君主在刑罚之外。到了韩非更是明确主张：“为君不能禁下而自禁者谓之劫，不能饬下而自饬者谓之乱。”(《韩非子·难三》)⑥《史记》卷一〇二《张释之冯唐列传》载，文帝以惊跸者付廷尉，释之当罚金。文帝怒，释之曰：“法者天子所与天下公共也。今法如此，

① 《管子》，黎翔凤《校注》本，中册，中华书局2004年版，第906页。
② 《管子》，黎翔凤《校注》本，上册，中华书局2004年版，第308页。
③ 《管子》，黎翔凤《校注》本，中册，中华书局2004年版，第998页。
④ 《商君书》，蒋礼鸿《锥指》本，中华书局1986年版，第82页。
⑤ ［西汉］司马迁：《史记》，第7册，中华书局2013年版，第2697—2698页。
⑥ 《韩非子》，张觉《校疏》本，下册，上海古籍出版社2010年版，第999页。

而更重之，是法不信于民也。且方其时，上使立诛之则已。今既下廷尉，廷尉，天下之平也，一倾而天下用法皆为轻重，民安所措其手足？唯陛下察之。”① 虽明确表示廷尉不可更法之轻重，但却无力约束君主法外施刑。汉酷吏杜周所谓“前主所是著为律，后主所是疏为令”(《史记》卷一二二《酷吏列传》) ②，表述的正是“君主即法律”。其极致，便是“主独制于天下而无所制也”(《史记》卷八十七《李斯列传》) ③，“人主无过举”(《史记》九十九《叔孙通列传》) ④。由此，君主便成为专制独裁君主，其政体也由分权体制变为中央集权体制 ⑤。上引费孝通认为，礼基于传统，因而是自然性的社会规范。那么基于政治权力之强制力的法，是以君主为基点的，也就是说，法是人为制定的社会规范。于是周秦之变的核心，即由礼变为法，也就是社会规范由自然性变为人为制定。这一新的人为社会规范必须将整个社会重新组织，承担这一重任的政治制度，便是郡县制。

第四节　郡县制

法既然基于强制力，那么法得以成为新的社会规范就离不开强制力的保障。作为法之保障的强制力是由军队提供的，因此保证军队对于“君—法”的忠诚，亦即君主对于国家武力的独占与独制便成为新的社会规范能否确立的关键。在商鞅之前，山东六国都实行过变法，但真正成功的却只有商鞅在秦的变法。因为只有商鞅变法真正做到了

① ［西汉］司马迁：《史记》，第 9 册，中华书局 2013 年版，第 3315 页。
② ［西汉］司马迁：《史记》，第 10 册，中华书局 2013 年版，第 3800 页。
③ ［西汉］司马迁：《史记》，第 8 册，中华书局 2013 年版，第 3083 页。
④ 同上书，第 3282 页。
⑤ 瞿同祖《中国法律与中国社会》亦曰：“这法典是国家的，或是皇帝的，而不再属于贵族了。这时只有他是立在法律之外的唯一的人，法律是他统治臣民的工具，主权命令全国所有的臣民——治人者和治于人者，贵族和平民——都遵守这部法典，一切人都在同一司法权以下，没有任何人能例外。”载瞿同祖：《瞿同祖法学论著集》，中国政法大学出版社 1998 年版，第 228 页。

军队对于新法的彻底拥护。个中的奥秘，便是军功爵制。

杜正胜的研究表明，山东六国虽然也推行过军爵制，但这是“贵族的专利品，和一般士卒无关；性质更近封建之爵，而与秦国军功爵不类。文献所见，山东列国一般士卒的赐爵只有吴起一例。魏武侯时代，起为西河守，欲攻夺邻境秦亭，乃下令曰：‘有能先登者，仕之国大夫，赐之上田宅’(《韩非子·内储说上》)。国大夫当是一种官爵，是否为系列爵等中的一环则不可考。此令应对所有士兵而言，但史籍仅此一见，吴起后来奔楚，他在魏亦未建立类似商君的等爵制度。山东列国鼓舞军队士气的方法与秦不同，原则上爵禄分途，有爵者虽有禄，有禄者不必有爵，爵施于官吏大臣，行伍士卒有功则只能赏禄而已。从先秦文献的记载来看，爵与禄的划分非常显著。”如《荀子·强国》：“古者明王之举大事立大功也，大事已博，大功已立，则君享其成，群臣享其功：士大夫益爵，官人益秩，庶人益禄。是以为善者劝，为不善者沮，上下一心，三军同力。”士大夫、官人、庶人与爵、秩、禄截然区分。杨倞注：“官人，群吏也。庶人，士卒也。秩、禄皆谓廪食也。”官人与士大夫、庶人相区分，盖约略相当于《礼记·王制》所谓“庶人在官者”，故而亦无爵可赏。《管子·立政九败解》亦以“射御勇力之士不厚禄，覆军败将之臣不贵爵”对言。战国晚期韩割上党与秦，上党归赵。赵王派平原君接收，所予封赐为：“请以三万户之都封太守，千户封县令，诸吏皆益爵三级，民能相集者赐家六金。”官吏益爵，平民赏金，截然分辨[①]。

真正的平民获得爵位，应始于商鞅变法。《盐铁论·险固》文学

① 杜正胜：《编户齐民》，联经出版事业有限公司1990年版，第383—392页。朱绍侯运用基本相同的史料却得出相反的结论，认为“春秋时期已有很多国家建立了军功爵制”，见朱绍侯：《战国时期各国变法与军功爵制的确立》，载朱绍侯：《军功爵制考论》，商务印书馆2008年版，第16页。参朱氏《春秋时期军功爵制的产生》、《商鞅变法与秦国早期军功爵制》诸文，同书，第3—38页。其为学之精细不逮杜氏远甚。

引传曰："诸侯之有关梁，庶人之有爵禄，非升平之兴，盖自战国始也。"① "庶人之有爵禄"，正是指商鞅爵制而言。西嶋定生概括其意义为："作为荣誉的位阶制度扩展到了民间。"② 在西嶋先生看来，爵制秩序就是国家秩序。以皇帝为中心，使所有的官吏庶民都参加到这个爵制秩序中来，人人都作为这一结构的成员而被安排到一定的位置上。这也就是说，这一秩序结构与当时皇帝支配的结构是一致的。秦汉帝国基本的支配关系，是皇帝与人民的直接的支配、被支配关系。在这里，作为理念的，是只有皇帝是支配者，所有的人都应由皇帝进行直接的或者是个别的人身支配；在皇帝权力之外再蓄有私权被看作是对国家秩序的阻碍。认为皇帝权力并不靠地方权力之媒介，但是却应贯通于族和家而及于每个人身之上。从而，在这个支配结构中，连看来像是直接与人民相接触、是事实上掌有权力之人的官僚，也是分掌着皇帝的权力，没有皇帝的权力也就没有他们的权力了。像这样，站在这个一元化统治结构的峰顶的皇帝，因而就是无上的掌权者；如果我们注意到这一点，则所谓专制君主一词，就是与此相当的③。概言之，"商鞅改革的目的就是为了建立一个能够对其全部人口实施总体性控制的中央集权的科层制国家。建立这样一个国家的主要意图在于最大程度地从社会中汲取人力与物质资源以更有效率地进行战争。"④

与军功爵制相应的主要社会待遇，便是授田。此前，封建社会中，贵族建立宗族之本便是土地。刘师培《左庵集》卷二《释氏》曰："《左传》隐八年云：'胙之土而命之氏'，是氏即所居之土，无土则无氏［……］未有无土而可称为氏者也。《书·舜典》孔疏云：'鼢

---

① 《盐铁论》，王利器《校注》本，下册，中华书局1992年版，第526页。

② ［日］西嶋定生：《中国古代帝国的形成与结构》，武尚清译，中华书局2004年版，第112页。

③ 同上书，第447页。

④ 赵鼎新：《东周战争与儒法国家的诞生》，夏江旗译，华东师范大学出版社2006年版，第112页。

顼以来，地为国号，而舜有天下，号曰有虞氏，是地名也。’此其确证。”① 商鞅变法，军爵一级得“益田一顷，益宅九亩”(《商君书·境内》) ②，正是通过军功赏爵授田，剥夺原封建贵族的土地，从而实现土地的普遍国有。张金光确凿地证明了，商鞅实行的田制改革，其实质就是土地国有化。他把立足于村社土地占有制基础上的多级分享同一块土地所有权的多层结构，简化为普遍国有与私人占有的二级结构。这主要是通过两种手段和管道来完成的。一是取消分土而守的封侯、采邑制，代之以郡（商鞅变法时秦尚未设郡级）县制，并重新以新的军功“家次”“名田宅”(《史记》卷六十八《商君列传》) ③，并令宗室等无军功者不得属籍。秦自孝公以后，掣肘王权的特种贵族势力终难形成，以及大土地占有者不多，其根本原因就在于土地所有权高度集中在国家手里，强大的王权就是高度集中起来的土地所有权。二是在村社解体的大潮中，通过“集小乡邑聚为县”(《史记》卷六十八《商君列传》) ④、“壹山泽”(《商君书·垦令》) 等措施，完成了对村社土地所有权的集中和垄断。由此秦国把土地所有权高度集中起来，在土地国有化的基础上，由国家统筹“为国分田”(《商君书·算地》)，“制土分民”(《商君书·徕民》)，确立并发展了官社经济体制，使小民摆脱了封君、村社等的控制，而直接成为国（君）的臣民，通名于上，列为编户，纳租税，服徭役，以供军国之需。适应这种土地所有权集中的需要，则有直属于中央调动的各种行政系统机构的设立，以分掌兵刑谷货诸事 ⑤。宗族，乃至大家族本身也成为变法打击的目标。张金光指出：“秦孝公用商鞅变法，对家庭制度严厉推行分户析

---

① 刘师培：《左庵集》，载钱玄同编：《刘申叔遗书》，下册，江苏古籍出版社 1997 年版，第 1220 页。

② 《商君书》，蒋礼鸿《锥指》本，中华书局 1986 年版，第 119 页。

③ ［西汉］司马迁：《史记》，第 7 册，中华书局 2013 年版，第 2696 页。

④ 同上书，第 2698 页。

⑤ 张金光：《秦制研究》，上海古籍出版社 2004 年版，第 1—2 页。

居的改革政策，规定‘民有二男以上不分异者倍其赋’(《史记·商君列传》)。按照《仪礼·丧服传》所说，在宗法制度下，原是‘昆弟之义无分’的。秦政府推行最小型家庭政策，强令分析，把家庭单位析到骨肉之间已无可再析的地步为止。这是对宗法制度的彻底否定。”① 军功爵制度在社会家庭方面引起革命。第一，切除一切旧宗法世袭传统势力之家存在的根子。第二，可抑制新的历久不衰的宗族集团的发生。自商鞅变法后，秦政权内部始终没有形成一个掣肘王权的宗族集团，其原因亦在于此。第三，军功爵制使小人物上升有了可能，使个体小家庭有机会崛起。总之，新的军功爵制不承认有任何永世不变的传统势力存在（若晖按，这里必须补充一句，君主除外），它改变了家庭内部关系，也使家庭外部形态改观，促使旧家庭形态分解，新家庭制度确立。秦社会政治领域中无宗权存在，便根本不能造成与王室以及政府对抗的力量②。杜正胜称之为“军爵塑造新社会”：“商君变法，按照军功授爵，师法封建阶级秩序的旧精神，灌注战国编户齐民的新生命，巧妙地融合爵禄与战功，施用在能征惯战，深具戎狄习性的秦人身上，建立了爵禄为里、战功为表的等级爵制。爵级变成军队组织的灵魂，社会阶级的架构，和人生追求的目标。”③ 正是从封建束缚中解放出来的个体农民，在军爵制所铺就的金光大道上迸发出了巨大的热情和力量，成为秦席卷天下一统中华的基础。我们可以把商鞅变法所造就的这种社会变革称之为“裂变”。

山东六国也程度不同地进行了变革，其裂变的结果便是处士横议，辩士纵横。如何禁绝“五蠹”，将已经原子化的个人纳入国家掌控之中？杜正胜将商鞅之法归纳为“以军领政”和“闾里什伍”。“以军领政”即行政系统和军队组织密切配合。理论上，行政系统有一

① 张金光：《秦制研究》，上海古籍出版社 2004 年版，第 458 页。
② 同上书，第 468 页。
③ 杜正胜：《编户齐民》，联经出版事业有限公司 1990 年版，第 358 页。

户，军队组织有一丁，集乡里之民而成军，战时，乡里长官即是军队各级首长，故曰：“卒伍成于内，则军正定于外。”(《汉书·晁错传》)“什伍”原是军队的组织，在兵制与行政制度改革过程中，“作内政而寄军令”(《国语·齐语》)，以军法部勒民政，军队组成单位遂变成闾里组织的细胞①。张金光也指出：“对村社进行转化，即转化为一种新的政社合一的官社经济体制，这也是一个以政治行政为统帅的，将国家政治行政、社会经济生产、精神文明、乃至于军事等一体化的系统工程。”②但是在伍制基础上发展出来的告奸连坐之制，实际是将取消了社会，而代之以军国体制。由此所造成的社会是一个阴森冷酷的社会。《韩诗外传》卷四：

> 古者八家而井。……八家相保，出入更守，疾病相忧，患难相救，有无相贷，饮食相召，嫁娶相谋，渔猎分得，仁恩施行，是以其民和亲而相好。……今或不然。令民相伍，有罪相伺，有刑相举，使构造怨仇，而民相残。伤和睦之心，贼仁恩，害上化，所和者寡，欲败者多，于仁道泯焉。③

李卿女士通过对西汉、西凉和西魏时期出土文书中家庭成员构成的统计分析，表明这一时期以一对夫妇及其未婚子女所组成的核心家庭占 80%，与父母或已婚子女同居的主干家庭只有 15%，与已婚兄弟姐妹同居的联合家庭仅仅占 5%。通过对出土文献数据、文献记载及全国户口统计数据的分析考察得出结论：秦汉魏晋南北朝乃至隋唐时期的家庭结构始终是以五口之家的核心小家庭为主。分析早期同居共

---

① 杜正胜：《编户齐民》，联经出版事业有限公司 1990 年版，第 126—139 页。
② 张金光：《秦制研究》，上海古籍出版社 2004 年版，第 364 页。
③ ［西汉］韩婴：《韩诗外传》，许维遹《集释》本，中华书局 1980 年版，第 143—144 页。

财家族难以维系的原因，有经济条件限制、家族关系中的离心倾向、战乱影响等[①]。秦晖统计走马楼吴简中的姓氏，其反映的情况为："哪怕最简单的宗族组织都是难以存在的。"[②]杜正胜则敏锐地发现，春秋中晚期至汉初，尤其是战国以下三百年是平民姓氏形成的阶段，姓的意义还未若后世之绝对[③]。由《偃师约束石券》、《犀浦东汉残碑簿书》等可见，至少"汉代基层聚落的成员关系，血缘因素不能估计太高"。但是"聚落人群没有血缘关系者，藉着里邑的建构和标帜，以及成员的生产、赋役、社交、祭祀等活动，也凝结为一紧密的共同体。"[④]可见，封建变为郡县，建立地方制度，先后承袭的痕迹相当显著，基层的聚落邑里大抵未变[⑤]。因此，商君之"分异令"与其说是针对普通民众的，不如说是针对世家大族的，因为聚族而居正是世家大族成立的必要条件。

西周之"国""野"虽然众说纷纭[⑥]，但城郭之外仍有大量人口居住，却也无可置疑[⑦]。从早期"县"的意义来看，也可以清楚地看到这一点。"县"并非郡县之"县"的本字。《春秋穀梁传》隐公元年："寰内诸侯，非有天子之命不得出会诸侯，不正其外交，故弗与朝也。"范宁注："天子畿内大夫，有采地，谓之寰内诸侯。"《释文》："寰音县，古县字。一音环，又音患。寰内，圻内也。"杨士勋疏："寰内者，王都在中，诸侯四面绕之，故曰寰内也。"[⑧]"寰内"即《礼

① 李卿：《秦汉魏晋南北朝时期家族、宗族关系研究》，上海人民出版社 2005 年版，第 43—81 页。

② 秦晖：《传统中华帝国的乡村基层控制：汉唐间的乡村组织》，载秦晖：《传统十论》，复旦大学出版社 2003 年版，第 6—22 页。

③ 杜正胜：《编户齐民》，联经出版事业有限公司 1990 年版，第 192—196 页。

④ 同上书，第 196—198 页。

⑤ 同上书，第 97 页。

⑥ 参赵伯雄：《周代国家形态研究》，湖南教育出版社 1990 年版，第 158—219 页。

⑦ 参杜正胜：《编户齐民》，联经出版事业有限公司 1990 年版，第 97—110 页。

⑧ [东晋] 范宁注、[唐] 杨士勋疏：《春秋穀梁传注疏》，载 [清] 阮元校刻：《十三经注疏》，第 7 册，艺文印书馆 2007 年版，第 12 页。

记·王制》之“县内”，郑玄注：“县内，夏时天子所居州界名也。殷曰畿，周亦曰畿。”① 颜师古《匡谬正俗》卷八“县寰”条曰：

> 宇县、州县字本作寰，后借县字为之。……末代以县代寰，遂更造悬字，下辄加心，以为分别。……左太冲《魏都赋》云，殷殷寰内。此即言宇寰耳。读者不晓，因为别说，读之为环，则妄引环绕之义。斯不当矣。②

李家浩认为：

> 周代的“县”是指国都或大城邑四周的广大地区，如《国语·周语中》：“国无寄寓，县无施舍，……国有班事，县有序民。”这里所说的“国”即指国都，“县”即指国都四周的广大地区。天子称王畿为县即由此而来。古代从“瞏”声之字多有环绕义。《汉书·食货志》“还庐树桑”，颜师古注：“还，绕也。”《国语·越语下》“环会稽三百里者以为范蠡地”，韦昭注，“环，周也。”《汉书·高五王传》“乃割临淄东圜悼惠王家园邑尽以予菑川”，颜师古注：“圜，谓周绕之。”“县”指环绕国都或大城邑的地区，本是由“还”（环）派生出来的一个词，所以古人就写作“还”，或写作“瞏”、“寰”；因为是区域名，所以又从“邑”作“鄄”；用来表示这一意义的“县”则是一个假借字。③

① ［东汉］郑玄注、［唐］孔颖达疏：《礼记注疏》，载［清］阮元校刻：《十三经注疏》，第 5 册，艺文印书馆 2007 年版，第 217 页。

② ［唐］颜师古：《匡谬正俗》，刘晓东《平议》本，山东大学出版社 1999 年版，第 281 页。参《平议》第 282—284 页。

③ 李家浩：《先秦文字中的“县”》，载《著名中年语言学家自选集·李家浩卷》，安徽教育出版社 2002 年版，第 28—29 页。

环绕国都意义的“寰”见于西周金文，字作“还”：

> 《免簠》：唯三月既生霸乙卯，王在周，命免作司徒，司郑还林暨虞暨牧。赐戠衣、銮。对扬王休。用作旅将彝，免其万年永宝用。（《殷周金文集成》04626）
>
> 《师事簋》：唯王元年四月既生霸，王在淢应。甲寅，王格庙，即位，夷公入右师事即位中庭。王呼作册尹克册命师事曰：备于大左，官司丰还左右师氏。赐汝赤市、絅黄、丽敹，敬夙夕用事。旋拜稽首，敢对扬天子丕显鲁休命。用作朕文祖益仲尊簋，其万年子子孙孙永宝用。（《殷周金文集成》04279.2）

李家浩指出，免为穆王时人，而穆王曾以郑为别都。《穆天子传》：“吉日丁酉，天子入于南郑。”郭《注》：“今京兆郑县也。《纪年》：‘穆王元年，筑祇宫于南郑。’《传》所谓‘王是以获没于祇宫’者。”可见，“郑”、“丰”都是周都，那么“郑县”、“丰县”之“县”就都是国都之“县”。这一现象是值得注意的。免簠铭文林、虞、牧相当于《周礼・地官》司徒的属官林衡、山虞、泽虞和牧人。林衡掌管林木，虞人掌管山泽，牧人掌管畜牧。司徒是掌管土地之官，故周王任命免为司徒，管理郑县地区的林、虞、牧诸事，与《周礼》所记司徒的职掌相符合。至于师事簋的“备于大左”，郭沫若解释为“就大左之职”。他说“《左传》文七年，宋之官制有左右二师，此大左殆即左师”。杨宽说“大左即指大师之在左者，故简称为师，连同人名叫做师事”。这些意见都是可取的。师氏是师旅的长官。古代军队的编制是和居民的编制密切结合的。“丰县左右师氏”所属的军队，可能是由丰县的居民编制而成。大左高于师氏，故周王命师事就任大左之职，掌管丰县左右师氏。李先生进而指出，据有关资料，西周、春秋时期，各国都实行过所谓的乡遂制度，或叫做都鄙制，把国都或大城邑称为“国”或“都”，把国都或大城邑四周的地区称为“野”或“鄙”。“县”与“鄙”的意思相近，如上引《国语·周语》所说的“县”。所以古书上常见“县鄙”连言，以指国都或大城邑四周的地区。如《左传》昭公二十年：“县鄙之人，入从其政。逼介之关，暴征其私。”《吕氏春秋·孟夏纪》：“命司徒循行县鄙。命农勉作，无伏于都。”此外，《左传》襄公三十年记载晋国有绛县。绛是晋国国都。绛县即指晋国国都绛四周的地区。丰县、郑县之县与此绛县之县用法相同，可以参证。①

由此可知，西周文字数据中的“县”属于县鄙之县，那么春秋战国文字数据中的“县”属于什么性质的县呢？考春秋齐器《叔弓镈》曰：“公曰：弓，……余赐汝莱都脒蔛，其县二百。”李先生认为，古代的“都”除了指国都外，还指有城郭的大邑。铭文以“都”与“县”对言，“都”当是指“脒蔛”城，“县”当是指“脒蔛”城四周的广大地区。“其县二百”的意思是说“脒蔛”的“县”中之邑二百个。叔弓镈的“其县二百”可与下录《左传》襄公二十八年“其鄙六十”比较：“与晏子邶殿，其鄙六十，弗受。”杜预注：“邶殿，齐别都。以邶殿边鄙六十邑与晏婴。”齐桓公时，管仲治齐，曾提出“参（三）其国而伍（五）其鄙”的政策，实行“国”“鄙”分治。关于鄙制，《国语·齐语》说：“制鄙：三十家为邑，邑有司；十邑为卒，卒有帅；十卒为乡，乡有乡帅；三乡为县，县有县帅；十县为属，属有大夫。五属，故立五大夫，各使治一属焉；立五正，各使听一属焉。”据此，齐国“鄙”的行政组织分为四级，第一级为属，第二级为县，第三级为乡，第四级为邑。邑是基层的行政组织，故齐国在赏赐土地和夺回赏赐土地的时候，即以邑为单位。如《鲍叔

① 李家浩：《先秦文字中的“县”》，载《著名中年语言学家自选集·李家浩卷》，安徽教育出版社2002年版，第16—30页。

镈》："鲍叔有成劳于齐邦，侯氏赐之邑百又九十又九邑，与鄩之民人都鄙。"《论语·宪问》："问管仲，曰，人也，夺伯氏骈邑三百，饭疏食，没齿无怨言。"《叔弓镈》的朕鳌"县"所属的邑，大概是像《齐语》所说的"三十家为邑"这种小邑。①

《吕氏春秋·孟夏纪》："命司徒循行县鄙，命农勉作，无伏于都。"②可知县鄙制中，田地在县而不在都，农夫在县而不在都，则其财赋出于县而不出于都；农夫亦即战士，则其甲兵亦出于县而不出于都。上引《师旋簋》言"官司丰县左右师氏"，可见丰都之甲兵在县。《左传》成公七年：

> 楚围宋之役，师还，子重请取于申、吕，以为赏田。王许之。（杜《注》：分申、吕之田以自赏。）申公巫臣曰："不可！此申、吕所以邑也。是以为赋，以御北方。若取之，是无申、吕也。（杜《注》：言申、吕赖此田成邑耳。不得此田，则无以出兵赋，而二邑坏也。）晋、郑必至于汉。"王乃止。③

申、吕之田即申、吕之县，为其兵赋所出，无此不得成邑。银雀山汉简《孙膑兵法·擒庞涓》："平陵，其城小而县大，人众甲兵盛，东阳战邑，难攻也。"李家浩释曰："这里所说的'县'应是指平陵城所属的'县鄙'，用的自是'县'的古义。此句的意思是说平陵县县城的规模小，而县的辖区大。"④平陵的"人众甲兵盛"自然不是在

① 李家浩：《先秦文字中的"县"》，载《著名中年语言学家自选集·李家浩卷》，安徽教育出版社 2002 年版，第 20—32 页。
② 《吕氏春秋》，许维遹《集释》本，上册，中华书局 2009 年版，第 86 页。
③ ［西晋］杜预注、［唐］孔颖达疏：《春秋左传注疏》，载［清］阮元校刻：《十三经注疏》，第 6 册，艺文印书馆 2007 年版，第 443 页。
④ 李家浩：《先秦文字中的"县"》，载《著名中年语言学家自选集·李家浩卷》，安徽教育出版社 2002 年版，第 32—33 页。

小城，而是在大县。可见战国时代，“县”仍然在一定程度上保留着“县鄙”一义。上引《吕氏春秋·孟夏纪》之语也当作如是观。由上所述，可知西周春秋时作为城乡对立的“都（城）鄙（县）”对立是真实存在的，且某城之县鄙中的田地人民常被切割分别赐给不同贵族。但战国时，随着社会变革的深入，“裂变”使民众成为原子化的个体，于是君主亟须将全国民众重新组织，置于君主的绝对掌控之中。前述“闾里什伍”之制，还停留在乡里基层，而县的设置，则是将城邑乡野合为一体，统一管理，从而最大程度确保农事上人地合一，战事上军民合一。即如上引《孙膑兵法》之“平陵其城小而县大”，“县”的词义当然是“县鄙”之古义，但这句话也表明平陵县的县令①可以统一支配城邑和县鄙的所有人力物力对抗敌军。因此，“县”的词义虽存古义，但却是在新的也就是郡县制的背景下被运用的。

“寰”既为畿内，则畿内之公邑亦得称“县”。《周礼·秋官·县士》：“掌野”，郑《注》：“都县野之地，其邑非王子弟、公卿大夫之采地，则皆公邑也，谓之县。”②孙诒让《正义》：“其有余地，不为王子弟、公卿大夫采地者，则王使大夫治之，皆谓之公邑，亦皆谓之县也。”③孙氏复于《地官·叙官》县师下，总结“全经凡言县者有四”，其一即：“此县师及县士所掌之县，为四等公邑之通名”④。揆诸出土文物，“县”之用字颇为杂错。上文已举西周金文作“还”，此外齐作“县”，燕作“还”、“睘”，

① 《簠斋古印集》1·15·3有“平陵县左廪玺”，可见平陵为行政之县。陈介祺藏拓，中国书店1990年版。

② ［东汉］郑玄注、［唐］孔颖达疏：《周礼注疏》，载［清］阮元校刻：《十三经注疏》，第3册，艺文印书馆2007年版，第530页。

③ ［清］孙诒让：《周礼正义》，第11册，中华书局1987年版，第2806页。

④ ［清］孙诒让：《周礼正义》，第3册，中华书局1987年版，第654页。

三晋作“𠑹”[①]，秦作“县”[②]，楚作“县”[③]。而晋之县用字既正，其性质也最近《周礼》。如温县等本处成周王畿，《左传》成公十一年：

> 晋郤至与周争鄇田（杜《注》：鄇，温别邑。）王命刘康公、单襄公讼诸晋。郤至曰：“温，吾故也。故不敢失。”刘子、单子曰：“昔周克商，使诸侯抚封，苏忿生以温为司寇，与檀伯达封于河。苏氏即狄，又不能于狄，而奔卫。襄王劳文公，而赐之温，狐氏、阳氏先处之，而后及子。若治其故，则王官之邑也，子安得之！”晋侯使郤至勿敢争。[④]

襄王赐邑见《左传》僖公二十五年：

> 戊午，晋侯朝王。王享醴命之宥，请隧，弗许，曰：“王章也。未有代德，而有二王，亦叔父之所恶也。”与之阳、樊、温、原、欑茅之田，晋于是始起南阳［……］赵衰为原大夫，狐溱为温大夫。[⑤]

其余各县，如平阳、杨氏等亦多在晋之内地，不似楚之县皆居边鄙[⑥]。而晋楚多以大邑为县。洪亮吉《更生斋文甲集》卷二《春秋时以大邑为县始于楚论》曰：

---

① 以上参李家浩：《先秦文字中的“县”》，载《著名中年语言学家自选集·李家浩卷》，安徽教育出版社2002年版，第19—27页。

② 参袁仲一、刘钰：《秦文字类编》，陕西人民教育出版社1993年版，第261页。

③ 参李守奎：《楚文字编》，华东师范大学出版社2003年版，第539页。

④ ［西晋］杜预注、［唐］孔颖达疏：《春秋左传注疏》，载［清］阮元校刻：《十三经注疏》，第6册，艺文印书馆2007年版，第457页。

⑤ 同上书，第263页。

⑥ 当然晋也有边县，但楚无内县。参马保春：《晋国历史地理研究》，文物出版社2007年版，第42页。

> 春秋时，楚始以大邑为县［……］《左传》宣十一年，楚子入陈，杀夏征舒，因县陈。十二年，郑伯对楚庄王曰：“使改事君，夷于九县。”杜预注：“楚灭九国以为县，愿得比之。”《正义》言：楚灭诸国见于经传者，哀十七年称文王县申、息，庄六年称楚灭邓，十八年克权，僖五年灭弦，十二年灭黄，二十六年灭夔，文四年灭江，五年灭六又灭蓼，十六年灭庸，凡十一国。苏氏、沈氏以权为小国，庸先属楚，除二国外，为九也。襄公二十六年伯州犁言：“穿封戌，方城外之县尹。”此见于《左传》者也。其见于《史记·楚世家》者，则子革对灵王曰：“且入大县，而乞师于诸侯。”又惠王之十年，是岁也，灭陈而县之是也。此外则晋自文襄以后，大邑亦名县。《左传》僖三十三年，晋襄公以再命命先茅之县赏胥臣。宣十五年，晋人赏士伯以瓜衍之县。襄公二十六年，楚声子欲复椒举，谓令尹子木曰：“晋人将与之县，以比叔向。”昭公五年，薳启疆谓楚子曰：“韩赋七邑，皆成县也。”又云：“因其十家九县，其余四十县”云云。二十八年，晋杀祁盈及杨食我，分祁氏之田以为七县，分羊舌氏之田以为三县是也。盖春秋时已有改封建为郡县之势，创始于楚，而秦与晋继之。至战国，而大邑无不为县矣。①

故其后“县”得与“国”、“都”等互称。

> 《左传》昭公十二年：（楚灵）王曰：“昔诸侯远我而畏晋，今我大城陈、蔡、不羹，赋皆千乘，子与有劳焉。诸侯其畏我

① ［清］洪亮吉：《更生斋文甲集》，载《洪亮吉集》，第3册，中华书局2001年版，第983—984页。

乎！”对曰：“畏君王哉！是四国者，专足畏也。（杜《注》：四国，陈、蔡、二不羹。）”①

《左传》昭公十三年：子革曰：“若入于大都，而乞师于诸侯？”（楚灵）王曰：“皆叛矣！”②《史记》卷四十《楚世家》：（右尹）曰：“且入大县，而乞师于诸侯？”（楚灵）王曰：“皆叛矣！”③

上文已引《左传》僖公二十五年襄王赐晋文公王畿之邑，一方面是因为晋之尊王，一方面是因为回绝了文公请隧。那么，文公以温、原为县，并且使用“鄙”这样的写法，是否有保留王畿公邑性质的念头呢？《左传》僖公二十五年：

晋侯问原守于寺人勃鞮，对曰：“昔赵衰以壶飧从径，馁而弗食。”故使处原。④

增渊龙夫据以认为文公“似乎不是把这二邑赐给赵衰和狐溱作为单纯的采邑”⑤。正因为文公要将这二邑作为公邑，所以才需要考虑人选的忠诚度。而且“守”是守卫的意思，显然是替国君守卫原县。于是，增渊龙夫得出二点：“一、同是直属于君主的邑，有的可称为县，有的不然。二、同是称为县的邑，有的是君主的直辖地，有的不

① ［西晋］杜预注、［唐］孔颖达疏：《春秋左传注疏》，载［清］阮元校刻：《十三经注疏》，第6册，艺文印书馆2007年版，第794页。

② 同上书，第806页。

③ ［西汉］司马迁：《史记》，第5册，中华书局2013年版，第2047页。

④ ［西晋］杜预注、［唐］孔颖达疏：《春秋左传注疏》，载［清］阮元校刻：《十三经注疏》，第6册，艺文印书馆2007年版，第264页。

⑤ ［日］增渊龙夫：《说春秋时代的县》，载《日本学者研究中国史论著选译》，第三卷，中华书局1993年版，第194页。

然。”① 也正是在县大夫（令、长）的任命上，终结了世袭制，从而开启了流官制的先河。

综上所述，郡县制有力地打破了传统的封建格局，实现了农业社会两大基本生产力要素——土地和人口的绝对国家管制。国家机器为了有效地控制社会，独占全国土地支配权，并竭力将臣民束缚在土地上，实现国家权力直接统治原子化的个体臣民。流官制的确立以及科举制的形成完善，使国家权力深入宗族内部，最终迫使宗族必须依附于国家权力来保持地位；由平民组成的军队完全置于国家权力掌握之中，确保了专制权力下的全民身份平等。由此，最高权力与个体臣民之间的一切中间力量全部被扫荡一空，从而缔造出一个强大到极点的君主，一个萎缩到极点的社会，一个个沉默到极点的个人。而这三者赖以实现的行政体制，就是郡县制。因此，郡县制构成了中国秦至清二千余年的基本社会关系。先秦时期的封建制社会是以血缘关系划分民众并建构国家权力，秦至清的郡县制社会则是以地缘关系划分民众并建构国家权力。近代以来社会性质的发展方向是打破权力主导，以文化建构人的关系，回归人的真实存在。

① ［日］增渊龙夫：《说春秋时代的县》，载《日本学者研究中国史论著选译》，第三卷，中华书局 1993 年版，第 196 页。

第五章
导之以德　齐之以刑：《厚父》“典刑”考

清华简《厚父》一文[①]，其文本性质，整理者赵平安在该篇说明中认为：

> 篇中有一段文字与《孟子》所引《尚书》相似。《孟子·梁惠王下》：“《书》曰：‘天降下民，作之君，作之师，惟曰其助上帝宠之。四方有罪无罪惟我在，天下曷敢有越厥志？’一人衡行于天下，武王耻之。此武王之勇也。而武王亦一怒而安天下之民。今王亦一怒而安天下之民，民惟恐王之不好勇也。”赵岐注：“《书》，《尚书》逸篇也。”从引文结合本篇结构、文辞特点等综合考虑，《厚父》应为《尚书》逸篇。[②]

---

① 赵平安整理：《厚父》，载清华大学出土文献研究与保护中心编：《清华大学藏战国竹简》，第五辑，中西书局2015年版，原大图版：上册、第2—3页，放大图版：上册、第27—36页，释文注释：下册、第108—116页。下引《厚父》之文及整理者注释均见此，不一一注。释文用宽式。为免繁琐，根据研究者对释文做出的修改不一一注明，请参阅黄凌倩：《清华简〈厚父〉、〈封许之命〉集释》，安徽大学中文系硕士学位论文，2016年，第7—60页。

② 清华大学出土文献研究与保护中心编：《清华大学藏战国竹简》，第五辑，中西书局2015年版，第109页。

李学勤也用审慎的语词表示《厚父》的有关文句“可能即是孟子引文的出处”，并推论“《厚父》是战国时通行的《书》中的一篇，我们在清华简中读到的是该篇在楚地的传本。”① 赵平安《〈厚父〉的性质及其蕴含的夏代历史文化》一文中则对此一文献对勘有着更进一步申说：

> 既然“古天降下民，设万邦，作之君，作之师，惟曰其助上帝乱下民”是“天降下民，作之君，作之师，惟曰其助上帝宠之”的早期形态，那么它有没有可能就是《梁惠王下》所引的《书》呢？从体式、内容、文句和用词看，《厚父》都与《尚书》相类，因此这种可能性是极大的。如果是这样，《厚父》就是《尚书》的逸篇。赵岐注《孟子》时，只说是《尚书》逸篇而不出篇名，说明当时已不知有此篇。这样看来，至少东汉末年此篇已经亡佚。但是，考虑到“古天降下民，设万邦，作之君，作之师，惟曰其助上帝乱下民”是类似于常语性质的东西，因此这段话在不同的《尚书》篇章中出现也是可能的。换句话说，《厚父》虽可能是《尚书》文献，但也可能不是《梁惠王下》所引的《尚书》逸篇。②

在这段话的尾注中，赵先生竟闪现出一线缺隙：“当然《厚父》不是《尚书》文献，只是暗引《尚书》的可能性也不能完全排除，但这种可能性极小。”③ 黄国辉承认：“《孟子·梁惠王下》所引《书》与清华简《厚父》之间确实存在相关性，它们可能是一个故事的不同版

---

① 李学勤：《清华简〈厚父〉与〈孟子〉引〈书〉》，载《深圳大学学报》，2015 年第 3 期，第 34 页。

② 赵平安：《〈厚父〉的性质及其蕴含的夏代历史文化》，载《文物》，2014 年第 12 期，第 82 页。

③ 同上文，第 88 页。

本，即它们或是在较早时期（西周早中期）有着共同的底本，或是在较早时期口头流传，而在西周晚期两者各自独立成篇，又分别为《孟子·梁惠王下》所引和清华简《厚父》所传抄。”在此前提下，黄先生并未盲从权威，而是大胆提出：“但清华简《厚父》是不是可以称为《书》则有待更多的证据。”黄氏指出：

> 如果说《梁惠王下》所引为《尚书》逸篇，那么清华简《厚父》有可能是这个《尚书》逸篇的另一个版本，至于这个《尚书》逸篇的另一个版本是否可以称为《书》则需要进一步研究了。这就类似于清华简《周武王有疾周公所自以代王之志》篇与《尚书·金縢》之间的关系，虽然我们可以说清华简《周武王有疾周公所自以代王之志》是《尚书·金縢》的另一个版本，但这个版本并没有进入《书》的行列，而且其自题篇目亦称为“志”，与传统认为的作为训典的《书》有所差异，所以能否直接称之为《书》是需要考虑的。①

细绎赵、李二先生之论，以及其他将《厚父》归入《尚书》的论文，实际上并未对《厚父》何以属《尚书》进行充分的论证。最为主要，甚至是唯一的根据，就是《厚父》中的一句话与《孟子》引《书》的相似性。上引赵先生文中明确认为：“考虑到‘古天降下民，设万邦，作之君，作之师，惟曰其助上帝乱下民’是类似于常语性质的东西，因此这段话在不同的《尚书》篇章中出现也是可能的。”由此再进一步，我们可以质疑：这种“常语”即便源出于《尚书》，是否可以直接等同于此等文句只能出现于《尚书》之中？宁镇疆将赵平

① 黄国辉：《清华简〈厚父〉新探——兼谈用字和书写之于古书成篇与流传的重要性》，载《清华大学学报》，2016年第3期，第69页。

安所说的“常语”理解为“公共知识”，“即广为知识阶层接受的流行观念。”并广泛钩稽了先秦典籍中与《孟子》引《书》和《厚父》文句思想观念相近之处，如《左传》文公十三年郑史、襄公十四年师旷皆有类似言辞[①]。因此，我们要区分两个层次：即便我们认为这一“常语”源出于《尚书》，也要仔细判断出现这一“常语”的文献本身就属于《尚书》，还是其他非《尚书》类文献对《尚书》的明引（如《孟子》）或暗用（如师旷等）。倘若我们承认存在着非《尚书》文献对《尚书》文句的暗用，就必须严格论证，《厚父》究竟是使用了这一“常语”的《尚书》文献，还是暗用了这一“公共知识”的非《尚书》文献。无疑，从行文来看，《厚父》决非如《孟子》般的明引《尚书》，因此只能是本属《尚书》和暗用《尚书》的非《尚书》文献这二者之一。

第一节　《厚父》与法家

《汉书》卷三十《艺文志》论诸子曰：“合其要归，亦六经之支与流裔。”[②]诸子书中多有引经用经之处[③]。从《厚父》的整体结构勘察，其篇首王对于大禹治水的引用，厚父对于“天降下民”之“常语”的运用，都表明《厚父》与《尚书》学与儒家思想的血肉相连。然而，当《厚父》行文展开之后，却与《尚书》学及儒家思想大相径庭。

其一，王谓帝命皋陶下为启之卿事，与传统《尚书》学以皋陶辅佐舜、禹，并先禹而卒不同。王震中对此提出三个选项：

一是相信《尚书》《尧典》和《皋陶谟》、《史记·五帝本纪》

① 宁镇疆：《清华简〈厚父〉“天降下民”句的观念源流与豳公盨铭文再释——兼说先秦“民本”思想的起源问题》，载李学勤主编：《出土文献》，第七辑，中西书局2015年版，第103—104页。

② ［东汉］班固：《汉书》，第6册，中华书局1962年版，第1746页。

③ 参于大成：《诸子与经学》，载王静芝等：《经学研究论集》，黎明文化事业股份有限公司1981年版，第55—79页。

> 等传世文献的说法；二是相信清华简《厚父》篇的说法；三是认为《尚书》《尧典》《皋陶谟》与清华简《厚父》篇各自都记载有事实的一面，而皋陶本来就属于一个沿袭性人名，也就是说，既有尧舜禹时期的皋陶，也有夏启时的皋陶。对于这三个选项，我个人倾向于第三个选项。①

王先生显然将《厚父》视为真实记述史实的历史文献。但即便如此，王先生仍然忽略了问题的关键：对于夏王朝的实际创建者启而言，为什么皋陶的辅佐是必须的？结合下文的孔甲典刑来看，皋陶在夏启时期与殷周之伊吕相当的王佐地位，应该是指向将皋陶之刑作为有夏一代之祖宗家法。王所言“帝亦弗恐启之经德少，命咎繇下为之卿事”，其对于启的贬低，正合法家不重君德而重律令的观念。《韩非子·难势篇》：

> 且夫尧、舜、桀、纣千世而一出，是比肩随踵而生也。世之治者不绝于中，吾所以为言势者，中也。中者，上不及尧、舜，而下亦不为桀、纣。抱法处势则治，背法去势则乱。今废势背法而待尧、舜，尧、舜至乃治，是千世乱而一治也；抱法处势而待桀、纣，桀、纣至乃乱，是千世治而一乱也。且夫治千而乱一，与治一而乱千也，是犹乘骥駬而分驰也，相去亦远矣。夫弃隐栝之法，去度量之数，使奚仲为车，不能成一轮。无庆赏之劝，刑罚之威，释势委法，尧、舜户说而人辨之，不能治三家。夫势之足用亦明矣，而曰“必待贤”，则亦不然矣。②

① 王震中：《清华简〈厚父〉篇“咎繇”与虞夏两代国家形态结构》，载《南方文物》，2016 年第 4 期，第 152 页。

② 《韩非子》，张觉《校疏》本，下册，上海古籍出版社 2010 年版，第 1051 页。

对于治国而言，作为君主的启“经德少”大可以“弗恐”，只需要降下皋陶，定制刑律，即可实现“千世治”。

其二，与王推崇皋陶相应，厚父对王也赞誉了孔甲之典刑。其曰：“王乃遏佚其命，弗用先哲王孔甲之典刑，颠覆厥德，沉湎于非彝，天乃弗若，乃坠厥命，亡厥邦。”赵平安《〈厚父〉的性质及其蕴含的夏代历史文化》一文中专设“孔甲是怎样的君王”一节，罗列了传世典籍中孔甲形象之矛盾，《左传》有德，《国语》、《史记》德衰，并引梁玉绳《史记志疑》之考辨，以为“《国语》不可尽信”①。检《左传》昭公二十九年蔡墨曰：“及有夏孔甲，扰于有帝，帝赐之乘龙，河汉各二，各有雌雄。”②赐龙之事乃神话传说，并非历史事实，不可据以论史。《国语·周语》下卫彪傒曰：“昔孔甲乱夏，四世而陨。”韦昭注：“孔甲，禹后十四世。乱夏，乱禹之法也。四世，孔甲至桀四世而亡也。”③《厚父》开篇王曰，依次铺叙禹与启，禹乃言其功德与立国，至于治国的祖宗之法，则在启与皋陶，无疑主于刑。因此，孔甲之典刑，正是上承夏启皋陶，重申以刑治国，维护祖宗之法。厚父之言，显然对以刑治国持赞赏态度，并进而将夏朝灭亡归因于“弗用先哲王孔甲之典刑”。只是这样一来，以刑治国的传统，就与《尚书》学传统所颂扬的禹德发生矛盾，于是犹秉周礼之彪傒以孔甲“乱禹之法”，也就是必然的了。

其三，至此，我们可以非常清楚地看到在《尚书》学与儒家思想的意义上，《厚父》王言中禹与启以下治国方式的脱节以至对立。《尚书·周书·洪范》武王访于箕子，箕子乃叙禹治洪水，“天乃锡禹洪

---

① 赵平安：《〈厚父〉的性质及其蕴含的夏代历史文化》，载《文物》，2014年第12期，第83页。

② ［西晋］杜预注、［唐］孔颖达疏：《春秋左传注疏》，载［清］阮元校刻：《十三经注疏》，第6册，艺文印书馆2007年版，第922页。

③ 《国语》，上册，上海古籍出版社1988年版，第145—146页。

范九畴，彝伦攸叙”[①]，其精髓即在以德治国。许多学者指出，《厚父》王曰的“禹（中残）川，乃降之民，建夏邦”，可与《豳公盨》“天命禹敷土，堕山，浚川”[②]对勘。饶宗颐历举盨文与《尚书》相似文句，认为“似盨文是隐括经典语句”。饶先生还发现，《豳公盨》在叙述大禹治水之后，六次强调“德”，且言“民成父母”，“‘民成父母’句，语有省略，当以‘民’字连下，谓民（视之）作为父母。《大戴礼·五帝德》引孔子称：‘禹为神主，为民父母’是也。”[③]李学勤也指出《洪范》已有“天子作民父母，以为天下王”之语[④]。以《厚父》与《豳公盨》对读，在开篇共有的禹浚川之后，二者的歧义极为明晰：《豳公盨》与《尚书》学，尤其是《洪范》相一致，继之以德；《厚父》则恰相背反，执之以刑[⑤]。这一替换所导致的逆差，正凸显了法家对于儒家的逆反：“故惠者，民之仇雠也；法者，民之父母也！”（《管子·法法》）[⑥]

其四，宁镇疆比较分析了《左传》文公十三年邾文公、《左传》襄公十四年师旷、《墨子·尚同》中引“先王之书《相年》”这三则与《厚父》“天降下民”句近似的材料，得出：“这三则材料不但在语

---

① 旧题［西汉］孔安国注、［唐］孔颖达疏：《尚书注疏》，载［清］阮元校刻：《十三经注疏》，第1册，艺文印书馆2007年版，第168页。

② 《豳公盨》，载《中国历史文物》，2002年第6期，铭文照片：封二，铭文拓片：第4页。

③ 饶宗颐：《豳公盨与夏书〈禹之总德〉》，载沈建华编：《饶宗颐新出土文献论证》，上海古籍出版社2005年版，第49—59页。

④ 李学勤：《论豳公盨及其重要意义》，载《中国历史文物》，2002年第6期，第10页。

⑤ 刘国忠认为：“如果我们把遂公盨（即豳公盨——引者）与清华简《厚父》篇联系起来，可以发现，二者对于夏朝大禹治水等事迹的阐述并进而提倡德政的思想，几乎是完全一致的。我们觉得，遂公盨中对夏代的认识和对德政的提倡，很可能是在清华简《厚父》篇的影响下形成。”刘国忠：《也谈清华简〈厚父〉的撰作时代和性质》，载《扬州大学学报》，2017年第6期，第95页。未允。

⑥ 《管子》，黎翔凤《校注》本，上册，中华书局2004年版，第298页。

言表述及内容上与《厚父》‘天降下民’句非常接近，其中凸显的主旨如利民、对君主德行的强调也是一致的。”于是宁先生据以推论：“我们因此几乎可以肯定地说，孟子所引就应该是《厚父》篇的文字。”[①]可是我们只要仔细阅读《厚父》原文即可见，与王言之中《尚书》禹德被置换为《厚父》启刑具有结构对应的是，“古天降下民”云云的“常语”下接的也不是德，而是孔甲典刑。也就是说，厚父所言，虽然起首套用了“天降下民”的“常语”，其真实意向，却并未顺势指向德，而是逆向通往典刑。这一逆接并非《厚父》独出心裁，而正是法家通义。《商君书・修权》：“故尧舜之位天下也，非私天下之利也，为天下位天下也。论贤举能而传焉，非疏父子亲越人也，明于治乱之道也。故三王以义亲，五伯以法正诸侯，皆非私天下之利也，为天下治天下。”[②]法家并不否认“立君为民”，而是在此前提之下，认为法才是唯一真正利民的手段。当然，此处还有两点需要辨析澄清。第一，宁镇疆针对以往学界形成的定见，以“民本”思想形成于商周之际，并“据此就怀疑《商书》那些‘民本’内容都是周人出于宣传的篡改，或者指《商书》中的《盘庚》、《洪范》等篇目成篇较晚。”宁先生极力否定这一定见，认为：

> 结合《厚父》、《相年》及豳公盨铭文所凸显的政治要素发生学命题，笔者以为这还给我们提供了认识夏、商、周三代“民本”主题的另一维度。由上文我们对《厚父》、《相年》甚至邾文公、师旷言论的分析来看，在中国政治要素的发生学理论中，“利民”、“保民”的因素本来就是内嵌其中的既定要求。我们甚

---

① 宁镇疆：《清华简〈厚父〉“天降下民”句的观念源流与豳公盨铭文再释——兼说先秦“民本”思想的起源问题》，载李学勤主编：《出土文献》，第七辑，中西书局 2015 年版，第 103—104 页。

② 《商君书》，蒋礼鸿《锥指》本，中华书局 1986 年版，第 84 页。

> 至可以说，“民本”问题是中国政治学理论的“元问题”，是中国早期国家机器草创时要考虑的头等大事。①

由本文所论可知，《厚父》一文只能撰作于战国，绝不能据以讨论《尚书》诸篇的时代。而且，从历史真实的角度看，殷周制度变革是真实存在的。相较于殷商国家机构专注于神意，周人则显然更注重民意。《孟子》曾引《泰誓》：“天视自我民视，天听自我民听。”②这决非空洞的口号。与殷商不同，周代国家机构创设了卿事寮作为核心，专注于处理民事。这是中国古代政治文化发展史中的一个重要转折③。王震中概括商代礼制为“人神关系之礼”，周代礼制为“人际关系之礼”，认为：“以周公为首的周初统治者，在把商代‘人神之礼’改造为周代‘人际之礼’的过程中，最重要途径即抓手是引入‘德’的理念和规范，形成天命与德治、天命与民意相结合的辩证统一。相较于商代的神权政治，这显然是一个飞跃性的进步。”④宁氏对旧说的批评还需要更坚实的证据。第二，宁镇疆认为：

> 我们从“王”与夏之后人厚父的对话中也能看出，对于夏之“先哲王”由于善待“民”而得天下同样是有共识的。王说“夏之哲王”“朝夕肆祀，不盘于庚（康），以庶民惟政之恭”、厚父更是说“民心难测”、“民心惟本”，需知，厚父是夏的后人，他

---

① 宁镇疆：《清华简〈厚父〉“天降下民”句的观念源流与豳公盨铭文再释——兼说先秦“民本”思想的起源问题》，载李学勤主编：《出土文献》，第七辑，中西书局2015年版，第113—115页。

② 《孟子》，［清］焦循《正义》本，下册，中华书局1987年版，第646页。

③ 参李峰：《西周的政体：中国早期的官僚制度和国家》，吴敏娜等译，三联书店2010年版，第64—66页。

④ 王震中：《商周之变与从帝向天帝同一性转变的缘由》，载《历史研究》，2017年第5期，第9页。

对“民”的认识我们恐怕很难说是出于周人的宣传。然则，王国维将“民本”仅仅上溯至周初，甚至将其讲成是殷周之间的观念变革就有点言过其实。①

杜勇也特为拈出：“清华简《厚父》说：‘民心惟本，厥作惟叶。’其‘民心惟本’之‘本’虽以树木为喻，客体却是指国家的根本。‘民心惟本’与‘民惟邦本’义相近同，实为民本思想的嚆矢。”②程浩更是直陈孟子的民本思想也很可能受到《厚父》的影响③。对此，王坤鹏有完全不同的见解：

厚父用“民心难测”一词概括了其对民众属性的认识。根据竹简内容大意，所谓“民心难测”体现在民众行为表现的两面性：一方面民众可以做到恭敬内心，畏忌不祥，保守明德，谨慎祭祀，另一方面却又不时表现得不讲诚信，无所畏忌，失去上天的恩宠从而遭罹祸患。这两种对立的行为表现，都会发生于民众身上［……］简文中“民心惟本，厥作惟叶”一句，学者往往误认为表达了《厚父》以民为本的思想观念。实则不然，这一句目的仍是为了阐释“民心难测”。竹简认为民众的表现具有两面性，因此，“枝叶”到底能在多大程度上反映“根本”，则是难说之事。④

① 宁镇疆：《清华简〈厚父〉“天降下民”句的观念源流与豳公盨铭文再释——兼说先秦“民本”思想的起源问题》，载李学勤主编：《出土文献》，第七辑，中西书局2015年版，第114页。

② 杜勇：《清华简〈厚父〉与早期民本思想》，载《西华师范大学学报》，2016年第2期，第19页。

③ 程浩：《古书成书研究再反思——以清华简“书”类文献为中心》，载《历史研究》，2016年第4期，第136页。

④ 王坤鹏：《论清华简〈厚父〉的思想意蕴与文献性质》，载《史学集刊》，2017年第2期，第43页。

王氏的认识独到而正确。厚父对于民心的论述，也正是法家之义。《韩非子·显学》：

> 今不知治者必曰：‘得民之心。’欲得民之心而可以为治，则是伊尹、管仲无所用也，将听民而已矣。民智之不可用，犹婴儿之心也。夫婴儿不剔首则腹痛，不揊痤则寖益。剔首、揊痤，必一人抱之，慈母治之，然犹啼呼不止，婴儿子不知犯其所小苦致其所大利也。今上急耕田垦草以厚民产也，而以上为酷；修刑重罚以为禁邪也，而以上为严；征赋钱粟以实仓库，且以救饥馑、备军旅也，而以上为贪；境内必知介而无私解，并力疾斗，所以禽虏也，而以上为暴。此四者，所以治安也，而民不知悦也。夫求圣通之士者，为民知之不足师用。昔禹决江浚河而民聚瓦石，子产开亩树桑郑人谤訾。禹利天下，子产存郑人，皆以受谤，夫民智之不足用亦明矣。故举士而求贤智，为政而期适民，皆乱之端，未可与为治也。①

韩非子以“婴儿”喻民，也正是突显了民的难测与无知，并由此推论，君主为政不必顺应民心。这与儒家的民本思想，正相反对。

第二节 《厚父》与墨家

由《厚父》一篇与法家思想的深层联系，可以断定其成书年代只能是战国，绝非《尚书》逸篇。不过，虽然《厚父》浸透了法家思想，但是并不能就此定案，得出《厚父》是法家著作。正如多位学者

① 《韩非子》，张觉《校疏》本，下册，上海古籍出版社 2010 年版，第 1255—1256 页。

所一再质证的，《厚父》与《尚书》渊源深厚，这一点无疑与法家大相径庭。《韩非子·和氏》：“商君教秦孝公以连什伍，设告坐之过，燔《诗》《书》而明法令，塞私门之请而遂公家之劳，禁游宦之民而显耕战之士。”① 由此观之，《厚父》不可能出自法家。

在先秦诸子之中，既精通《尚书》，又崇尚刑治的，只有墨家，尤其是墨家后学中的秦墨。

墨家于诸经之中独重《尚书》。马士远论曰：

> 在墨子所援引的各类文献中，《书》最为特出，从其他文献称引《诗》、《书》的情况来看，称引《诗》者多，称引《书》者少，而独《墨子》相反，造成这种现象的原因，亦与墨子的致用主张有关，在墨子时代，《诗》与礼、乐是一体的，《诗》即是乐，墨子是非乐的，墨子对歌《诗》、诵《诗》、弦《诗》的各种应对举动都是非常反感的，而《书》朴实简略，无空言以说教，多利于天鬼百姓人民，故墨子喜欢引《书》而少引《诗》。②

宁镇疆特别指出，《墨子》书中，如《尚同》中引“先王之书《相年》”、《尚同》下都有与《厚父》“天降下民”句近似的语句。宁氏据以推论：

> 我们说《厚父》与《相年》是两篇独立的《尚书》文献，但其中都涉及邦国君师之类政治学要素的发生命题却不能不启人遐思：这样的观念是彼此因袭还是它们都有共同的源头？抑或它们之间根本就没有什么共同的“源头”，而只是各自立说但却因为

① 《韩非子》，张觉《校疏》本，上册，上海古籍出版社 2010 年版，第 253 页。
② 马士远：《周秦〈尚书〉学研究》，中华书局 2008 年版，第 232 页。

> 这种政治学要素的发生观念彼时非常流行，遂致“出门合辙”？目前来看，要说它们之间存在彼此相袭的关系，材料上还很难证明。但在各自立说的情况下，双方在语言表述上有此等近似，尤其是还都突出“民本”主题，这也确实非常“巧合”，所以，笔者还是倾向以为这种观念可能还是有更早的共同源头。①

《相年》既见引于《墨子》，则可见“天降下民”之“常语”及其观念为墨家所推崇，秦墨撰作《厚父》时，引以冠之，也就是自然而然的了。

《汉书》卷三十《艺文志》总结法家学说，一言以蔽之曰：“信赏必罚”②。墨家亦有此义。《墨子·尚同》中：“赏当贤，罚当暴，不杀不辜，不失有罪。”③战国中晚期，墨家一支在秦，可称“秦墨”。秦墨尤重法。《吕氏春秋·去私》：

> 墨者有巨子腹䵍，居秦，其子杀人，秦惠王曰：“先生之年长矣，非有它子也，寡人已令吏弗诛矣，先生之以此听寡人也。”腹䵍对曰：“墨者之法曰：‘杀人者死，伤人者刑。’此所以禁杀伤人也。夫禁杀伤人者，天下之大义也。王虽为之赐，而令吏弗诛，腹䵍不可不行墨者之法。”不许惠王，而遂杀之。子，人之所私也。忍所私以行大义，巨子可谓公矣。④

今传《墨子》书中，多有可与居延汉简相参者，陈直据以推论：“《墨

① 宁镇疆：《清华简〈厚父〉“天降下民”句的观念源流与豳公盨铭文再释——兼说先秦“民本”思想的起源问题》，载李学勤主编：《出土文献》，第七辑，中西书局2015年版，第108页。

② ［东汉］班固：《汉书》，第6册，中华书局1962年版，第1736页。

③ 《墨子》，［清］孙诒让《间诂》本，上册，中华书局2001年版，第89页。

④ 《吕氏春秋》，许维遹《集释》本，上册，中华书局2009年版，第31—32页。

子》全书之著述，可分为三个时期，《经上、下》篇为墨子所自著，时代在最先。次则为自《亲士》至《公输》各杂篇，时代应在战国晚期，《备城门》以下十一篇，成书则应在秦代。”① 李学勤更详考秦墨渊源：

> 苏时学的见解有独到之处。他指出城守各篇非一时所作，如《迎敌祠》篇称“公素服誓于太庙”，应作于秦称王以前；《号令》篇提到“王”，当成于秦称王之后。秦简也有类似的迹象，如《法律答问》引刑法本文有“公祠”，解说改作“王室祠”，可见本文是秦称王前制订的，解说则作于称王之后。按秦的称王在惠文君十三年，次年为更元元年。秦国墨学的兴盛，正是在惠文王的时期［……］秦惠文王时有墨者巨子腹䵍居秦，见《吕氏春秋·去私》，可见墨学的中心已转入秦国。据《吕》书《去宥》篇，惠文王时又有“秦之墨者唐姑果”，曾“恐王之亲谢子贤于己”，在王面前谗毁东方之墨者谢子。这证明秦惠文王时墨学隆盛，墨者深受秦王宠信。据《去宥》原文，唐姑果进谗时在惠文王末年。城守各篇或称“公”或称“王”，很可能是惠文王及其以后秦国墨者的著作，篇中屡称禽滑厘，墨学这一支派大约是禽子的徒裔［……］实际上战国晚期的秦国，不是只有法家一家之学，墨学的传流影响也占有相当重要的地位。②

即以清华简而言，程浩也认为：

---

① 陈直：《〈墨子·备城门〉等篇与居延汉简》，载陈直：《文史考古论丛》，天津古籍出版社1988年版，第268页。

② 李学勤：《秦简与〈墨子〉城守各篇》，载李学勤：《李学勤集》，黑龙江教育出版社1989年版，第307—308页。

> 战国时期墨家在楚国影响很大，《墨子·贵义》载墨子南游于楚，曾献“书”于楚惠王。细审清华简中的9篇“书”类文献，多载商汤、伊尹是，不讳言鬼神，与墨子商人后裔的身份以及墨家“明鬼”的思想有着千丝万缕的关系。再加上《墨子·尚同中》引《说命》一句较《缁衣》更近于清华简，我们猜想清华简的“书”类文献较多受到墨家影响。①

说《厚父》作于墨者，尚有一旁证。其篇中言及酒戒，自整理者赵平安以下，皆以比附于《尚书》之《酒诰》，乃“坚决禁酒”②。刘国忠更是认为：“如果我们承认《厚父》篇是周武王本人与厚父对话的原始记录的话，我们对于这二者关系的认识可能应该颠倒过来，是《厚父》中所体现的禁酒思想对于周人产生了影响，并最终导致了周人的禁酒和《酒诰》的出现。”③ 实则细绎二文，其要旨皆在建构区分，二文之别在所建区分之异。《酒诰》曰：“厥或诰曰：‘群饮’，汝勿佚，尽执拘以归于周，予其杀！又惟殷之迪诸臣惟工，乃湎于酒，勿庸杀之，姑惟教之。”④ 其禁酒乃是针对周人而非殷人，是为了避免周人沾染殷人恶习。《厚父》曰：“酒非食，惟神之飨。”则酒仅用于祭祀，而禁人饮酒。墨家节用，但是于祭祀则务为丰盛。《墨子·尚同》中：圣王“率天下之万民，齐戒沐浴，洁为酒醴粢盛，以祭祀天

---

① 程浩：《古书成书研究再反思——以清华简“书”类文献为中心》，载《历史研究》，2016年第4期，第135页脚注⑥；参程浩：《“书”类文献先秦流传考——以清华藏战国竹简为中心》，清华大学人文学院历史系博士学位论文，2015年，第175—178页。

② 赵平安：《〈厚父〉的性质及其蕴含的夏代历史文化》，载《文物》，2014年第12期，第84页。

③ 刘国忠：《也谈清华简〈厚父〉的撰作时代和性质》，载《扬州大学学报》，2017年第6期，第94页。

④ 旧题［西汉］孔安国注、［唐］孔颖达疏：《尚书注疏》，载［清］阮元校刻：《十三经注疏》，第1册，艺文印书馆2007年版，第211页。

鬼。其事鬼神也，酒醴粢盛不敢不蠲洁，牺牲不敢不腯肥，珪璧币帛不敢不中度量，春秋祭祀不敢失时几。”① 因此，《厚父》之戒酒并不同于《酒诰》之周道，而符于墨家之夏政。

可由此申说者，陈梦家考证伏生《尚书》颇有秦制，认为：

> 秦始皇七十博士中，或有治《尚书》者，而其所治或秦之官本也。汉世“言《尚书》自济南伏生”[……]则汉世所传《尚书》，或秦博士官本也；伏生或即秦《尚书》博士[……]以伏生《尚书》中有与秦事相关者，则其编成定本当在秦并六国之后。②

此说可谓发千古之覆。陈氏进而推论：“当时齐、鲁的儒者为了给秦始皇的新制度找文献的根据，局部的修订他们经文传本，是可能的。”③ 此言殊为无据，乃囿于传《尚书》者必为儒者。以今观之，秦官本《尚书》或出秦墨，即作《厚父》者。《史记》卷一〇一《袁盎晁错列传》言晁错“学申商刑名于轵张恢先所”，又“受《尚书》伏生所”④，从其此后的言行来看，二者在晁错一身之中浑然一体，毫无冲突。错传《尚书》之学而为申商之行，此一学脉绝不出于仲尼，当始于秦墨之为《厚父》者一系。

战国之时，诸家多托于古以张己说。廖平《书经大统凡例》曰：

> 书中帝王年号，如傀儡登场，不过装饰仪表，借以立名。《韩

① 《墨子》，[清]孙诒让《间诂》本，上册，中华书局2001年版，第82—83页。

② 陈梦家：《尚书通论》，中华书局2005年版，第132—133页。

③ 同上书，第342页。

④ [西汉]司马迁：《史记》，第8册，中华书局2013年版，第3306页。

非·显学篇》言："孔墨俱道尧舜，而取舍不同，皆自谓真尧舜。尧舜不复生，谁定儒墨之是非？"由儒墨（儒家之尧舜美备，墨家之尧舜质野。）推之诸子，道家之尧舜天神，农家之尧舜并耕，兵家之尧舜战争，法家之尧舜明察，各执一偏，言人人殊，皆非真尧舜也。善夫！曾文正之言曰："汉高祖不知有是人否？"兹为增一转语曰："《书》中尧、舜、禹、汤、文、武、周公、成、康，不知有是人否？"故学说中之皇帝王伯，皆如六书假借之例，不宜以迹象拘之也。①

郭永秉认为：

此篇是《夏书》，但绝非认为此篇的著作时代就是夏代，这个道理是很浅显的［……］《厚父》的思想和语言，基本上同周初的《尚书》和西周金文中反映出来的情况是高度一致的，因此《厚父》完全有可能是在西周流传的夏代传说基础之上编写出来以顺应周朝统治的一篇文章。②

王永昌也提出："《厚父》篇应该是周代的作者以'夏代孔甲以后某王与其大臣厚父的对话'为素材，融入了当时的思想观念进行演绎而成。或者是依托夏代的某位王与其大臣厚父为对话主体，阐明当时作者的治国理念，《厚父》篇当为《周书》中的一篇。"③ 王坤鹏在指出"《厚父》与'虞夏书'的关系比较密切"的同时，特意强调：

---

① 廖平：《书经大统凡例》，舒大纲、杨世文主编：《廖平全集》，第4册，上海古籍出版社2015年版，第28页。

② 郭永秉：《论清华简〈厚父〉应为〈夏书〉之一篇》，载李学勤主编：《出土文献》，第七辑，中西书局2015年版，第131页。

③ 王永昌：《清华简〈厚父〉篇的文献性质研究》，载《鲁东大学学报》，2016年第4期，第69页。

> 所谓“虞夏书”只是经学史上的一个概念，指代一批记述或演绎虞夏时期历史故事的先秦文献。像《厚父》这样的文献，并非就是虞夏时期的档案或实录。相反，这类文献虽然具有早期历史的若干史影，但从其表达的思想以及用词来看，多具有比较浓厚的战国时期的子学色彩。[①]

蒙文通也对战国以子篡史的风气有着精当的概括：

> 到了战国时期，《春秋》由大夫家史发展而成为诸子，便是专以理论阐述为中心的作品了。虽然它也征引了一些史事，但其目的只是为了阐明其思想理论。以致常常出现用自己的思想、观点来把历史加以改造而使它背离了历史的真实。这些作品中所记的史事，其史料价值也就大大降低了。[②]

《厚父》正是墨家托于夏政之作。

《厚父》中所托之王为谁？马楠[③]、程浩[④]、李学勤[⑤]、杜勇[⑥]、

---

① 王坤鹏：《简论清华简〈厚父〉的相关问题》，见 http://www.gwz.fudan.edu.cn/SrcShow.asp?Src_ID=2546。

② 蒙文通：《周代学术发展论略》，载蒙文通：《古学甄微》，巴蜀书社1987年版，第15页。

③ 李学勤引马楠语，见李学勤：《清华简〈厚父〉与〈孟子〉引〈书〉》，载《深圳大学学报》，2015年第3期，第34页。

④ 程浩：《清华简〈厚父〉“周书”说》，载李学勤主编：《出土文献》，第五辑，中西书局2014年版，第147页。

⑤ 李学勤：《清华简〈厚父〉与〈孟子〉引〈书〉》，载《深圳大学学报》，2015年第3期，第34页。

⑥ 杜勇：《清华简〈厚父〉与早期民本思想》，载《西华师范大学学报》，2016年第2期，第15—17页；杜勇：《清华简〈厚父〉“王若曰”之“王”考实》，载《邯郸学院学报》，2017年第3期，第73—75页。

刘国忠[①]认为是周武王；黄国辉则泛言“周王”，具体何王“还有待进一步研究确认”[②]。郭永秉、王永昌、王坤鹏以之为孔甲之后的某位夏王[③]，但是“无法确定《厚父》的‘王’究竟是孔甲之后的哪一个夏王。”[④]。福田哲之以《厚父》属之《商书》[⑤]，子居、张利军认为是商汤[⑥]。察其文中已明言孔甲后之王“坠厥命，亡厥邦”，则夏已亡，自然当非夏王[⑦]。福田哲之论曰：“《厚父》中王与厚父的问答，是将夏的灭亡作为历史的教训，以天与民作为主题展开的，包括对于戒酒的言及，以及以民为中心的后半部分的问答，也应该在这一贯的背景之中来理解。因此，可以说将与厚父问答的王直接理解为商王最为稳当。”墨家“背周道而用夏政”(《淮南子·要略》)[⑧]，不会托于周王。于是此所托之“王”只能是商王，最有可能是成汤。若然，则《厚父》篇首言“禹浚川”，正是模拟《洪范》武王访于箕

① 刘国忠:《也谈清华简〈厚父〉的撰作时代和性质》，载《扬州大学学报》，2017年第6期，第92—93页。

② 黄国辉:《清华简〈厚父〉新探——兼谈用字和书写之于古书成篇与流传的重要性》，载《清华大学学报》，2016年第3期，第64页。

③ 郭永秉:《论清华简〈厚父〉应为〈夏书〉之一篇》，载李学勤主编:《出土文献》，第七辑，中西书局2015年版，第129—130页；王永昌:《清华简〈厚父〉篇的文献性质研究》，载《鲁东大学学报》，2016年第4期，第69页；王坤鹏:《论清华简〈厚父〉的思想意蕴与文献性质》，载《史学集刊》，2017年第2期，第38页。

④ 同上书，中西书局2015年版，第129页。

⑤ [日]福田哲之:《清华简〈厚父〉的时代暨其性质》，载台湾大学文学院编:《先秦两汉出土文献与学术新视野国际研讨会论文集》，台湾大学文学院2015年版，第173—187页。

⑥ 子居:《清华简〈厚父〉解析》，载http://www.ctwx.tsinghua.edu.cn/publish/cetrp/6831/2015/20150428171432545304531/20150428171432545304531_.html；张利军:《清华简〈厚父〉的性质与时代》，载《管子学刊》，2016年第3期，第103—111页。

⑦ 杜勇、刘国忠已指出这一点。杜勇:《清华简〈厚父〉与早期民本思想》，载《西华师范大学学报》，2016年第2期，第15页；刘国忠:《也谈清华简〈厚父〉的撰作时代和性质》，载《扬州大学学报》，2017年第6期，第92页。

⑧《淮南子》，张双棣《校释》本，下册，北京大学出版社2013年版，第2199页。

子，包括厚父所言“天降下民”，都属于套语写作，而丝毫不顾及套语与真实思想之间的脱节。

至此，我们可以推定，《厚父》当成书于战国，是秦墨为了确立自身的重法理论，模仿《尚书》而撰作的“语”类作品。

第三节　小　结

清华简第五册《厚父》一文，所叙殆为成汤灭夏立商，咨于有夏遗臣厚父之作。而篇首亦追溯夏后建邦，始于大禹浚川。其开篇行文模仿《洪范》，而于篇中所叙治国之要，远逊洪范九畴，殆非周史所传旧文，更非孔子所删《尚书》，当出战国之世。周人撰述中，开篇即言天命禹浚川者有《豳公盨》，而归于克用兹德，斯诚周礼之故辙。以《厚父》与《豳公盨》对读，在开篇共有的禹浚川之后，二者的歧异极为明晰：《豳公盨》与《尚书》学，尤其是《洪范》相一致，继之以德；《厚父》则恰相背反，执之以刑——既以皋陶之威延于夏启，又揄扬孔甲典刑，为先哲王。《国语》以孔甲为夏衰之始，《厚父》乃谓背孔甲方致夏亡。这一替换所导致的逆差，正凸显了法家对于儒家的逆反：于刑德二者，弃德明刑[①]。

墨者诵《诗》《书》无异于儒，而背周道以用夏政。墨者巨子腹䵍于秦惠王前严守墨者之法。《厚父》当成书于战国，是秦墨为了确立自身的重法理论，模仿《尚书》而撰作的“语”类作品。

晁错传《尚书》之学而为申商之行，此一学脉绝不出于仲尼，当始于秦墨之为《厚父》者一系。

① 刘国忠认为：“清华简《厚父》的学术价值，主要体现在它对于后来的《酒诰》和周初禁酒政策的影响上面，也体现在它对于周人的夏代史观和德政思想的影响上面。”刘国忠：《也谈清华简〈厚父〉的撰作时代和性质》，载《扬州大学学报》，2017 年第 6 期，第 95 页。这两点恰恰都不能成立。

第六章
“德”“位”分合：孔孟复礼与中国德性政治之奠定

华夏古典政制是德性政制，即道德与政制合一的制度。这主要体现在两个方面，一方面，道德必须由社会群体来承载，其核心是家族；另一方面，道德无法直接成为或支撑制度，制度的实现需要权力的支撑，权力在传统中国主要是君权。质言之，华夏古典政制的核心是：家族承载道德，君权支撑制度。

这种道德与权力合一的制度主要体现在周礼体系中。《尚书》中的“三圣王”奠定了周礼体系的基本格局。其要点有三。其一，尧定历法，顺天行政，奠定了天人合一的传统；其二，舜任官授职，委任贤臣，奠定了“位”“德”合一的传统；其三，禹平治水土，划分服贡，使得血缘与地缘合一，奠定了孝治合一的传统。天人合一、“位”“德”合一与孝治合一，共同奠定了周礼、儒学，以至华夏文明的根基。

在由三圣王所奠定的三个“合一”的格局之中，天人合一和孝治合一基本上都得到遵守和贯彻，并成为“德”的主要内涵，华夏三千年的变局实际上出现在“德”“位”问题上。

本章即以“德”“位”之分合，着重探讨春秋战国礼崩乐坏之后，孔孟对周礼的创造性转换，以及由此而奠定的华夏德性政制的基本格局。

第一节 周礼：以“位”定“德”

章太炎《检论》卷二《礼隆杀论》：“礼者，法度之通名，大别则官制、刑法、仪式是也。周官三百七十有余品，约其文辞，其凡目在畴人世官。”① 周礼体制并非仅仅只是一套具体的礼节仪式，而是包含礼之义、职官制度、法令规章、礼节仪式在内的一整套王朝典制。

周王是国家的象征，也是最高权力的拥有者，统领天下万邦。西周文献对此多有称述：

《尚书·周书·洛诰》：“曰其自时中乂，万邦咸休，惟王有成绩。”②

《盠方彝》：“天子丕假丕基，万年保我万邦。”③

《史墙盘》：“曰古文王［……］抚有上下，会受万邦。”④

《大克鼎》：“丕显天子，天子其万年无疆，保乂周邦，畯尹四方。”⑤

《诗·小雅·北山》：“溥天之下，莫非王土，率土之滨，莫非王臣。”郑《笺》：“此言王之土地广矣，王之臣又众矣，何求

---

① 章太炎：《检论》，载《章太炎全集》，第三卷，上海人民出版社2014年版，第405页。

② 旧题［西汉］孔安国注、［唐］孔颖达疏：《尚书注疏》，载［清］阮元校刻：《十三经注疏》，第1册，艺文印书馆2007年版，第229页。

③ 《盠方彝》，铭文拓片及释文均据《殷周金文集成》09899.1，释文用宽式。中国社会科学院考古研究所编：《殷周金文集成》，第6册，中华书局2007年修订增补本，拓片与释文：第5208页。

④ 《史墙盘》，铭文拓片及释文均据《殷周金文集成》10175，释文用宽式。中国社会科学院考古研究所编：《殷周金文集成》，第7册，中华书局2007年修订增补本，拓片：第5484页，释文：第5485页。

⑤ 《大克鼎》，铭文拓片及释文均据《殷周金文集成》02836，释文用宽式。中国社会科学院考古研究所编：《殷周金文集成》，第2册，中华书局2007年修订增补本，拓片：第1514页，释文：第1515页。

而不得，何使而不行。”①

而作为周王权力来源的，只能是明明上天：

《尚书·周书·康诰》：“天乃大命文王，殪戎殷，诞受厥命。”②

《大盂鼎》：“丕显文王，受天有大命。”③

《诗·大雅·大明》：“有命自天，命此文王……笃生武王。保右命尔，燮伐大商。”④

石井宏明综合各家之说，指出：“一般认为商王朝时期没有‘天子’称号，是西周时期前期才出现的。”⑤正是为了凸显周王与上天的关系，周族创造了“天子”一词作为王的尊称⑥。赵伯雄指出：“天子之称的含义，就在于天子是‘以天为宗’。”⑦赵说甚是。《尚书·周书·召诰》载召公曰：“呜呼！有王虽小，元子哉！”伪孔《传》：“召公叹曰，有成王虽少，而大为天所子。”⑧正可证成赵说。

---

① ［西汉］毛公传、［东汉］郑玄笺、［唐］孔颖达疏：《毛诗注疏》，载［清］阮元校刻：《十三经注疏》，第 2 册，艺文印书馆 2007 年版，第 444 页。

② 旧题［西汉］孔安国注、［唐］孔颖达疏：《尚书注疏》，载［清］阮元校刻：《十三经注疏》，第 1 册，艺文印书馆 2007 年版，第 201 页。

③《大盂鼎》，铭文拓片及释文均据《殷周金文集成》02837A，释文用宽式。中国社会科学院考古研究所编：《殷周金文集成》，第 2 册，中华书局 2007 年修订增补本，拓片：第 1516 页，释文：第 1517 页。

④ ［西汉］毛公传、［东汉］郑玄笺、［唐］孔颖达疏：《毛诗注疏》，载［清］阮元校刻：《十三经注疏》，第 2 册，艺文印书馆 2007 年版，第 542—543 页。

⑤ ［日］石井宏明：《东周王朝研究》，中央民族大学出版社 1999 年版，第 129 页。

⑥ 黄然伟：《殷周青铜器赏赐铭文研究》，龙门书局有限公司 1978 年版，第 217 页。

⑦ 赵伯雄：《周代国家形态研究》，湖南教育出版社 1990 年版，第 293—294 页。

⑧ 旧题［西汉］孔安国注、［唐］孔颖达疏：《尚书注疏》，载［清］阮元校刻：《十三经注疏》，第 1 册，艺文印书馆 2007 年版，第 221 页。参顾炎武《日知录》卷二“元子”条。见《原抄本日知录》，明伦书局 1975 年版，第 43—44 页。

沈文倬认为，在殷周时代，贵族在政治上、思想上是依靠和运用天命思想来建立和巩固它的统治的。就是说，贵族的大小等级是依据天帝所赋予的德性来确立的。命是天授的，因而天帝命定的等级是不容僭越的。而这种不容僭越的等级身份，要用“礼”来表现，这样，“礼”和天命就直接联系起来了。具有何种等级就用何种礼典；有的礼典只有某一级贵族举行，比如觐礼只有王才能举行；有的礼典各级贵族都能举行而仪式不同，比如射礼，诸侯举行“大射”，而卿大夫在乡、州一级政权机构里举行的是“乡射”；又如婚、丧之礼，自天子至庶人都能举行，而在器物、仪式上加以区别，但又允许“摄盛”。每一礼典举行时，参加者各按其等级身份使用着不同的器物，同时表演着与等级相适应的仪容动作。差别极为森严，丝毫不容差忒。差忒了，不但要给予“非礼”的谴责，而且要被视作僭越、犯上、篡夺而加以罪戾。《左传》成公十三年载刘康公的话：“民受天地之中以生，所谓命也。是以有动作礼义威仪之则，以定命也。能者养以之福，不能者败以取祸。”就是这个意思。等级差别是唯一重要的[①]。

周代的权力建构和社会控制实际是通过严格到僵化的等级制度来实现的。周礼等级制度包含两个方面，一是世官制。沈文倬尝道周礼“宗周存在过世官制度［……］世官制度在西周曾实行过［……］世官也有可能成为世学呢！”[②]钱宗范也认为：“贵族世世代代继承上一代的职位，固定做其一种官，也就是说一种官职永远由其一族的族长来承担，这一族的成员也世代从事族长所管理的某一种职业。以谓‘学在王官’‘官有世功，则有官族’，即指此类的世官。”[③]《周

① 沈文倬：《略论礼典的实行和仪礼书本的撰作》，载沈文倬：《宗周礼乐文明考论》，浙江大学出版社2006年第2版，第4—5页。

② 沈文倬：《略论宗周王官之学》，载沈文倬：《宗周礼乐文明考论》，浙江大学出版社2006年第2版，第120页。

③ 钱宗范：《西周春秋时代的世禄世官制度及其破坏》，载《中国史研究》，1989年第3期，第23—24页。

礼·地官·大司徒》施十有二教，“十曰以世事教能，则民不失职。”郑《注》：“世事，谓士农工商之事，少而习焉，其心安焉，因教以能，不易其业。”贾《疏》：“父祖所为之业，子孙述而行之，不失本职，故云以世事教能，则民不失职也。”①《周礼·冬官考工记·总叙》：“巧者述之，守之世，谓之工。”郑《注》：“父子世以相教。”又五材之工下，郑《注》：“其曰某人者，以其事名官也。其曰某氏者，官有世功，若族有世业，以氏名官者也。”贾《疏》：“其曰某氏者，其义有二：一者，官有世功，则以官为氏，若韦氏、裘氏、冶氏之类是也；二者，族有世业。以氏名官。若凫氏、栗氏之等是也。”②《左传》隐公八年：“官有世功，则有官族，邑亦如之。”杜《注》：“谓取其旧官、旧邑之称以为族。皆禀之时君。”③《左传》僖公九年：“宋襄公即位，以公子目夷为仁，使为左师以听政，于是宋治。故鱼氏世为左师。”④

可见，周礼体制的特色即为政治制度与道德修养合二为一，也就是“位”“德”合一，以“位”定“德”。《易·艮·象传》：“君子以思不出其位。”⑤《论语·宪问》：“曾子曰：‘君子思不出其位。’”《论语·泰伯》：“子曰：‘不在其位，不谋其政’。”《左传》庄公十年亦言“肉食者谋之”，曹刿所谓“肉食者鄙”⑥，也正是因为肉食

① ［东汉］郑玄注、［唐］孔颖达疏：《周礼注疏》，载［清］阮元校刻：《十三经注疏》，第3册，艺文印书馆2007年版，第151—152页。

② 同上书，第595、596页。

③ ［西晋］杜预注、［唐］孔颖达疏：《春秋左传注疏》，载［清］阮元校刻：《十三经注疏》，第6册，艺文印书馆2007年版，第76页。

④ 同上书，第220页。

⑤ ［三国·魏］王弼注经、［东晋］韩康伯注传、［唐］孔颖达疏：《周易注疏》，载［清］阮元校刻：《十三经注疏》，第1册，艺文印书馆2007年版，第116页。

⑥ ［西晋］杜预注、［唐］孔颖达疏：《春秋左传注疏》，载［清］阮元校刻：《十三经注疏》，第6册，艺文印书馆2007年版，第146页。

者“思不出其位”，故而未能远虑。于是周礼以“位”定“德”的“德”，实际是“物所得以生”的内在根据，是一物所以区分于他物的特性①。

第二节 春秋：“位”“德”分离

但到春秋时期，礼坏乐崩，最为突出的表现即是“位”“德”不符。一方面是有德者无位，另一方面是在位者失德，身居高位者道德堕落。顾炎武《日知录》卷十七“周末风俗”条曰：

> 《春秋》终于敬王三十九年庚申之岁，西狩获麟。又十四年，为贞定王元年癸酉之岁，鲁哀公出奔。二年，卒于有山氏，《左传》以是终焉。又六十五年，威烈王二十三年戊寅之岁，初命晋大夫魏斯、赵籍、韩虔为诸侯。又一十七年，安王十六年乙未之岁，初命齐大夫田和为诸侯。又五十二年，显王三十五年丁亥之岁，六国以次称王，苏秦为从长。自此之后，事乃可得而纪。自《左传》之终以至此，凡一百三十三年，史文阙轶，考古者为之茫昧。如春秋时犹尊礼重信，而七国则绝不言礼与信矣；春秋时犹宗周王，而七国则绝不言王矣；春秋时犹严祭祀重聘享，而七国则无其事矣；春秋时犹论宗姓氏族，而七国则无一言及之矣；春秋时犹宴会赋诗，而七国则不闻矣；春秋时犹有赴告策书，而七国则无有矣。邦无定交，士无定主，此皆变于一百三十三年之间，史之阙文，而后人可以意推者也。不待始皇之并天下，而文武之道尽矣！②

---

① 参张岱年：《中国古典哲学概念范畴要论》，中国社会科学出版社 1989 年版，第 154 页。

② ［清］顾炎武：《原抄本日知录》，明伦书局 1975 年版，第 375 页。

常金仓《周代礼俗研究》也指出，“礼坏乐崩的逻辑发展”为僭越、怠慢、贬损、变故、因俗、礼文繁缛与礼文不具、其他[①]。于是周礼便不再是诸侯权力的根基，而恰恰成为其统治的障碍。

> 《孟子·万章》下：“北宫锜问曰：‘周室班爵禄也，如之何？’孟子曰：‘其详不可得闻也。诸侯恶其害己也，而皆去其籍。’”[②]
>
> 《汉书》卷二十二《礼乐志》：“及其衰也，诸侯逾越法度，恶礼制之害己，去其篇籍。遭秦灭学，遂以乱亡。”[③]

面对这种“德”“位”不一的状况，孔子大胆地改造了周礼体系，在礼上加仁，将传统表位的“君子”一称用以表成德之名。孔子的有教无类，也培养了一大批有“德”无“位”的君子。孔子本人即是有圣德而无君位，儒家称之为“素王”[④]。但这样一来，导致孔子虽以复兴周礼为己任，却难以恢复作为周礼根基的“位”“德”合一，尤其不可能以“位”定“德”。而更为尴尬的，则是周礼的“位”“德”合一是以“位”定“德”，而“位”则通过天子，可上溯于天命。然而当“位”“德”分离之后，“德”就无所附丽，失去了自身的根据。

于是必须为“德”另寻根据。

《左传》昭公五年女叔齐、昭公二十五年子大叔均曾区分礼与

---

① 常金仓：《周代礼俗研究》，黑龙江人民出版社 2005 年版，第 180—197 页。
② 《孟子》，[清]焦循《正义》本，下册，中华书局 1987 年版，第 675 页。
③ [东汉]班固：《汉书》，中华书局 1962 年版，第 4 册，第 1029 页。
④ 参杜预《春秋序》“修《春秋》，立素王”句孔颖达《正义》。[西晋]杜预注、[唐]孔颖达疏：《春秋左传注疏》，载[清]阮元校刻：《十三经注疏》，第 6 册，艺文印书馆 2007 年版，第 16—17 页。

仪[①]。基于此，孔子将周礼之义概括为“敬”，以敬区分礼仪与礼义。《论语·为政》：“子游问孝。子曰：‘今之孝者，是谓能养。至于犬马，皆能有养；不敬，何以别乎？’”[②]《说苑·修文》引孔子曰：“无体之礼，敬也。”[③]《孟子·离娄》上：

曾子养曾皙，必有酒肉。将彻，必请所与。问：“有馀？”必曰：“有。”曾皙死，曾元养曾子，必有酒肉。将彻，不请所与。问：“有馀？”曰：“亡矣。”将以复进也。此所谓养口体者也。若曾子，则可谓养志也。事亲若曾子者可也。[④]

如曾元般只是养口体，虽合礼仪，却无礼义，有貌而无心。周礼是一个基于天命，以“位”定“德”的体系，因此虽然也强调敬，如《左传》僖公十一年：“敬，礼之舆也”[⑤]，但此“敬”实为“敬畏”。《尚书》中众多的“畏”、“畏威”无论已，《周书》中虽然有“敬德”(《召诰》、《无逸》)[⑥]，也强调“敬典”，《康诰》：“汝亦罔不克敬典”，“勿替敬典”，孔《传》：“勿废所宜敬之常法。”[⑦]《逸周书·周

① ［西晋］杜预注、［唐］孔颖达疏：《春秋左传注疏》，载［清］阮元校刻：《十三经注疏》，第 6 册，艺文印书馆 2007 年版，第 745、888 页。

② 《论语》，［清］刘宝楠《正义》本，上册，中华书局 1990 年版，第 48—49 页。

③ ［西汉］刘向纂辑：《说苑》，向宗鲁《校证》本，中华书局 1987 年版，第 497 页。

④ 《孟子》，［清］焦循《正义》本，上册，中华书局 1987 年版，第 524 页。

⑤ ［西晋］杜预注、［唐］孔颖达疏：《春秋左传注疏》，载［清］阮元校刻：《十三经注疏》，第 6 册，艺文印书馆 2007 年版，第 222 页。

⑥ 旧题［西汉］孔安国注、［唐］孔颖达疏：《尚书注疏》，载［清］阮元校刻：《十三经注疏》，第 1 册，艺文印书馆 2007 年版，第 222、243 页。

⑦ 同上书，第 205、206 页。

祝》："陈五刑，民乃敬。"又《谥法》："合善法典曰敬。"①《左传》襄公三十一年北宫文子论"威仪"曰："有威而可畏谓之威，有仪而可象谓之仪。"②而无论是"敬德"还是"敬典"，"敬"都是"敬畏"之义。《说文》九上《茍部》："敬，肃也。"③《尔雅·释诂》下："俨、恪、祗、翼、諲、恭、钦、寅、熯，敬也。"④孔子则将"敬畏"改为"敬爱"。《礼记·哀公问》载孔子曰：

> 古之为政，爱人为大。所以治爱人，礼为大。所以治礼，敬为大。敬之至矣，大昏为大。大昏至矣！大昏既至，冕而亲迎，亲之也。亲之也者，亲之也。是故君子兴敬为亲，舍敬是遗亲也。弗爱不亲，弗敬不正。爱与敬，其政之本与！⑤

孔子并在礼上加"仁"，以"爱人"为"仁"(《论语·颜渊》)⑥。《广雅·释诂》四："爱，仁也。"《左传》昭公二十年："及子产卒，仲尼闻之，出涕曰，古之遗爱也。"⑦王引之《经义述闻》引家大人释曰："爱即仁也。谓子产之仁爱，有古人之遗风。"⑧《礼记·表记》："仁者，人也。"郑《注》："人也，谓施以人恩也。"孔《疏》："仁谓施

---

① 《逸周书》，黄怀信、张懋镕、田旭东《汇校集注》本，下册，上海古籍出版社 2007 年版，第 1056、671 页。

② ［西晋］杜预注、［唐］孔颖达疏：《春秋左传注疏》，载［清］阮元校刻：《十三经注疏》，第 6 册，艺文印书馆 2007 年版，第 690 页。

③ ［东汉］许慎：《说文解字》，中华书局 1963 年版，第 188 页。

④ ［东晋］郭璞注、［北宋］邢昺疏：《尔雅注疏》，载［清］阮元校刻：《十三经注疏》，第 8 册，艺文印书馆 2007 年版，第 23 页。

⑤ ［东汉］郑玄注、［唐］孔颖达疏：《礼记注疏》，载［清］阮元校刻：《十三经注疏》，第 5 册，艺文印书馆 2007 年版，第 849 页。

⑥ 《论语》，［清］刘宝楠《正义》本，下册，中华书局 1990 年版，第 511 页。

⑦ ［西晋］杜预注、［唐］孔颖达疏：《春秋左传注疏》，载［清］阮元校刻：《十三经注疏》，第 6 册，艺文印书馆 2007 年版，第 862 页。

⑧ ［清］王引之：《经义述闻》，江苏古籍出版社 1985 年版，第 465 页。

以人恩，言施人以恩，正谓意相爱偶人也。”① 问题是“爱”又从何而来？《论语·学而》：“有子曰：‘其为人也孝悌，而好犯上者，鲜矣；不好犯上，而好作乱者，未之有也。君子务本，本立而道生。孝悌也者，其为仁之本欤。’”② 不犯上作乱，即是“无违”，即是合于礼。有子此语，乃谓修德始于孝悌，经礼而达仁。而所谓“孝为仁之本”，正透露了“仁”的根基在于“孝”。仁即是爱人，爱则是由孝中“提取”。由是，儒家之仁爱，便以人伦网格为中介，始于孝亲，以亲亲之杀的差序格局，达至泛爱众，终于立身。于是礼的根据就由外在的天命转变为内在的心性。与儒家不同，墨家虽也讲爱人，但墨家的爱系由爱己之中“提取”。提取物的差异，决定了被提取物的不同，于是墨家的爱人便没有人伦网格作为中介，而是由爱己直接逆转，《墨子·兼爱》中：“视人之国若视其国，视人之家若视其家，视人之身若视其身”③，一举直接达至“兼爱”。所以《墨子·非儒》下批评儒者“言亲疏尊卑之异”④。于是兼爱便是一个人直接面对所有人的爱，没有儒家亲亲之杀的等差，绝不最爱我爸爸。因此孟子批评墨者夷之曰：“天之生物也，使之一本，而夷之二本故也。”（《孟子·滕文公》上）甚且直斥“杨氏为我，是无君也。墨氏兼爱，是无父也。无父无君，是禽兽也。”（《孟子·滕文公》下）荀子也不满墨家“僈差等，曾不足以容辩异，县君臣。”（《荀子·非十二子》）⑤

孔子既以仁德基于内在心性，于是相对于周礼的“位”“德”合一来说，孔子的“位”“德”基本上是分离的。孔子即曾斥“今之从

① ［东汉］郑玄注、［唐］孔颖达疏：《礼记注疏》，载［清］阮元校刻：《十三经注疏》，第 5 册，艺文印书馆 2007 年版，第 909、910 页。
② 《论语》，［清］刘宝楠《正义》本，上册，中华书局 1990 年版，第 5—7 页。
③ 《墨子》，［清］孙诒让《间诂》本，上册，中华书局 2001 年版，第 103 页。
④ 同上书，第 287 页。
⑤ 《荀子》，［清］王先谦《集解》本，上册，中华书局 1988 年版，第 92 页。

政者”为“斗筲之人”(《论语·子路》)[①]。而他的反应一方面是有德者当疏离于无“德”之“位”,《论语·宪问》:“宪问耻，子曰：‘邦有道，谷；邦无道，谷，耻也。’”[②]另一方面则是提出“正名”，要求君要像个君的样子，臣要守臣的规矩[③]。可是这样的缘“位”以求“德”，仍然是周礼的老路。看来孔子并未找到实现“位”“德”合一的有效途径。不宁唯是，孔子的“德”以疏“位”，还引起了儒学内部思想的混乱。《论语·阳货》中宰我对三年之丧提出质疑，在宰我看来，既然儒者诗书礼乐，修养成德，乃是“为己”之学，“为仁由己”，那么为什么还要将这一“己”，硬生生地塞回到家族那僵化的“位”体系中去呢？于是孔子也是从心安，亦即从心性之德的角度，论证三年之丧的必要性[④]。但这样一来，孔子仍然仅仅提供了纯心性的论证，并未解决宰我的疑问，亦即“位”与“德”究竟有无关系？这也是摆在儒家面前的重大难题：如何重新联接“德”“位”？

第三节　孟子：以“德”定“位”

真正开创新局面的是孟子。孟子继承了孔子的思想，以仁为最高范畴，以恭敬之心说礼（《孟子·告子》上）[⑤]。同时，孟子也有着自己的思考，在孔子于礼上加仁之后，孟子于礼下加让，以辞让之心为礼之端（《孟子·公孙丑》上）[⑥]。孟子区分了现实世界中实有之位与依据每一人之德行所应有之位，前者孟子称之为“人爵”，后者

① 《论语》,［清］刘宝楠《正义》本，下册，中华书局1990年版，第540页。

② 同上书，第553页。

③ 《论语》,［清］刘宝楠《正义》本，上册，中华书局1990年版，第517—522、499页。

④ 《论语》,［清］刘宝楠《正义》本，下册，中华书局1990年版，第700—703页。

⑤ 《孟子》,［清］焦循《正义》本，下册，中华书局1987年版，第757页。

⑥ 《孟子》,［清］焦循《正义》本，上册，中华书局1987年版，第234页。

称之为“天爵”。“仁义忠信，乐善不倦，此天爵也；公卿大夫，此人爵也。”理想的秩序应当是“修其天爵而人爵从之”(《孟子·告子》上)①，亦即“人爵”应以“天爵”为依据。由此，孟子重新恢复了周礼的“位”“德”合一，只是将原来的以“位”定“德”颠倒为以“德”定“位”。于是，恭敬的实际含义，便是依据对方之“天爵”来行礼，而不论其“人爵”之尊卑；自“人爵”的角度来看，则可称之为礼贤下士。辞让更是拥有“人爵”之人，依据“天爵”以“位”与人，主动实现“位”“德”合一。至其极，如舜，其德至，便可以匹夫而为天子。于是“敬”不再占据孟子礼义体系的核心地位，而让位于“让”②。《穀梁传》定公元年：“求者，请也。古之人重请。何重乎请？人之所以为人者，让也。请道去让也，则是舍其所以为人也，是以重之。”③司马迁作《史记》，便是沿袭了孟子学说，其五体之开端，均为崇让：《五帝本纪》、《三代世表》为尧舜禅让，《礼书》当然崇让，《吴太伯世家》褒扬太伯让季历，《伯夷列传》也是伯夷叔齐让国。其《周本纪》中，更是以虞芮相让，作为文王化成天下的标志。《史记》卷二十三《礼书》序：“太史公曰：余至大行礼官，观三代损益，乃知缘人情而制礼，依人性而作仪，其所由来尚矣。”④这正是将王朝政典建基于人心，无疑是来源于孟子所言：“人皆有不忍人之心。先王有不忍人之心，斯有不忍人之政矣。以不忍人之心，行不忍人之政，治天下可运之掌上。”(《孟子·公孙丑》上)⑤孟子由此推导出新

① 《孟子》，［清］焦循《正义》本，下册，中华书局1987年版，第796页。

② 涂碧《孟子“四端说”评议》径谓“‘辞让之心’即‘恭敬之心’”，载谢祥皓编：《孟子思想研究》，山东大学出版社1986年版，第242页。未允。

③ ［东晋］范宁注、［唐］杨士勋疏：《春秋穀梁传注疏》，载［清］阮元校刻：《十三经注疏》，第7册，艺文印书馆2007年版，第187页。参杨树达：《春秋大义述》卷二“贵让”，上海古籍出版社2007年版，第89—96页。

④ ［西汉］司马迁：《史记》，第4册，中华书局2013年修订本，第1365页。

⑤ 《孟子》，［清］焦循《正义》本，上册，中华书局1987年版，第232页。

型的“德”“位”合一的政治原则——仁政[①]。宋代理学兴起之后，学者只注意到孟子的心性之学，普遍认为孟子转向了内心。实则孟子思想仍然基于孔子以来的儒家经学传统，关注政典。

汉承秦制，当时便普遍要求惩秦之弊，革秦苛政。于是文帝时开始奠定察举制为基本的选人制度[②]，这实际上就是孟子以“德”定“位”思想的现实化。文帝时以《孟子》立于博士学官（赵岐《孟子题辞》）[③]，绝非偶然[④]。或疑文帝时立传记博士，《孟子》特其一耳，似无重大影响。不过，文帝使博士作《王制》[⑤]，其中制度多有同于《孟子》者[⑥]，可见文帝规模汉家政制，极重孟子。甚至在汉儒看来，天子也是爵之一位，即明显受孟子影响。《白虎通德论·爵》：

> 天子者，爵称也。爵所以称天子何？王者父天母地，为天之子也。故《援神契》曰：“天覆地载，谓之天子，上法斗极。”《钩命决》曰：“天子，爵称也。”

试举汉代礼制之一例。汉以王者当立二王之后，所以通三统。武帝封周后为周子南君，元帝时使求殷后而不得，匡衡以为“宜以孔子世为汤后”，然“上以其语不经，遂见寝。”（《汉书》卷六十七《梅福

---

① 参翟廷晋：《孟子思想评析与探源》第四章第二节《性善论是孟子仁政学说的理论基础》，上海社会科学院出版社 1992 年版，第 100—106 页。

② 阎步克：《察举制度变迁史稿》，中国人民大学出版社 2009 年版，第 3 页。

③ ［东汉］赵岐：《孟子题辞》，载［清］焦循《孟子正义》，上册，中华书局 1987 年版，第 17 页。

④ 参李峻岫：《汉唐孟子学述论》，齐鲁书社 2010 年版，第 17—21 页。

⑤《礼记·王制》孔疏引卢植云：“汉孝文皇帝令博士诸生作此《王制》之书。”［东汉］郑玄注、［唐］孔颖达疏：《礼记注疏》，载［清］阮元校刻：《十三经注疏》，第 5 册，艺文印书馆 2007 年版，第 212 页。

⑥ 参金德建：《孟子王制所述制度相通之证》，载金德建：《古籍丛考》，中华书局、上海书店 1986 年版，第 94—101 页。

传》）[1]因孔子虽为殷之后人，但为旁系支庶，距嫡传过远。成帝时梅福复上疏，言“孔子故殷后也，虽不正统，封其子孙以为殷后，礼亦宜之。何者？诸侯夺宗，圣庶夺適，传曰，‘贤者子孙宜有土’，而况圣人，又殷之后哉！”（《汉书》卷六十七《梅福传》）[2]礼，“为人后者为之子”（《公羊传》成公十五年）[3]。霍光废昌邑王贺，即引用此言，然后以居丧不孝为由废之（《汉书》卷六十八《霍光传》）[4]。但梅福此议，“圣庶夺適”，就是认为孔子为圣人，其德高于殷商嫡孙，所以殷商嫡系应当依据“德”改由孔子后裔承继，这是典型的以“德”定“位”。汉廷最终采纳了梅福之议，成帝绥和元年二月癸丑诏，以殷后“莫正孔吉。其封孔吉为殷绍嘉侯。”（《汉书》卷十《成帝纪》）[5]

于是，正如赵翼《廿二史札记》卷二“汉初布衣将相之局”条所论，盖秦汉间为天地一大变局。自古皆封建诸侯，各君其国，卿大夫亦世其官，成例相沿，视为固然。秦皇尽灭六国，以开统一之局。汉祖既起自布衣，其臣亦自多亡命无赖之徒，立功以取将相。天之变局，至是始定。迨至七国反后，于是三代世侯世卿之遗法，始荡然净尽，而成后世征辟、选举、科目、杂流之天下矣[6]。

---

① ［东汉］班固：《汉书》，第9册，中华书局1962年版，第2926页。

② 同上书，第2925页。

③ ［东汉］何休注、［唐］徐彦疏：《春秋公羊传注疏》，载［清］阮元校刻：《十三经注疏》，第7册，艺文印书馆2007年版，第229页。

④ ［东汉］班固：《汉书》，第9册，中华书局1962年版，第2940页。

⑤ ［东汉］班固：《汉书》，第1册，中华书局1962年版，第328页。

⑥ ［清］赵翼：《廿二史札记》，中国书店1987年版，第21—22页。

第七章
至德之世与耕战立国："知母不知父"的中国谱系

《社会》杂志2014年第2、3期连载了吴飞《"知母不知父"的西方谱系》一文①，该文系统清理了19世纪后半期西方人类学界几位主要母权论者的思想，并对其文化根源进行了深入分析。其实正如吴文中所言，作为人类历史一环的所谓"母权社会"在西方学术界已遭到严厉批评，因此吴文的真实意义在于清理国内盛行多年的"母权社会"或"母系社会"②的理论前提。

在其长文的末尾，吴飞提出一个问题："为什么母权社会竟会在20世纪的中国社会科学界得到那么广泛的接受，并最终成为不容置疑的公理呢？"③吴文认为大体有三个方面的支撑：第一是西方学者的理论。"既然西方的母权理论早已崩塌，中国的母系论者就已经失去了最重要的支撑。"④第二是古代文献中的一些材料。"但正如潘光旦先

① 吴飞：《母权神话：知母不知父的西方谱系》(上)，载《社会》，2014年第2期，第33—59页；吴飞：《母权神话：知母不知父的西方谱系》(下)，载《社会》，2014年第3期，第1—36页。

② "母权"和"母系"概念之区分详参吴飞：《母权神话：知母不知父的西方谱系》(上)，载《社会》，2014年第2期，第33页脚注1，此不赘述。

③ 吴飞：《母权神话：知母不知父的西方谱系》(下)，载《社会》，2014年第3期，第34页。

④ 同上书，第35页。

生指出的，这些材料非常薄弱，与巴霍芬在西方古代文献中的发现不可同日而语。但就连巴霍芬都无法肯定古希腊母权社会的存在，这些似是而非的材料就更不能支撑母权社会在中国古代的存在了。"① 吴飞《近世人伦批判与母系论问题》一文中也说："总体而言，母系论者举出的大多数证据非常牵强。这些材料完全不必借助于母系论，都可以有比较周延的解释。"②

第三则是利用"许多古书中都有关于'知母不知父'的说法来支持母系社会的存在，比如，《商君书·开塞》：'天地设而民生之，当此之时也，民知其母而不知其父'；《吕氏春秋·恃君》：'昔太古尝无君矣，其民聚生群处，知母不知父'；《仪礼·丧服·传》：'禽兽知母而不知父'。"③ 吴文认为：

> 这些并不能被用作史料，因而这些说法的存在并不足以支撑母系社会的存在。不过，这些却是古代思想家对于上古之世的设想，比霍布斯明确提出知母不知父的问题要早了近两千年。难道中国古代思想家也曾经设想过母系社会的存在？④

可惜，吴文至此戛然而止："究竟如何来解读这些材料，怎样理解中国上古之世的社会形态，如何最终厘清母权社会问题对中国现代思想的影响，将是我们下一步的课题。"⑤ 在《近世人伦批判与母系论问题》

① 吴飞：《母权神话：知母不知父的西方谱系》（下），载《社会》，2014 年第 3 期，第 35 页。
② 吴飞：《近世人伦批判与母系论问题》，载《中国哲学史》，2014 年第 4 期，第 125 页。
③ 吴飞：《母权神话：知母不知父的西方谱系》（下），载《社会》，2014 年第 3 期，第 35 页。
④ 同上。
⑤ 同上书，第 36 页。

一文中，吴飞也写道：

> 民国这些学者还有第三方面的理据，那就是中国古代思想中的相关讨论，比如《庄子·盗跖》、《商君书·开塞》、《吕氏春秋·恃君》等都有上古之人“知母不知父”的说法，但首先，这些是先秦思想家对上古生活的一种猜想，不能作为史料，其次，“知母不知父”并不意味着就是母系社会。以这些说法证明母系社会的存在，更是没有根据的。关于这个方面，笔者将另外撰文讨论。①

西方“母权社会”学说体系的坍塌，为我们反思中国自身“知母不知父”之说的来龙去脉提供了契机。晚清民国之际，这一话语体系被引入中国。之后，被历史学家用来构造了中国上古时代的一个特定时期，以期证明中国的历史发展阶段不外乎于人类之普遍历史。

渠敬东认为：

> 社会学是应时代之巨变而产生的，她对于现代危机的体验、认识和判断，来源于多方面的深刻感受力和分析力，从经验、历史和观念的综合层面，从结构、机制和行动的多重维度出发，见微知著，通过一个个具体现象来呈现经验总体的构成逻辑以及不同区域和文明相互碰撞和交织而成的世界历史。正因为社会学自形成伊始就放眼整个世界的经验与历史，所以对于诸文明发展中的思想史。制度史以及社会史具有总体把握的能力，同时努力深入现实生活的完整经验世界之中，有着强烈的问题意识和社会关怀，才会成为一门全新的科学。②

---

① 吴飞：《近世人伦批判与母系论问题》，载《中国哲学史》，2014年第4期，第125页。

② 渠敬东：《返回历史视野，重塑社会学的想象力：中国近世变迁及经史研究的新传统》，载《社会》，2015年第1期，第3页。

中国"母系社会"说，正是面临中国历史"三千馀年一大变局"[①]之际，有识之士创建中国社会学以应对变局，其肇始即从整体上对中国古代某一阶段的社会性质进行根本判断，无论其具体结论是否可信，都开创了中国社会学的优良传统。此后无论是纯学理上的中国历史的社会学研究，如瞿同祖、李安宅、潘光旦等的研究，还是二十世纪二三十年代与现实政治密迩相关的中国社会史大论战，皆可溯源于斯。

渠敬东指出："今天的社会学虽然在古尔德纳（Gouldner，1967）所说的'次领域'（sub-sociology）做了很多工作，却很少进入到经验现象的复杂肌理中来透视总体生活的全貌。"[②]如何超越这繁琐的技术性？应星区分了"社会学思想传统"和"社会学思想史"，强调"如何理解或建构中国社会学思想传统，早已成为摆在社会学界的一个重要课题。"应星认为："中国社会学最可贵的思想传统在于：它是最早提出本土化的主张并卓有成效的学科。一般人认为社会学的本土化传统是吴文藻1943年在《社会学丛刊》的总序中提出的。而我认为对社会学的本土化传统可以理解得更宽泛一些。"其第一个阶段是以中学释西学，以严复为代表。第二个阶段则以刘师培、章太炎为代表，是以西学发明中学[③]。相应的，沈原也呼吁"大力开展中国社会学史的研究"[④]。毫无疑问，梳理中国社会学史，回归中国社会学思想传统，是疗治当今社会学琐碎之病的最好药方。而深入细致地研究中国

① ［清］李鸿章：《筹议制造轮船未可裁撤折》，载顾廷龙、戴逸主编：《李鸿章全集》，第5册，安徽教育出版社2008年版，第107页。

② 渠敬东：《返回历史视野，重塑社会学的想象力：中国近世变迁及经史研究的新传统》，载《社会》，2015年第1期，第3页。

③ 应星、吴飞、赵晓力、沈原：《重新认识中国社会学的思想传统》，载《社会学研究》，2006年第4期，第187—192页。

④ 同上书，第198页。

社会学史上的每一个重大命题，既是对于中国社会学史最为精致的建构，也是对于中国社会学思想传统最为诚挚的致敬。

重新回到中国古代的经典文本自身，我们发现，在道家和法家的思想脉络中，“知母不知父”具有各自独特的思想内涵。先秦文献自身展示的思想世界与20世纪套用西方学术术语对其进行的描述之间存在裂缝。在下文中，我们将梳理“知母不知父”的中国谱系，反思这一断裂对当今探索社会学本土化的意义。

第一节 “母系社会”的植入

吴飞说：“据笔者所见，康南海（有为）先生的《大同书》应该是中国思想界承认母系社会的第一部书。”①

《大同书》全书今存三个版本：一为康氏殁后其弟子钱定安整理本，1935年中华书局出版；二为1956年古籍出版社据康氏家族藏抄本，并参照已刊本校订重印；后发现康氏手稿八卷，分藏于上海博物馆和天津图书馆，与印本次序、内容出入颇多，1985年江苏古籍出版社影印出版，《续修四库全书》亦据以影印，姜义华等编校《康有为全集》复据手稿本标点排印。兹据《全集》本引录如下：

> 且在昔人类之初，固尚母姓，人皆以女系为传姓矣。故“姓”之为文从“女生”，姒、姬、妫、姞、奶，莫不从女。故至今野蕃之俗多有从母姓者，则太古各国之旧俗可推矣。今以四洲传母姓者考之：……盖上古之人，教化未行，婚姻不定，朝暮异夫，谁知所出，野合任意，难辨所生。《国语》述鲁桓公之言曰：同非吾子，齐侯之子也。故婚姻不定，则父子难信，故不如从母姓之确也。且母生有凭，父生难识，观阿里阿那可之烟剪人，生

① 吴飞：《母权神话：知母不知父的西方谱系》（上），载《社会》，2014年第2期，第34页脚注2。

双子则以为奸淫矣。夫阴阳交媾，其理甚微，今草木之生，雄蕊与雌蕊之交合，博学者犹难知之，况野人知识无多，故知有母而不知有父也。①

至于《大同书》的成书年代，则颇有争议。康氏于所著《我史》光绪十二年乙酉二十八岁条曰："从事算学，以几何著《人类公理》。……二十三日头痛大作，几死。……乃手定大同之制，名曰《人类公理》。以为吾既闻道，既定大同，可以死矣。"②其《大同书》甲乙两部最初载于《不忍》杂志，后又以此二部合并出版，康氏手书卷首题辞曰："吾年二十七，当光绪甲申，法兵震羊城，吾避兵居西樵山北银塘乡之七桧园澹如楼，感国难，哀民生，著《大同书》。"③《大同书》开篇则云："康有为生于大地之上，……吾地二十六周于日有余矣。"④可见"康氏对其乌托邦思想建立的日期，自己也有点不一致。"⑤在《大同书》全书出版数年后，钱穆即质疑其写作年代，

① 康有为：《大同书》，载姜义华、张荣华编校：《康有为全集》，第7集，中国人民大学出版社2007年版，第69—70页。参康有为：《大同书》，中华书局1935年版，第233—234页，"四洲"作"四海"；康有为：《大同书》，古籍出版社1956年版，第153—154页，"姒、姬、妫、姞、奶"作"如姬、姜、妫、姞"，"四洲"作"四海"；康有为：《康有为〈大同书〉手稿》，第2册，江苏古籍出版社1985年版，影印原稿：第40—42页，释文：第67—68页。

② 康有为：《我史》，载姜义华、张荣华编校：《康有为全集》，第5集，中国人民大学出版社2007年版，第65页。

③ 康有为：《大同书》，长兴书局1919年版，第65页。参康有为：《大同书》，中华书局1935年版，卷首题辞。

④ 康有为：《大同书》，载姜义华、张荣华编校：《康有为全集》，第7集，中国人民大学出版社2007年版，第3页。参康有为：《大同书》，中华书局1935年版，第1页；康有为：《大同书》，古籍出版社1956年版，第1页；康有为：《康有为〈大同书〉手稿》，江苏古籍出版社1985年版，原稿影印：第1页，释文：第1页。

⑤ 萧公权：《康有为思想研究》，汪荣祖译本，联经出版事业有限公司1988年版，第47页。

考证其书当如“梁氏（启超）谓著成当在辛丑、壬寅之间避地印度时。……长素必自谓在甲申居七桧园澹如楼者，与其《礼运注》之倒填年月，同一篝火狐鸣，所谓‘国师公欲篡圣统而伪造经典’，正不啻其自供状也。”[①] 此后萧公权作了进一步的论证[②]。虽然有许多学者为康氏自言的著述时间作出各种辩护[③]，但是康氏早年所著《人类公理》并非《大同书》初稿[④]，康氏自编年谱《我史》也是屡加修改“倒填年月”[⑤]，随着《大同书》手稿的发现与公布，其著于1901—1902年

---

① 钱穆：《中国近三百年学术史》，下册，商务印书馆1997年版，第777页。奇怪的是，此后所有关于“倒填年月”的指责都只针对汤志钧，却无人提及钱穆。

② 萧公权：《康有为思想研究》，汪荣祖译本，联经出版事业有限公司1988年版，第48—54页。

③ 李泽厚：《“大同书”的评价问题与写作年代——简答汤志钧先生》，载《文史哲》，1957年第9期，第51页；张玉田：《关于“大同书”的写作过程及其内容发展变化的探讨——兼与李泽厚、汤志钧二位先生讨论关于“大同书”的估价问题》，载《文史哲》，1957年第9期，第55—60页；陈谷嘉：《关于〈大同书〉的成书年代——兼与汤志钧同志商榷》，载《江汉学报》，1963年第3期，第23—29页；方志钦：《关于〈大同书〉的成书年代问题——与汤志钧同志商榷》，载《学术研究》，1963年第6期，第110—112页；林克光：《〈大同书〉的写作过程初探——〈《大同书》手稿及其成书年代〉质疑》，载《福建师范大学学报》，1981年第4期，第129—135页；马洪林：《关于康有为著〈大同书〉“倒填年月”的商榷》，载《韶关学院学报》，2004年第10期，第1—5页。

④ 参汤志钧：《再论康有为的“大同书”——兼与李泽厚、张玉田二先生商榷》，载《历史研究》，1959年第8期，第62—64页；房德邻：《〈大同书〉起稿时间考》，载《历史研究》，1995年第3期，第95—100页。

⑤ 参马忠文：《康有为自编年谱的成书时间及相关问题》，载《近代史研究》，2005年第4期，第274—288页；安莉：《〈康有为自编年谱〉考析》，载《中国文物报》，2007年8月15日；茅海建：《“康有为自写年谱手稿本”阅读报告》，载《近代史研究》，2007年第4期，第120—142页；茅海建：《康有为与他的〈我史〉》，载《广东社会科学》，2009年第1期，第94—109页。尤其茅氏《阅读报告》一文指出年谱稿本中涉及《大同书》的“以几何理著人类公理”与“乃手定大同之制，名曰人类公理。以吾既闻道，既定大同，可以死矣”等语均为后补，见第138页。则此数语的书写时间当在1902年著《大同书》之后。

康氏居印度时已成定论①。

在康氏写作《大同书》的同时，西方社会学也在中国逐步扩散，以致同时有多位深于旧学的学者也开始接受与运用西方社会学知识分析古代中国。

章太炎早年在诂经精舍时，便已浸润西学，所著《膏兰室札记》乃颇引西书。1904 年修订本《訄书》出版，其《序种姓》上篇即明确运用了母系社会论：

> 然自皇世，民未知父，独有母系丛部［……］中国虽文明，古者母系未废，契之子姓自玄鳦名，禹之似姓自薏苡名，知其母吞食而不为祖，亦犹草昧之绪风也。夏后兴，母系始绝，往往以官、字、谥、邑为氏，而因生赐姓者寡。自是女子称姓，男子称氏，氏复远迹其姓以别婚姻。②

---

① 参汤志钧：《〈大同书〉手稿及其成书年代》，载《文物》，1980 年第 7 期，第 58—65 页；汤志钧：《再论〈大同书〉的成书年代及其评价》，载《广东社会科学》，2004 年第 4 期，第 12—19 页。又有学者据《大同书》稿本卷首犬养毅跋谓康有为戊戌避难日本即以《大同书》稿本示犬氏，如朱仲岳：《〈大同书〉手稿南北合璧及著书年代》，载《复旦学报》，1985 年第 2 期，第 42—43 页；马洪林：《关于康有为著〈大同书〉"倒填年月"的商榷》，载《韶关学院学报》，2004 年第 10 期，第 3 页。实则当为康有为 1912 年赴日期间，参宋德华：《犬养毅题记与〈大同书〉手稿写作年代辨析》，载《华南师范大学学报》，1992 年第 3 期，第 102 页；汤志钧：《再论〈大同书〉的成书年代及其评价》，载《广东社会科学》，2004 年第 4 期，第 13—14 页；［日］竹内弘行：《犬養毅の「大同書序文」をめぐって》，载《新しい漢字漢文教育》，第 30 号，2000 年 5 月，第 37—49 页。此外，康氏遗物中有摄于印度大吉岭的照片一帧，康氏亲笔题辞记时间为光绪癸卯（1903 年）三月八日，并言"暇则修定《大同书》于是焉"，见朱仲岳：《康有为〈大同书〉成书年代的新发现》，载《文物》1999 年第 3 期，第 92—93 页。

② 章太炎：《訄书》（重订本），载《章太炎全集》，第三卷，上海人民出版社 2014 年版，第 170—171 页。

太炎先生1898年受汪康年聘为《昌言报》主笔，曾在《昌言报》第一至六辑及第八辑连载《斯宾塞尔文集》，即《论进境之理》（*Progress：Its law and Cause*）与《论礼仪》（*Manners and Fashion*）二文[①]。太炎先生不谙英文，乃由曾广诠口译，太炎笔述。曾氏为曾国藩之孙，曾纪泽嗣子，精通英文[②]。二人所译二文虽未及母权之论，但是当时《昌言报》馆极重视斯宾塞尔，第一册即特为刊出《本馆告白》曰："兹本馆觅得其全集，特按期译登报端，以饷同志。"[③]太炎先生既有宏愿，应当对全集的其他文章也应有所了解，其接触母系社会之论，或在此时[④]。1898年戊戌政变后太炎先生被通缉，乃赴台避

① ［英］斯宾塞尔原著，曾广诠采译、章炳麟笔述：《斯宾塞尔文集》卷之一，第一论，《论进境之理》（一），《昌言报》第一册，载沈云龙主编：《近代中国史料丛刊三编》，第三十三辑，文海出版社有限公司1987年版，第329种，第1—6页；《论进境之理》（二），《昌言报》第二册，载《近代中国史料丛刊三编》，第三十三辑，第329种，第65—70页；《论进境之理》（三），《昌言报》第三册，载《近代中国史料丛刊三编》，第三十三辑，第329种，第137—144页；《论进境之理》（四），《昌言报》第四册，载《近代中国史料丛刊三编》，第三十三辑，第329种，第201—208页；《论进境之理》（五），《昌言报》第五册，载《近代中国史料丛刊三编》，第三十三辑，第329种，第263—264页；第二论，《论礼仪》（一），《昌言报》第五册，载《近代中国史料丛刊三编》，第三十三辑，第329种，第264—270页；《论礼仪》（二），《昌言报》第六册，载《近代中国史料丛刊三编》，第三十三辑，第329种，第325—332页；《论礼仪》（三），《昌言报》第八册，载《近代中国史料丛刊三编》，第三十三辑，第329种，第449—456页。参彭春凌：《章太炎译〈斯宾塞尔文集〉原作底本问题研究》，载《安徽大学学报》，2017年第3期，第67—77页。

② 太炎先生《訄书》（重订本）有《客帝匡谬》言："余自戊、已违难，与尊清者游，而作《客帝》。"载《章太炎全集》，第三卷，上海人民出版社2014年版，第120页。曾广诠当即此"尊清者"之一。

③《昌言报》馆：《本馆告白》，载《昌言报》，第一册，载沈云龙主编：《近代中国史料丛刊三编》，第三十三辑，文海出版社有限公司1987年版，第329种，第61页。

④ 彭春凌比对了斯宾塞《论文集》各版本后指出，章太炎所据以翻译的底本是1868年美国铅印本："这也解释了为何《斯宾塞尔文集》最先翻译的，是《论进境之理》与《论礼仪》两篇。只有在1868年版斯氏（转下页）

难，旋赴日本。在日期间，"日读各种社会学书，平日有修《中国通志》之志，至此新旧材料，融合无间，兴会勃发。"① 尤其是翻译了日本社会学家岸本能武太所著《社会学》一书，其中颇有涉及母系社会说之处：

至谓生民初降，已为一夫一妇之定婚，是未知原始时代，男女无别，皆群夫群妇之杂婚耳，未得称家族也。②

如夫妇分业，虽基于男女之天性，然太古独有杂婚而无定婚，家族未成，则亦无此义务。③

译文中所言虽未显及母系社会说，但是以一夫一妇之定婚时代前为群夫群妇之杂婚时代，正是当时西方社会学与人类学界对于母系社会的通行解释。如 John Forguson McLennan 即言：

在这个问题上，除了生父的不确定性之外，用其他任何解释都无法讲通父系亲属制何以迟迟未能实行。根据这些情况，我们可以断言：人们以前是很难认生父的；以前曾在不同程度上盛行男女乱交。生父的不确定性与母方单系亲属制这两者之间，存在

(接上页)《论文集》第一卷中，它们对应的原文《论进步：其法则和原因》《礼仪和风尚》才紧邻排布，分列第一、第二篇，曾、章两人不过是按照原作底本中的文章顺序依次翻译而已。可以设想，如果时局平稳，他们也许会顺次将整部《论文集》译出。"彭春凌：《章太炎译〈斯宾塞尔文集〉原作底本问题研究》，载《安徽大学学报》，2017 年第 3 期，第 75 页。可惜曾、章二人是否对后续篇章进行了研读，现已不得而知了。

① 章太炎：《与梁启超》二（1902 年 7 月），载马勇编：《章太炎书信集》，河北人民出版社 2003 年版，第 41 页。

② ［日］岸本能武太：《社会学》，下卷，章炳麟译本，广智书局 1902 年版，页二 a—b。

③ 同上书，页九 a。

> 着一种必然的因果联系。因此，无论在什么地方，只要有其一，便可以推知其二。①

此后，Iwan Bloch 更为明确地表述，母权“是生父不确定性的典型表现形式，而生父的不确定性则为两性乱交所致。”②

略晚于太炎先生《訄书》修订本，1904 年底刘师培发表《论小学与社会学之关系》，也以母系社会说解释古代语言历史：

> （上佚）又据《史记·秦本纪》索隐之文，谓秦赵以母族祖颛顼，亦其证也。观神农姓姜，黄帝姓姬，帝舜姓姚，大禹姓姒，伯益姓嬴，以及邓鄋嫚姓，白狄嫱姓（见《潜夫论》），何一非从女之字乎！此姓字所由从女也。盖上古之世多守一妻多夫之制，父子之关系未生，而始祖之所出亦不明。后世知其然也，故行大禘之礼，以祀其祖之所自出，托履敏感生之说，而托之神奇。《五经异义》谓今文家谓圣人无父而生，古文家谓圣人有父而生。盖有父而生，而托名无父而生也，故《说文》用以释姓字。然于古人受姓于母之说，犹未能明。或以禘说问孔子，孔子答以不知。呜呼！禘礼之兴，圣人盖有难言者矣。斯宾塞《社会学原理》云，盖杂婚之事大行，子分明共认其父者，实占少数，而母子之关系最密，故欲认父子之血统，宁认母子之血统。又云，如恩达门民族，于小儿方离乳，男女之结合即解，故忘却父

---

① John Ferguson McLennan, *Studies in Ancient History*, London: Macmilan and co. Ltd., 1898, p.88.

② Iwan Bloch, *The Sexual Life of Our Time in its Relations to Modern Civilization*. Trans. by M. Eden Paul. London: Heinemann, 1908, p.189. 明人邓伯羔《艺彀》卷中“禽兽知母”条曰：“兽无常匹，故子知母不知父，久而母亦不知。”载《景印文渊阁四库全书》，第 856 册，台湾商务印书馆 1986 年版，第 19 页。思路相同。

> 子之关系，独于母子之关系，历久犹能记忆。是野蛮民族，悉承认女统之血系也。《说文》"姓"字下云："人所生也。古者神圣母感天而生子，故称天子。从女，从生，生亦声。《春秋传》曰，天子因生以赐姓。"案《说文》此说于"姓"字之起源，未能尽悉。考《商君书》及《白虎通》皆以上古之民，知有母不知有父，故所生之子，即以母族为姓。而所谓同姓者，乃指同母而言。非指同父而言，观于《晋语》胥臣之言，可以知受姓于母之义矣。(《晋语》胥臣云："同姓于兄弟。黄帝之子二十五人，其同姓者二人而已。")①

此时斯宾塞的 *The Study of Sociology* 已有韩昙首《社会学新义》(1898)②、严复《群学肄言》(1903)③、马君武《斯宾塞社会学原理》(1903)④三种译本，刘氏称之为"社会学原理"，此译名且早见于太炎先生译岸本能武太《社会学》⑤，实为晚清国粹学派之通译⑥。刘氏援据母系社会说也当系受严复与太炎先生译著与学术影响⑦。

---

① 刘师培：《论小学与社会学之关系》(十三)，载《警钟日报》，1904年12月4日，第283号。原刊误印为"273号"，陈奇《刘师培年谱长编》已指出其误，贵州人民出版社2007年版，第110页。刘师培：《左庵外集》卷六《论小学与社会学之关系》，载钱玄同编：《刘申叔遗书》，下册，江苏古籍出版社1997年版，第1437—1438页。

② 韩昙首据日本学者涩江保日译本译《社会学新义》，连载于日本神户《东亚报》旬刊，第一至十一册，1898年6月29日—10月6日。

③ 严复译《群学肄言》，文明编译局1903年版。

④ 马君武译《斯宾塞社会学原理》，实仅为原书第2卷"*The Introduction of Sociology*"，少年中国学会编辑，日本印刷，开明、文明、广智等书局联合发行1903年版。

⑤ [日]岸本能武太：《社会学》，上卷，章炳麟译本，广智书局1902年版，页四a。

⑥ 晚清国粹派与社会学的关系，可参郑师渠：《晚清国粹派与社会学》，载《近代史研究》，1992年第5期，第43—61、196页。

⑦ 参李帆：《刘师培与中西学术——以其中西交融之学和学术史研究为核心》，北京师范大学出版社2003年版，第91—97页。

由此可知，康有为、章太炎、刘师培等人约略同时引入了西方社会学的“母系社会”说。不过，即便承认康有为在《大同书》手稿中最早引入“母系社会”说，并以之解释中国古代社会历史，但如果考虑到康氏手稿当时并未出版，其时真正在中国产生影响的，应当是以章太炎、刘师培为代表的国粹派。

康有为、章太炎、刘师培等人将中国古代典籍中“知母不知父”之言以西方社会学“母系社会”说为解释，在二十世纪二三十年代的中国社会性质大论战中得到学界尤其是中国史学界各派的确认，最终成为中国古代史的定论。吕思勉《中国社会史》：“夫但知其母，不知其父，即莫知谁妻，莫知谁夫之谓也。后人推测社会之始，多谓由于一夫一妇之牉合。如《创世记》亚当、夏娃之说是也。其实人类之初，究系何种情形，实属无从想像。所能勉强想像者，则榛榛狉狉，群居袭处；既无一切名目，亦无何等组织，一浑然之群而已。”①吕思勉《先秦史》：

> 一切有为之法，悉属后起，故邃古之世，必有一男女媾合绝无限制之时，特已无可考而已。人之分其群为若干部，而各异其权利义务也，必始于年辈之不同。男女媾合之禁，亦当始于是，社会学家所谓辈行昏也［……］《白虎通义·号篇》，谓三皇之先，“民知其母，不知其父”，盖指此时代言之矣。②

吕振羽《史前期中国社会研究》：“只有在‘阶级’群婚制度下才有这种情形。到对偶婚时代，在母系的家族制度下面，每个人对于他生身的父，虽然不容易正确的识别出来，而且他们并不去作这种正确的

① 吕思勉：《中国社会史》，上海古籍出版社2007年版，第206页。
② 吕思勉：《先秦史》，上海古籍出版社2005年版，第246—247页。

识别，但都有一个从习惯而得到确认的主要的父——他或她的母亲的主要的夫。”① 郭沫若主编《中国史稿》第一册：“对偶婚关系下的夫妻不是独占的同居，两性的结合还比较松散，子女‘知其母，不知其父’(《庄子·盗跖》) 的情况依然存在。一直到对偶家庭比较稳定和巩固之后，子女才能确认生父。”② 李衡梅《我国原始社会婚姻形态研究》：

> 民族制度的第一个发展阶段是母权制。“只要存在着群婚，那末世系就只能从母亲方面来确定，因此，也只承认女系。一切蒙昧民族和处在野蛮时代低级阶段的民族，实际上都是这样。”(《马克思恩格斯选集》第4卷，第37页)《商君书·开塞篇》说远古时代“民知其母，而不知其父。”类似说法亦屡见他书［……］恩格斯说：“在一切形式的群婚家庭中，谁是某一个孩子的父亲是不能确定的，但谁是孩子的母亲却是知道的。”③

王玉哲《中华远古史》引《吕氏春秋·恃君》、《庄子·盗跖》，说：“这正是母系氏族社会的明证。”④ 宋兆麟《中国风俗通史·原始社会卷》：“在人类的发展史上，群婚起码应该分为三个大的发展阶段。首先是人类童年时代的杂交群婚。当时的人类还生活在从猿到人的原生

---

① 吕振羽：《史前期中国社会研究》，三联书店1961年版，第61—62页。

② 郭沫若主编：《中国史稿》，第1册，人民出版社1976年版，第48页。

③ 李衡梅：《我国原始社会婚姻形态研究》，载《历史研究》，1986年第2期，第96—97页。此文也见于作者论文集，李衡眉：《先秦史论集》，齐鲁书社1999年版，第101—124页。李衡梅初名张元勋，1966年自行改名李衡梅，1999年又改名李衡眉，参李衡眉：《先秦史论集后记》，载李衡眉：《先秦史论集》，第681—691页。

④ 王玉哲：《中华远古史》，上海人民出版社2000年版，第75页。

地，人类社会尚在形成之中，婚配无任何约束。《吕氏春秋·恃君览》[……] 故称杂交婚。”① 王利华《中国家庭史》第一卷《先秦至南北朝时期》：“在人类社会发展的最初阶段并不存在夫妇关系，《吕氏春秋·恃君览》云 [……] 自然不存在稳定的‘夫妇’关系，也就无所谓家庭了。如果一定要用‘家庭’一词来说明此时的亲属群体的话，那它也不过是一种‘前家庭形态’。”②

这一论说的背景预设，是人类社会发展的普遍规律：中国不能自外于人类。郭沫若《中国古代社会研究》之《自序》最为典型地表述了该理念：

> 中国人有一句口头禅，说是“我们的国情不同。”这种民族的偏见差不多各个民族都有。然而中国人不是神，也不是猴子，中国人所组成的社会不应该有甚么不同。我们的要求就是要用人的观点来观察中国的社会，但这必要的条件是须要我们跳出一切成见的圈中。③

即便我们最大限度地认可郭氏所代表的理念，也必须考虑如下事实：史家们用来论证中国古代母系社会的主要证据，如“圣人无父”、“知母不知父”等，就其与“母系社会”的相关性而言，并非确凿的历史事实，而是后人叙述的神话传说。于是，我们首先必须厘清，在古人的观念中是如何看待这些神话传说的。吴飞先生在讨论古代“圣人无父”之说的现代解释时评论道：

---

① 宋兆麟：《中国风俗通史·原始社会卷》，上海文艺出版社 2001 年版，第 237 页。

② 王利华：《中国家庭史》第一卷《先秦至南北朝时期》，广东人民出版社 2007 年版，第 20 页。

③ 郭沫若：《中国古代社会研究》，上海联合书店 1930 年版，《自序》第 1—2 页。

> 这种"六经皆史"的研究方式，却往往不能摆脱西方理论的痕迹。虽然古代诗学传统中也在不断讨论圣人无父的问题，皮锡瑞甚至把它和"知母不知父"的说法关联起来，但在没有西方理论介入之时，他们绝对不会推出母系社会的结论［……］如果把这些神话当作史料来考察古代的社会制度，就完全脱离了经学传统中讲述这些故事的语境和用意，而要用这些材料重构出一套意义来，又必须依照西方理论的框架，等于折散了原来神话故事的结构，剥夺了它的意义，然后再按照一套新的理论赋予它意义，重建它的结构，甚至为它重构一个历史语境，其牵强与荒谬之处是显而易见的。但我们如果能够以尽可能客观的态度，同情地理解经学中讲述和讨论这些故事的本来语境，揭示出这些神话故事的礼学意义，并由此去理解其诠释之争的本来问题，或许就能够使这些故事在现代学术体系中得到一个更恰切的位置，使我们能够更好地体会诗人吟诵它们的真正用意，从而可以进入与西方理论更严肃的对话。①

这也同样是"知母不知父"说的现代讨论中所面临的现状，以及我们所应当采取的研究进路。

既然"知母不知父"不足为母系社会之证，那么究竟应当如何理解中国古代典籍中的"知母不知父"之说呢②？宋小克认为，不同流

---

① 吴飞：《圣人无父——〈诗经〉感生四篇的诠释之争》，载干春松、陈壁生主编：《经学与建国》，中国人民大学出版社2013年版，第120—121页。

② 在《庄子》、《吕氏春秋》的古代注释中，尚未发现对于"知母不知父"一类文字的注释，因此我们不清楚古代注家怎样看待这类文字。参方勇：《庄子纂要》，第6册，学苑出版社2012年版，第630—648页；陈奇猷：《吕氏春秋新校释》，下册，上海古籍出版社2002年版，第1330—1344页。《商君书》没有古注。历代注家一致的看法是，孔子说盗跖故事是庄子的寓言，并非史实。

派神话学者的研究“有一个共同的倾向，即一般把神话从所属典籍中提取出来，然后作单个神话的分析或作多个神话的系统研究。这种研究方式适应了中国神话零散分布的情况，但也隔离了神话与所属典籍的鱼水关系，使很多神话丧失了本来面貌。如《庄子·盗跖》谈神农时代[……]学界一般认为是母系氏族社会的遗迹，却不知其中另有深意。在古人看来，母子之爱属于自然天性，而父子之爱则带有更多的社会属性，属于老庄所谓的‘礼义’、‘孝慈’等层面。庄子说‘民知其母，不知其父’，意谓神农世之民已忘却‘仁义’、‘礼乐’，回归到自然的生命状态——与麋鹿共处而无相害之心。对神话的隔离阐释所造成的误解还很多，主要原因还是‘断章取义’。”① 宋氏对《庄子》“民知其母，不知其父”的解读显然比附会母系社会要更切近《庄子》的文本。本章也正是在高度肯认回归文本的研究进路的基础上，试图进一步推进对这一问题的深入研究。

第二节　古典时代（上）：以无父为无君

《庄子·杂篇·盗跖篇》言孔子往说盗跖，曰：“使为将军造大城数百里，立数十万户之邑，尊将军为诸侯，与天下更始，罢兵休卒，收养昆弟，共祭祖先。此圣人才士之行，而天下之愿也。”盗跖痛斥之，有曰：

> 今丘告我以大城众民，是欲规我以利而恒民畜我也，安可久长也！城之大者，莫大乎天下矣。尧舜有天下，子孙无置锥之地；汤武立为天子，而后世绝灭：非以其利大故邪！且吾闻之，古者禽兽多而人少，于是民皆巢居以避之，昼拾橡栗，暮栖木上，故命之曰有巢氏之民。古者民不知衣服，夏多积薪，冬则

① 宋小克：《上古神话与文学》，暨南大学出版社2013年版，第9页。

> 炀之，故命之曰知生之民。神农之世，卧则居居，起则于于，民知其母，不知其父，与麋鹿共处，耕而食，织而衣，无有相害之心，此至德之隆也。然而黄帝不能致德，与蚩尤战于涿鹿之野，流血百里。尧舜作，立群臣，汤放其主，武王杀纣。自是之后，以强陵弱，以众暴寡。汤武以来，皆乱人之徒也。①

孔子之所以要往说盗跖，是因为"盗跖从卒九千人，横行天下，侵暴诸侯，穴室枢户，驱人牛马，取人妇女，贪得忘亲，不顾父母兄弟，不祭先祖。所过之邑，大国守城，小国入保，万民苦之。"② 盗跖在私德意义上违背了礼教原则——"贪得忘亲，不顾父母兄弟，不祭先祖"，将人从礼教性人伦网络中跳脱而出，成为无牵无挂无拘无束的个人，仅仅顾及一己之快意。在公德意义上，盗跖则不仅止于危害了天下万民——"横行天下，侵暴诸侯，穴室枢户，驱人牛马，取人妇女"，在更深层次上，盗跖"从卒九千人"在本质上是一支在力量上与国家相当的非国家性武装力量，因而从根本上打破了国家垄断暴力的政治原则。而孔子的劝导——"尊将军为诸侯，与天下更始，罢兵休卒，收养昆弟，共祭祖先"，也正是从这两方面入手。

与孔子针锋相对，盗跖的反驳也针对这两点。不要说立为诸侯，即便是立为天子，又当如何？孟子曰："孝子之至，莫大乎尊亲；尊亲之至，莫大乎以天下养。"(《孟子·万章》上）③ 这是孔子所以劝导盗跖者。不过，也正如荀子所言："夫贵为天子，富有天下，是人情之所同欲也。"(《荀子·荣辱》）④ 盗跖正是由此指出，如此巨大的利益，必然会成为众人争夺的焦点。因此即便某个人一时得逞，君临

① 《庄子》，［清］郭庆藩《集释》本，第 4 册，中华书局 1961 年版，第 994—995 页。

② 同上书，第 990 页。

③ 《孟子》，［清］焦循《正义》本，下册，中华书局 1987 年版，第 640—641 页。

④ 《荀子》，［清］王先谦《集解》本，上册，中华书局 1988 年版，第 70 页。

天下，其子孙也莫能长保。这样看来，立为诸侯以至天子，对于子孙未必有利，甚至如汤武之圣，也会“后世绝灭”，自然也就不可能再“共祭祖先”了。至此，盗跖巧妙地指出，孔子所持以劝导他的公德与私德之间，存在着深刻的矛盾。

不宁唯是，盗跖还进一步指出，登立为君不仅不利于君主自身之人伦，甚而建国立君本身就不利于天下万民。至德之隆，有巢、知生、神农之世的总体特征为“无君”①。有巢、知生之世，民无屋舍、衣服。神农之世虽然“耕而食，织而衣”，物质生活丰富了，在人伦方面却是“民知其母，不知其父”。自清末以来，“民知其母，不知其父”长期被格义为人类学所谓“matriarchal clan society”②，实则并无确据。从其语境来看，不可能将《庄子》此语理解为盗跖给孔子客观讲授中国上古史，而应该是在批驳儒学理论。换言之，理解盗跖此语的关键在于，“民知其母，不知其父”何以构成对于儒学理论的批驳。

与《韩非子·五蠹篇》不同，《盗跖篇》在讲述“有巢氏之民”时，并没有提到一位古圣王，讲述“知生之民”时亦然。这两个历史时期中，人民本无所养，也就谈不上所谓“以天下养”，因此当然没有君主。陈立柱认为：“庄子等人所说最初发明‘巢居’的有巢氏，不太可能有传说或者文献记载的根据。从其名字‘有巢氏’也可以看出，这是人们根据推想的可能的情形即‘构木为巢’而加以命名的。因此可以说，这个有巢氏不可能是新石器时代以后出现的一个氏族，即与古文献所说的伏羲氏、容成氏、轩辕氏、赫胥氏、尊卢氏、祝融氏的时代相近的氏族。《庄子·胠箧篇》所列古族中没有有巢氏，先

① 刘笑敢梳理《庄子》中的庄子后学思想，分为述庄、无君、黄老三派，其中以《盗跖》等七篇为无君派。见刘笑敢：《庄子哲学及其演变》，中国社会科学出版社1988年版，第281页。

② 最近者如孙寿涛、周德丰《论唯物史观的中国文化基因》就认为《庄子》此语“对人类群婚时期和对偶婚时期尚不稳定的婚姻家庭状况的描述，与唯物史观有一致之处。”载《天津师范大学学报》，2015年第1期，第14页。

秦时期其他文献也很少将有巢氏列于这些古氏族之间，说明后世学者认为的有巢氏与这个有巢氏是不一样的。”①我们可由此推断，同为“至德之隆”的神农之世，应当也是无君的。

说“神农之世”无君，可能立即遭到反驳——“神农”不就是君吗！问题的关键在“耕而食，织而衣”。《孟子·滕文公》上，有为神农之言者许行，陈相见孟子，道许行之言曰：“贤者与民并耕而食，饔飧而治。”孟子曰：“许子必种粟而后食乎？”曰：“然。”“许子必织布而后衣乎？”曰：“否，许子衣褐。”曰：“许子奚为不自织？”曰：“害于耕。”②所谓“贤者与民并耕而食”的真实涵义，可对照《汉书》卷三十《艺文志》二《诸子略》九农家类小序批评农家道：“及鄙者为之，以为无所事圣王，欲使君臣并耕，诗上下之序。”③在古农家言中，也确有神农亲耕之说，如《吕氏春秋·爱类》所言：“神农之教曰，士有当年而不耕者，则天下或受其饥矣。女有当年而不绩者，则天下或受其寒矣。故身亲耕，妻亲绩，所以见致民利也。”高注：“身，神农之身也。”④《艺文类聚》卷六十五引《尸子》：“神农并耕而王，所以劝耕也。”⑤无疑，农家学说中，虽然设立君位，但实际上却取消了君对于民的特殊性，要求君也必须参与到实际的农耕之中来。所以，农家的“耕而食”，实为“不劳动者不得食”的早期表述，即“不耕种者不得食”，在此，“耕”与“食”之间存在着直接相关性。并且，这一相关性还内含平等性，即对于每一个人都有同等的要求，

---

① 陈立柱：《有巢氏传说综合研究——兼说中国史学的另一个传统》，载《史学月刊》，2015年第2期，第88页。

② 《孟子》，［清］焦循《正义》本，上册，中华书局1987年版，第365—370页。

③ ［东汉］班固：《汉书》，第6册，中华书局1962年版，第1743页。

④ 《吕氏春秋》，［东汉］高诱注，许维遹《集释》本，下册，中华书局2009年版，第593页。

⑤ ［唐］欧阳询编：《艺文类聚》，载董治安主编：《唐代四大类书》，中册，清华大学出版社2003年版，第1194页。

包括君主本人。相应地，《盗跖篇》中还有"织而衣"，这甚至可以视为对孟子辟许行的回应——在人类文明的早期，其他器用尚未出现，作为人类生存之物质基础的衣食都是出于自耕自织，其模式可能是男耕女织，即上引《吕氏春秋·爱类》所言"身亲耕，妻亲绩"，而不再认为"自织""害于耕"。《艺文志》农家类小序称誉农家曰："播百谷，劝耕桑，以足衣食"①，所据即回应了孟子辟许行的后期农家成熟理论。

《盗跖篇》虽引述了农家思想，却并未停留于农家。因为即便"君臣并耕"，也仍然有一君位在，那就存在着万民不齐一的可能性。于是庄子后学无君派便进一步取消君位之可能性。先秦有君论的代表当属儒家。孟子引传曰："孔子三月无君，则皇皇如也。"(《孟子·滕文公》下)②《庄子·内篇·人间世》引仲尼曰："天下有大戒二：其一，命也；其一，义也。子之爱亲，命也，不可解于心；臣之事君，义也，无适而非君也，无所逃于天地之间。是之谓大戒。"③儒学之义，乃是以父子之亲为基干，家国之情皆推原于父。《孝经·士章》有谓："资于事父以事母而爱同，资于事父以事君而敬同，故母取其爱而君取其敬，兼之者父也。"④子对父既敬且爱，因为父既尊且亲。母亲而不尊，只能分有对父亲的爱；君主尊而不亲，只能分有对父亲的敬。亦即在儒家看来，只要有父，就必然会出现敬爱之情。而有母，则会导致敬与爱相分，出现对于母的无敬之爱。母的无敬之爱意味着敬与爱相分，于是在另一极，必然会出现无爱之敬，由此形成君主之位。于是在庄子后学无君派看来，要取消君位，就必须取消敬

① ［东汉］班固：《汉书》，第6册，中华书局1962年版，第1743页。
② 《孟子》，［清］焦循《正义》本，上册，中华书局1987年版，第420页。
③ 《庄子》，［清］郭庆藩《集释》本，第1册，中华书局1961年版，第155页。
④ ［唐］唐玄宗李隆基注、［北宋］邢昺疏：《孝经注疏》，载［清］阮元校刻：《十三经注疏》，第8册，艺文印书馆2007年版，第24页。参《礼记·丧服四制》，［东汉］郑玄注、［唐］孔颖达疏：《礼记注疏》，载［清］阮元校刻：《十三经注疏》，第5册，艺文印书馆2007年版，第1032—1033页。

之情。但是敬之情的来源并非君主而是父亲，于是无君派便通过取消父亲来取消敬之情，并由此取消单纯的敬之情所形成的君主。至此，父、母、君仅余母之一位，于是由此形成的人伦网络便是“民知其母，不知其父”，更不用说君了。至此，君位被彻底取消。在无君派的人伦网络中，母子之情成为一切人伦的基础，亦即一切人伦道德以爱为基础——《盗跖篇》说得很清楚：人与人之间“无有相害之心”。

庄子后学无君派虽然改造了农家君民并耕的理论，取消了君位，可是却留下了一个小尾巴。农家以神农为始祖，因此将理想国置于神农之世，这就意味着农家仍然沿袭古史传说，以神农为君，亦即保留了君位。无君派沿用农家学说，因而顺势将“民知其母，不知其父”的状态也置于神农之世，于是导致自相矛盾，即理论上的无君状态与事实上的有君之世并存。

庄子后学无君派的这一理论尤其是与之相应的人伦构建，与儒家学说及人伦完全背反，因此先秦儒学绝不接受这一理论①。《仪礼·丧服》齐衰不杖期章：“为人后者为其父母，报。”《传》：“禽兽知母而不知父。”②视只知有母不知有父者为禽兽。《荀子·非相篇》：“故人之所以为人者，非特以其二足而无毛也，以其有辨也。夫禽兽有父子而无父子之亲，有牝牡而无男女之别，故人道莫不有辨。辨莫大于分，分莫大于礼，礼莫大于圣王。”杨倞注：“分，有上下亲疏之分也。”③以“分”为“分别”义，误。久保爱增注：“分，扶问反。”④读为去声，是。李涤生《集释》：“言辨的作用，莫大于辨明上下、亲

① 就笔者所知，最早言及“民人但知其母，不知其父”的儒家文献为东汉之《白虎通德论·号篇》，上海古籍出版社1990年版，第10页。

② ［东汉］郑玄注、［唐］贾公彦疏：《仪礼注疏》，［清］阮元校刻：《十三经注疏》，第4册，艺文印书馆2007年版，第357—358页。

③ 《荀子》，［唐］杨倞注，［清］王先谦《集解》本，上册，中华书局1988年版，第79页。

④ ［日］久保爱：《荀子增注》册二，水玉堂文政三年（1820）版，卷三页七a。

疏、贵贱、尊卑之名分。”[①] 人与禽兽的不同，在于能辨别父子男女，这一辨别在名分中得到确立。名分的体系化则为礼，礼的核心即圣明的君主及相应的君臣之礼。《周易·序卦传》：“有天地然后有万物，有万物然后有男女，有男女然后有夫妇，有夫妇然后有父子，有父子然后有君臣，有君臣然后有上下，有上下然后礼义有所错。”[②] 从男女、父子一定要进至君臣上下，由此确立礼义名分，即人之所以为人者。《吕氏春秋·恃君》先论述群聚是人生存的必要条件，而必有君才能实现“利出于群”。倘若无君——“昔太古尝无君矣，其民聚生群处，知母不知父，无亲戚兄弟夫妻男女之别，无上下长幼之道，无进退揖让之礼，无衣服履带宫室畜积之便，无器械舟车城郭险阻之备，此无君之患，故君臣之义不可不明也。”[③] 其论证思路极近于荀子，而对于人类文明的禽兽化也描述得极为具体，这样的人群真是一无所有了。

第三节　古典时代（下）：以有母为有国

《盗跖篇》中，盗跖所述，自神农之后，由黄帝始，便开始了道德的堕落与国家的形成。

“黄帝不能致德，与蚩尤战于涿鹿之野，流血百里。”战争是争斗的最高形式。争斗源于欲求，欲求源于人背离了自身的自然状态，此即“黄帝不能致德”。

“尧舜作，立群臣。”君臣关系的确立，标志着国家的形成。无君派将“立群臣”紧接在“流血百里”的大战之后，意在建立二者的联

① 李涤生：《荀子集释》，台湾学生书局1979年版，第80页。

② ［三国·魏］王弼注经、［东晋］韩康伯注传、［唐］孔颖达疏：《周易注疏》，载［清］阮元校刻：《十三经注疏》，第1册，艺文印书馆2007年版，第187—188页。

③ 《吕氏春秋》，许维遹《集释》本，下册，中华书局2009年版，第544页。

系，即臣的来源为战败者的臣服。

"汤放其主，武王伐纣。"汤武都是儒学的圣王。但是无君派此处关注的，不是儒学所强调的仁义，而是臣对于君的反叛。既然君臣关系的确立是源于暴力与征服，那么当臣下所拥有的暴力更胜一筹时，取其君而代之便是自然而然的了。至于弑君者所宣称的理由，没有任何意义——同属无君派作品的《庄子·外篇·胠箧》有云："彼窃钩者诛，窃国者为诸侯，诸侯之门而仁义存焉！"①谁登上了大宝之位，都会宣称自己顺天应人，但那只是赤裸裸的欺骗。其后果则是："自是之后，以强陵弱，以众暴寡。汤武以来，皆乱人之徒也。"至此，所谓仁义又恶乎在？

庄子后学无君派的"知母不知父"之论，尤其是基于"知母不知父"之论的国家起源学说，对法家学说的完善与深化，产生了重大影响。

《汉书》卷三十《艺文志》二《诸子略》九农家类首列《神农》二十篇，自注："六国时，诸子疾时怠于农业，道耕农事，托之神农。"颜注引刘向《别录》云："疑李悝及商君所说。"②蒙文通《法家流变考》云："《商君列传》集解引《新序》：'商君极身无二虑，尽公不顾私，使民内急耕织之业以富国，外重战伐之赏以劝戎士。'是宜其'道耕农事'也。则李悝、商鞅又农家者流欤！"③李肖聃《星庐文录·王启湘〈商君书发微〉序》论曰："盖商君之学，上通乎帝王，下贯于兵农，孝公用之以垦草徕民，后世承威，四世有胜。"④张舜

---

① 《庄子》，[清]郭庆藩《集释》本，第1册，中华书局1961年版，第350页。

② [东汉]班固：《汉书》，[唐]颜师古注，第6册，中华书局1962年版，第1742、1743页。

③ 蒙文通：《法家流变考》，载蒙文通：《古学甄微》，巴蜀书社1987年版，第285页。

④ 李肖聃：《星庐文录·王启湘〈商君书发微〉序》，载李肖聃：《李肖聃集》，岳麓书社2008年版，第139页。

徽释曰："法家论治，首重耕战，不特李悝、商鞅然也。而二人言之尤兢兢。刘氏疑此书为二人所说，是已。"① 此三氏皆由农法二家之同立论。刘咸炘《校雠述林》卷三《农书录》于《神农书》下曰："然则此二十篇乃李、商一派之言，与许行所谓神农之言者异。"② 熊十力谓：

> 案此二十篇，托之古圣，自是农家根本大典。上考《孟子·滕文公篇》有"为神农之言者许行"，今玩其说，不许有劳心、劳力及治人、治于人之分，诚哉，社会主义之开山也。由此推想，农家所托为神农之书当非道耕农事者，而必是发挥其对于社会问题之最高理想。《艺文志》所著录之《神农》二十篇，注云道耕农事，较以许行之说乃全不相涉［……］商君政策决不容许农家思想流行。造此二十篇托之神农，以反抗农家之《神农》书者，当以商君之可能性较大，不必是李悝也。③

刘玉堂认为《神农》一书的内容主要保存于《吕氏春秋》，于是以《吕氏春秋》农业观校验李悝、商鞅的农业观，得出二者重农思想迥异，尤其是《商君书》"在君民并耕上，表现出尖锐的对立"。因此《神农》的作者不可能是李悝、商鞅，而很可能是许行④。此三者皆由农法二家之异立论。但刘说的前提有疑，我们只能说《吕氏春秋》保留了农家神农之言，却无法确证这些神农之言就是《汉志》著录《神农》书中的内容。

---

① 张舜徽：《汉书艺文志通释》，华中师范大学出版社2004年版，第335页。

② 刘咸炘：《校雠述林》，载刘咸炘：《推十书》（增补全本），丁辑，第1册，上海科学技术文献出版社2009年版，第176页。

③ 熊十力：《原儒》，上海书店出版社2009年版，第87页。

④ 刘玉堂：《楚国经济史》，湖北教育出版社1996年版，第159—168页。

蒙文通等从法家重视耕战的角度论证农法之同，有史实依据，但是果真李悝、商鞅撰述《神农》，是否会停留于"道耕农事"的技术层面？班固删削《七略》为《艺文志》，特意回避《神农》之作者为李悝、商鞅，而强调其"道耕农事"，显然意图淡化农家的政治性，使农家回归其技术性①。从这个角度来看，熊十力等抓住"君臣并耕"，注重法农政治观念的歧异，不仅也有史实依据，而且更显高屋建瓴。问题是，这技术性与政治性是否互相截然排斥，不能共存于一书之中？

技术性与政治性的矛盾也出现在农家研究中。吕思勉就曾讨论过，许行所言，乃农政，非农业。李悝、商鞅亦皆重农教战之谈，罕及耕耘树艺之事。因有谓九流中之农家，实言农政，非言农学者。"予谓农家者流诚多注意农政，然论种植之法者亦必有之。《管子》之《地员》，《吕览》之《任地》《辩土》《审时》，即论及耕种之道。始皇燔诗书百家语，不去种树之书，盖此类也，惜其语不易解耳。"②这仍然是以农家之技术性与政治性断为两截。如何使二者一以贯之？由于书缺有间，我们可以尝试为农家理想国提供一个与魏特夫③相反的治水说来贯通农家的技术性与政治性。与魏特夫相同，我们也从治水的必要性与艰巨性出发，也同样承认因此就必须最大限度地动员全部人力物力。但是与魏特夫不同，农家动员全部人力物力的方式，不是走向权力集中，并形成专制国家。农家的动员方式是确立"耕而食"的原

---

① 《汉志》"诸子出于王官论"实为"诸子入于王官论"，即诸子应当放弃其政治性，回复到王官之学的技术性中去，为汉代大一统王朝服务。参李若晖：《幽赞而达乎数，明数而达乎德——由〈要〉与〈诸子略〉对读论儒之超越巫史》，载《文史哲》2013年第5期，第30—33页。

② 吕思勉：《中国社会史》，上海古籍出版社2007年版，第17页。"辩土"误"辩士"，今改。参吕思勉：《中国制度史》，上海教育出版社1985年版，第27—28页，不误。

③ ［美］卡尔·A. 魏特夫：《东方专制主义：对于极权力量的比较研究》，徐式谷等译本，中国社会科学出版社1989年版。

则，即每一个人只有自己动手耕种，才能获得食物。为了确保“耕而食”的原则被全面彻底地贯彻到每一个人，农家首先要求君主必须作出表率，全身心地投入到农业生产中去。君主的“身自耕”也因此得以集农家的技术性与政治性于一体。这也是农家只能要求“贤者与民并耕而食”，却无法最终取消君位的原因。由此，农家型治水社会不是趋向使一人肆于万民之上的专制主义，而是达致君民并耕的平等社会。

既然商君不认同农家的“君臣并耕”，那么农家的技术性与政治性如何在法家内得到整合呢？

就今存《商君书》而言，最为重要的文献是《开塞篇》如下一节：

> 天地设而民生之。当此之时也，民知其母而不知其父，其道亲亲而爱私。亲亲则别，爱私则险，民众而以别险为务，则民乱。当此之时，民务胜而力征。务胜则争，力征则讼。讼而无正，则莫得其性也。故贤者立中正，设无私，而民说仁。当此时也，亲亲废，上贤立矣。凡仁者以爱为务。而贤者以相出为道。民众而无制，久而相出为道，则有乱。故圣人承之，作为土地货财男女之分。分定而无制，不可，故立禁。禁立而莫之司，不可，故立官。官设而莫之一，不可，故立君。既立君，则上贤废而贵贵立矣。然则上世亲亲而爱私，中世上贤而说仁，下世贵贵而尊官。上贤者，以道相出也；而立君者，使贤无用也。亲亲者，以私为道也；而中正者，使私无行也。此三者非事相反也，民道弊而所重易也，世事变而行道异也。故曰：王者有绳。夫王道一端，而臣道亦一端；所道则异，而所绳则一也。故曰：民愚则智可以王，世智则力可以王。①

① 《商君书》，蒋礼鸿《锥指》本，中华书局1986年版，第51—53页。

关于《开塞篇》的时代，郑良树认为：

《开塞篇》不是商鞅的亲著，而是商鞅逝世后，由学派内主张"重刑轻赏"的另一批学生完成的［……］本篇作成时代不会太晚，至少不应该在秦灭六国之后［……］本篇是一篇很有理论系统的论文，虽然作者非商鞅本人，不过，它加深了商鞅的法治思想，并且为这个思想提供了许多论据，是商学派里一篇重要的文献。①

至于《盗跖篇》的时代，廖名春推断：

《盗跖》篇著成的上限为公元前256年，下限为公元前239年。因此，它不可能为庄子手著。从它所宣扬的轻物重生、全性保真的思想来看，从它的语句多有与《庄子·应帝王》、《马蹄》、《让王》、《渔父》、《山木》、《胠箧》等篇相似的特点来看，认为它系庄子后学所著是言之成理的。②

我们认为，《开塞篇》的时代应晚于《盗跖篇》。

无疑，《开塞篇》的"民知其母而不知其父"不应当理解为母系社会③。商君后学所面临的问题，并非单纯在法家理论内整合农家的

① 郑良树：《商鞅及其学派》，上海古籍出版社1989年版，第60页。

② 廖名春：《〈庄子·盗跖〉篇探原》，载《文史》，第四十五辑，中华书局1998年版，第57页。

③ 在 Yuri Pines and Gideon Shelach 的近著中，则使用了"primeval promiscuous（or matriarchal）"来指称商君的这一阶段。Yuri Pines and Gideon Shelach："*Using the past to Serve the Present*"：*Comparative Perspectives on Chinase and Weastern The Origins of the State*. Shaol Shaked Ed. Genesis and regeneration：Essays on Conceptions of Origins，Jerusalem：The Israel Academy of Science and Humanities，2005，p.134.

技术性与政治性，而是如何在法家的制度化，即秦国政治体制内政治性地安置农家的技术性。

在《开塞篇》中，商君后学表现出非凡的气魄和雄浑的气势，直接抛开了农家的“贤者与民并耕而食”，拒绝在法家框架中涉及这一“逻辑错乱”的问题。但是农家自身的政治性又不能毫不顾及。于是商君后学果断将《盗跖篇》中的“民知其母，不知其父”替换农家的“贤者与民并耕而食”，亦即用庄子后学无君派对农家政治性的改造与完善来取代农家自身的政治性。在农家学说中，君主虽然弱势，却仍然不可或缺。不过，在法家看来，“并耕”因而与民具有平等性的君主实际上也就等同于无，与民平等的君主是一个内在矛盾因而具有不可能性的概念，只有高于民的君主才能称之为君主。此即《庄子・外篇・天道》所谓：“下与上同德则不臣”、“上与下同道则不主”[①]。从《盗跖篇》的理论构造来看，庄子后学无君派最终以母子之爱作为人类全体的人伦道德，这一人伦道德实质上是排斥哪怕表面平等之君的存在的。因此，撰作《开塞篇》的商君后学直接取消任何形式的君主的存在，对于庄子后学无君派来说，是其理论自身逻辑的彻底贯彻，是其内在不一致性的彻底消除。

在《盗跖篇》中，基于母子之爱的人类全体之人伦道德是善良与和睦的——人与人之间“无有相害之心”。如果盗跖所述历史进程仅限于这一理想国的描述，其理论尚属基本自洽。但是如果要将人类历史从伊甸园降落到凡尘，推至“以强陵弱，以众暴寡”的当代史，就无法解释恶的内在生成。于是《盗跖篇》只能将爆发战争、臣服败者、确立君臣、建立国家等一系列人类历史上最为惊心动魄的重大事变全部归因于不知详情、不明就里的“黄帝不能致德”，可谓理论败笔。但在商君后学手中，无君派的困境却迎刃而解。商君后学坦然

① 《庄子》，［清］郭庆藩《集释》本，第2册，中华书局1961年版，第465页。

接受了庄子后学无君派的理论框架，承认无父无君，仅有母子之爱构造人伦的局面。可是，商君后学不接受以母子之爱构造人伦必然导致人与人之间"无有相害之心"——如此大公无私的对天下人之泛爱恰恰取消了作为"爱"之来源的母子之情。商君后学一针见血地揭示道，母子之情是以"私"为根基的，是将人分割为小团体，并由此区分内外的："民知其母而不知其父"的伦理结局必然是"其道亲亲而爱私"。

《开塞篇》接着推论："亲亲则别，爱私则险，民众而以别险为务，则民乱"，蒋礼鸿释曰："亲亲故别，别故爱私，爱私故行险以贼人，故乱也。"① 在此，商君后学巧妙地以母子之情将人群分割成内在亲亲爱私的小团体，每一个如此构成的小团体必然要区分内外——商君后学得意扬扬地发现，在此意义上，庄子后学无君派的母子之"爱"并非人类唯一的情感——母子之"爱"仅仅对内，那么对外呢？在每一个小团体中，与对内的母子之"爱"共生相伴的，无疑是与之相反的对外之"恨"。内外之分是法家的理论基础。《史记》卷六十八《商君列传》记载，商鞅变法之初，徙木立信，"以明不欺"；但在对魏国的战争中，则以故友之情骗取魏将公子卬见面，"伏甲士袭虏魏公子卬，因攻其军，尽破之以归秦。"② 对内诚信，对外欺诈，亦即对外的情感与行为方式正与对内相反。正是在这内外有别的爱恨情仇中，法家得以实现技术性与政治性的整合：民众对内为母子之爱，于是耕以养；对外为仇雠之恨，于是战以杀。甚至在商君学派的著作上，我们也可看到这一对称性：《汉书》卷三十《艺文志》二《诸子略》法家类有《商君》二十九篇，即公认包含商鞅自著的商君学派著作汇编《商君书》；农家类有为李悝、商鞅所说之《神农》

---

① 《商君书》，蒋礼鸿《锥指》本，中华书局 1986 年版，第 51 页。

② ［西汉］司马迁：《史记》，第 7 册，中华书局 2013 年修订本，第 2697、2699 页。

二十篇；《兵书略》兵权谋类有《公孙鞅》二十七篇，即商君学派的军事著作，其中也可能有商鞅自著①。

在以对内之情整合了农家的技术性与政治性之后，商君后学还进而整合内外，使民众成为法家所需要的耕战之民。《商君书·慎法》：

> 彼民不归其力于耕，即食屈于内；不归其节于战，则兵弱于外。入而食屈于内，出而兵弱于外，虽有地万里，带甲百万，与独立平原一贯也。且先王能令其民蹈白刃，被矢石，其民之欲为之，非如学之，所以避害。故吾教令民之欲利者，非耕不得；避害者，非战不免。境内之民，莫不先务耕战，而后得其所乐。故地少粟多，民少兵强。能行二者于境内，则霸王之道毕矣。②

事实上，也只有在内外之别的架构中，才有可能在法家体系内整合农家的技术性与政治性。梁启超倡言中国“政治思想有大特色三，曰世界主义，曰平民主义或民本主义，曰社会主义。”与欧洲相较：

> 欧洲自十四五世纪以来，国家主义萌茁发展，直至今次世界大战前后，遂臻全盛。彼所谓国家主义者何物耶？欧洲国家，以古代的市府及中世纪的堡聚为其雏型，一切政治论，皆孕育于此种市府式或堡聚式的组织之下。此种组织，以向内团结向外对抗为根本精神，其极也遂至以仇嫉外人为奖励爱国冲动之唯一手段。国家主义之苗，常利用人类交相妒恶之感情以灌溉之，而日趋蕃硕，故愈发达而现代社会杌陧不安之象乃愈著。中国人则自有文化以来，始终未尝认国家为人类最高团体，其政治论常以全

---

① ［东汉］班固：《汉书》，第6册，中华书局1962年版，第1735、1742、1757页。
② 《商君书》，蒋礼鸿《锥指》本，中华书局1986年版，第138—139页。

> 人类为其对象，故目的在乎天下，而国家不过与家族同为组成"天下"之一阶段。政治之为物，绝不认为专为全人类中某一区域某一部分人之利益而存在。其向外对抗之观念甚微薄，故向内之特别团结，亦不甚感其必要。①

然就法家而言，其区分内外，以构造国家，从事耕战，正是国家主义之形式。商鞅变法之后，"民勇于公战，怯于私斗"(《史记》卷六十八《商君列传》)②，亦即以对内团结，对外战斗为道德。秦王政时，"秦宗室大臣皆言秦王曰：'诸侯人来事秦者，大抵为其主游间于秦耳，请一切逐客。'"(《史记》卷八十七《李斯列传》)③项羽坑秦降卒二十万之诱因也是"诸侯吏卒异时故繇使屯戍过秦中，秦中吏卒遇之多无状"(《史记》卷七《项羽本纪》)④。

通过区分内外，以耕战之民建构国家主义，不但顺利实现了法家理论体系对农家技术性与政治性的整合，而且还跨越了庄子后学无君派的逻辑断裂，顺理成章地实现了战争的出现。战争的出现，必然导致人类整体秩序的丧失："当此之时，民务胜而力征。务胜则争，力征则讼。讼而无正，则莫得其性也。"务胜力征则必有强者出，此即上贤。诸强者互相争斗，止争之法则是立君，由一绝对权威来分配社会资源。至此，商君后学理论自身逻辑的展开，既形成了人类历史的发展，同时也是法家国家的建构：人类历史第一阶段所形成的耕战之民成为法家国家的基础，第二阶段所形成的贤者被纳入法家国家成为官吏，第三阶段所形成的君主高踞于法家国家的顶端。于是法家国家的完成与扩张，即天下最终一统于法家国家之下，意味着人类历史的

① 梁启超：《先秦政治思想史》，中华书局1936年版，第1—2页。
② ［西汉］司马迁：《史记》，第7册，中华书局2013年修订本，第2698页。
③ ［西汉］司马迁：《史记》，第8册，中华书局2013年修订本，第3069页。
④ ［西汉］司马迁：《史记》，第1册，中华书局2013年修订本，第392页。

终结。

第四节 小 结

综上所述，中国古代典籍中“民知其母，不知其父”的记述，并非对于中国古代历史的记忆，不是中国古代真实发生或被记述者认为真实发生的历史事实，而是战国诸子出于各自理论建构的需要而虚构的远古场景，因此也就不能作为讨论中国古代社会的史料来对待。所有基于预设这类记述为历史事实的讨论，尤其是以西方人类学社会学理论为支撑，以这一理论中的人类历史普遍性为背景的中国古代“母系社会”说，事实上已经既失去了理论支撑，更失去了史实证明，此后将仅具学术史的警示意义。

近代西学东渐以来，中国学术经历了痛苦的转型，始则援用西方理论来解释中国，进而依傍、模仿西方理论来建立中国学术。即以诸学之母的哲学而言，中国哲学的建立，正如蔡元培所言：“中国古代学术从没有编成系统的纪载。《庄子》的《天下篇》，《汉书·艺文志》的《六艺略》、《诸子略》，均是平行的纪述。我们要编成系统，古人的著作没有可依傍的，不能不依傍西洋人的哲学史。”① 这一做法的弊端非常明显：中国自身的结构体系被打散填入西学体系中，致使中国长期只是西学真理性的证明材料。中国古代“母系社会”的附会，即是其中一例。不幸中之万幸的是，西方学术自行清理并推翻了“母系社会”学说，使得中国古代“母系社会”失去了人类普遍历史的背景支撑。于是，如何重新解释原来被视为“母系社会”的历史依据的文献资料，便是无可回避的使命。而这一细微的裂痕，将有可能揭开中国历史与社会内在结构体系之自我认识的序幕。在此意义上，中国社

① 蔡元培：《胡适〈中国哲学史大纲〉序》，载胡适：《中国哲学史大纲》上册，商务印书馆 1919 年版，《序》第 1 页。

会学本土化的一种可能路径就是回归历史的视野，寻找社会学丢失的想象力（渠敬东，2015）①，让古典文本自身言说，在其展示的思想世界中探寻社会学的中国话语。

渠敬东认为：

> 对于社会学之外来，一味地"移植"或是"拒斥"，皆为死路。外来之社会学，需不断通过吸收、融合和转化的工作，才能回到对于今天社会生活经验的完整理解，才能将此种社会解释及其形成的思想积淀，融入到我们自身文明的历史长河之中。而如何吸收、融合和转化外来之社会学，则必需求诸自己的历史传统，努力去确立一种具有普遍解释力的概念分析体系。②

让本章的讨论对在中国历史脉络中建立社会学的思想传统具有一定的启发意义。应星指出，中国社会学的本土化传统可以追溯到上世纪之交，先是以严复为代表的以中学释西学，之后则是以刘师培、章太炎为代表的以西学发明中学③。但是，他们的观点仍有值得修正之处，本章即是这样一例。这种修正并非将中西思想相互区隔，而是要在中西之间重新理解自己的历史。这种理解有助于洞察当代和想象未来。渠敬东提倡的历史视野说④即为此意。渠敬东指出，社会学是应时代巨变而产生的，自其产生伊始，它就具有强烈的问题意识和社会关怀，且拥有放眼整个世界的经验与历史。但是，今天的社会学却逐渐丧失了从思想史、制度史及社会史方面对问题进行总体把握的

---

①④　渠敬东：《返回历史视野，重塑社会学的想象力：中国近世变迁及经史研究的新传统》，载《社会》2015 年第 1 期，第 2—23 页。

②　渠敬东：《中国传统社会的双轨治理体系：封建与郡县之辨》，载《社会》2016 年第 2 期，第 3 页。

③　应星、吴飞、赵晓力、沈原：《重新认识中国社会学的思想传统》，载《社会学研究》2006 年第 4 期，第 187—192 页。

能力[①]。周飞舟也强调社会学研究需要引入“历史维度”和“历史视角”[②]。社会学本来就是在史学等背景中形成的新科学，它反过来可以加深对历史的理解。当今社会学这个学科的琐碎化遮蔽了它奠基时所具有的视野，以致使其在整体上失去活力[③]。梳理中国社会学史，回归中国社会学思想传统，重返社会学的历史视野，是疗治当今社会学琐碎之病的最好药方。而深入细致地研究中国社会学史上的每一个重大命题，既是对于中国社会学史最为精致的建构，也是对于中国社会学思想传统最为诚挚的致敬。中国社会学思想传统既相关于中国社会之所已然，更相关于中国社会之所以然。这无疑正是具有世界意义的中国社会学的根柢与魂魄。

①③ 渠敬东：《返回历史视野，重塑社会学的想象力：中国近世变迁及经史研究的新传统》，载《社会》2015年第1期，第3页。

② 周飞舟：《论社会学研究的历史维度——以政府行为研究为例》，载《江海学刊》2016年第1期，第103—109页。

第八章
《黄帝李法》与秦汉军事国家

秦汉政制奠定了中华政制的基础。近年史学界关于秦汉政制的研究主要分为秦汉律令和秦汉国家两部分，缺少整合性研究。本章即尝试以对胡建引《黄帝李法》佚文“壁垒已具”一则的深入钻探，揭示秦汉军事国家的基本特征。

第一节 汉军法与古兵书

《史记》卷一三〇《太史公自序》叙汉初王朝秩序之奠定，有云：“汉兴，萧何次律令，韩信申军法，张苍为章程，叔孙通定礼仪，则文学彬彬稍进，《诗》《书》往往间出矣。”[①]《汉书》卷一《高帝纪》亦曰：汉高帝“初顺民心作三章之约。天下既定，令萧何次律令，韩信申军法，张苍定章程，叔孙通制礼仪，陆贾造《新语》[……]虽日不暇给，规模弘远矣。”[②]“韩信申军法”在此与诸国家基本制度并列，表明军事力量对于立国的重要性。然书缺有间，其详今已难明。《资治通鉴》卷十二录《高纪》此文，胡三省引《艺文志》“序次兵法”

---

① ［西汉］司马迁：《史记》，第10册，中华书局2013年修订本，第3998页。

② ［东汉］班固：《汉书》，［唐］颜师古注，第1册，中华书局1962年版，第80—81页。

语以注①。

检《汉书》卷三十《艺文志》四《兵书略》小序曰："汉兴，张良、韩信序次兵法，凡百八十二家，删取要用，定著三十五家。诸吕用事而盗取之。武帝时，军政杨仆捃摭遗逸，纪奏兵录，犹未能备。至于孝成，命任宏论次兵书为四种。"② 王应麟《汉艺文志考证》卷八"张良韩信序次兵法"条下注"《高帝纪》韩信申军法"③，以二文为一事。《说文》卷五下《桀部》："乘，覆也，从入桀。桀，黠也。军法曰乘。"④ 段玉裁补为"军法，入桀曰乘"，注："云军法者，盖出《汉志》兵书四种内。"⑤ 亦以为《汉志》兵书实即韩信所申之军法。顾实以为"韩信申军法"即《兵书略》之"序次兵法"，"盖略言之"⑥。余嘉锡言："此数事多在高祖时，萧何律令、张苍章程、叔孙礼仪固自为汉家一代制作，至于韩信之申军法，即《汉志》之序次兵法，其为校理旧书，可以断言。"⑦ 甚是。

至沈家本方以韩信"序次兵法"与"申军法"为二事：《汉书》"此文军法在律九章之外，韩信所订者，《汉书》注多引《军法》，乃

① ［北宋］司马光：《资治通鉴》，第1册，［元］胡三省注，中华书局1956年版，第407页。

② ［东汉］班固：《汉书》，第6册，中华书局1962年版，第1762—1763页。

③ ［南宋］王应麟：《汉艺文志考证》，载［南宋］王应麟：《玉海》，第8册，江苏古籍出版社、上海书店1987年版，第4061页。

④ ［东汉］许慎：《说文解字》，中华书局1963年版，第114页。

⑤ ［清］段玉裁：《说文解字注》，上海古籍出版社1981年版，第237页。

⑥ 顾实：《汉书艺文志讲疏》，上海古籍出版社1987年版，第208页。

⑦ 余嘉锡：《目录学发微》，载刘梦溪编：《中国现代学术经典·余嘉锡卷》，河北教育出版社1996年版，第81页。至若郑樵《通志》卷七一《校雠略》云："又况《兵家》一类，任宏所编，有韩信《军法》三篇、《广武》一篇。岂有韩信《军法》犹在，而萧何《律令》、张苍《章程》则无之，此刘氏、班氏之过也！"见［南宋］郑樵：《通志》，第1册，浙江古籍出版社2000年版，第833页。杨树达亦以为"韩信申军法"即《兵书略》一兵权谋家所著录之《韩信》三篇，见杨树达：《汉书窥管》，上册，上海古籍出版社1984年版，第244页。则非。

其书也。至《艺文志》之兵法，乃《孙子》、《吴子》之类，所述乃行军之要，与军法不同。”[①] 然沈氏其下所辑汉军法之文，如《汉书》卷六十七《胡建传》：“天汉中，守军正丞。时监军御史为奸，穿北军垒垣以为贾区［……］《黄帝李法》曰：壁垒已定，穿窬不由路”，沈按：“此以《黄帝李法》为据，岂汉军法中载有此文欤？”[②] 可见应该是张良、韩信定著兵法以为军法，其三十五家之中便包含《黄帝李法》[③]。

马宗霍亦驳段玉裁曰：“然余窃疑兵法为用兵之法，军法为治军之法，二者当微有别。张韩之序次兵法，谓整理古之兵书也；韩信之申军法，谓申明治军之法也。许君既称之曰军法，恐别有所本，未必在兵书四种内。”[④] 一般而言，确如马说，但也不可一概而论。“军法”可称“兵法”，正如“军令”又称“兵令”[⑤]。银雀山汉简《见吴

① 沈家本：《历代刑法考》，第 3 册，中华书局 1985 年版，第 1753 页。近日从其说者，如陈公柔等：《青海大通马良墓出土汉简的整理与研究》，载《考古学集刊》，第五辑，中国社会科学出版社 1987 年版，第 313 页。

② 沈家本：《历代刑法考》，第 3 册，中华书局 1985 年版，第 1759 页。

③ 陈伟武指出：“银雀山篇题木牍有《李法》，整理小组辑得六枚，亦注云：‘［……］古书有《黄帝李法》。《汉书·胡建传》：“《黄帝李法》曰：壁垒已定，穿窬不繇（由）路，是谓奸人。奸人者杀。”注：“苏林曰：狱官名也。《天文志》：左角李，右角将。孟康曰：兵书之法也。师古曰：李者，法官之号也，总主征伐刑戮之事也，故称其书曰《李法》。苏说近之。”竹书之《李法》不知与《黄帝李法》是否相关。’今按，银简《李法》中八九二号简云：‘……□然而置李者，所以守国邑之□……’既然‘置李’是为了‘守国邑’，则《李法》理当与军事有关。而《汉书·胡建传》所引《黄帝李法》实亦为军事律令条文，刘向《说苑·指武》篇：‘臣闻《黄帝理法》曰：壁垒已具，行不由路，谓之奸人，奸人者杀。’因此，《汉书》颜注引孟康说谓《李法》是‘兵书之法’甚确。战国时代，黄帝崇拜之风甚炽，好事者从聚军法条文而托名《黄帝理法》。银简《李法》与《黄帝理法》的关系有待进一步研究。”陈伟武：《简帛兵学文献探论》，中山大学出版社 1999 年版，第 46 页。

④ 马宗霍：《说文解字引群书考》，卷二，科学出版社 1959 年版，页十八。

⑤ 陈伟武曰：“《管子·小匡》：‘作内政而寓军令。’又：‘……以为军令。’或称为‘兵令’，如银简《守十三篇》和传本《尉缭子》均有《兵令》篇。”见陈伟武：《简帛兵学文献探论》，中山大学出版社 1999 年版，第 45 页。

王》第208简："孙子乃召其司马与舆司空而告之曰：'兵法曰，弗令弗闻，君将之罪也；已令已申，卒长之罪也。兵法曰，赏善始贱，罚（下残）'。"①陈伟武认为："此例两引'兵法'，非如《孙子》书通常指用兵之法，而是关于庆赏刑罚的军法。前者属有关军事训练的律令，后者属于赏罚的一般原则。"②《汉书》卷七十九《冯奉世传》，元帝玺书："兵法曰，大将军出，必有偏裨，所以扬威武，参计策。"③此兵法所言，也是军队编制。不宁惟是，《史记》卷七《项羽本纪》："籍曰：'书足以记姓名而已。剑一人敌，不足学，学万人敌！'于是梁乃教籍兵法。籍大喜，略知其意，又不肯竟学。"又曰："吴中贤士大夫皆出项梁下，每吴中有大繇役及丧，梁常为主办，阴以兵法部勒宾客及子弟，以是知其能。"④此兵法乃部勒卒伍者。王家祥曾考大通上孙家寨汉简《孙子》，有云：

> 由《史记·孙吴列传》、银雀山汉简《见吴王》所言孙子"兵法"的"勒兵"内容，可知《吴孙子》"兵法"有"勒兵"一类的内容。《史记·孙吴列传》与银雀山汉简《见吴王》同出一源，这已经被学者指出［……］《史记》言："孙子武者，齐人也。以兵法见于吴王阖庐。阖庐曰：子之十三篇，吾尽观之矣，可以小试勒兵乎？"据《史记》所言，孙武献兵法于吴王，吴王要检验孙武的"兵法"，这"兵法"并非玄而玄的哲理，而是具体地操作"勒兵"。注意"勒兵"，今本《尉缭子》有《勒卒令》一篇，是讲金、鼓、铃、旗四种指挥工具的使用方法和作

① 银雀山汉墓竹简整理小组：《银雀山汉墓竹简》［壹］，文物出版社1985年版，图版：第21页，释文：第33页。

② 陈伟武：《简帛兵学文献探论》，中山大学出版社1999年版，第51页。

③ ［东汉］班固：《汉书》，第10册，中华书局1962年版，第3299页。

④ ［西汉］司马迁：《史记》，第1册，中华书局2013年修订本，第376页。

> 用，强调军事训练和正确指挥的重要性。……银雀山汉简《见吴王》则谓孙武教战：“知汝右手”，“知汝心”，“知汝背”，“鼓而前之”“金而坐之”语。《史记·孙吴列传》则云“‘汝知而心与左右手背乎?’妇人曰：‘知之。’孙子：‘前，则视心；左，视左手；后，即视背’。“即三令五申之。于是鼓之右……复令三令五申而鼓之左”，“于是复鼓之。妇人左、右、前、后、跪、起，皆中规矩绳墨。”可见二者是为一类。孙武所言“兵法”乃是“勒卒”类耳。《史记》所言孙武所献“兵法”十三篇的“兵法”又称“战法”，主要内容是“治军之法”。《周礼·夏官·大司马》云：“中春，教振礼，司马以旗致民，平列阵，如战之阵”，“以教坐、作、进、退、疾、徐、疏、数之节”。郑注“习战法”，又云“习兵法”。上孙家寨《孙子》残简中的《合战令》、《军斗令》就是这一类。①

章邯秦军可谓无敌天下，乃数败于项氏，这应当是项梁琢磨出了一套针对秦军的战法，起兵前“阴以兵法部勒宾客子弟”的和教项羽的都正是这一套战法。《兵书略》二兵形势有《项王》一篇，自注：“名籍。”② 李零云：

> “形势”，指兵力配置。“形”是己所固有万变不离其宗的可见之形；“势”是因敌变化令人高深莫测的人为态势。前者指投入战场前的一切准备（包括队伍的征发、组建，以及装备、训练），后者是针对战场形势对兵力的调动和再分配。这两个字合

① 王家祥：《大通上孙家寨汉简〈孙子〉研究：关于〈孙子兵法〉早期形态的一点认识》，载《文献》2000年第1期，第34—35页。

② ［东汉］班固：《汉书》，第6册，中华书局1962年版，第1759页。

在一起，是指战术对策，今语叫“战术”。①

《史记》卷九十一《黥布列传》，高祖“望布军置陈如项籍军，上恶之。”②可见项氏确有阵法。

《兵书略》序述兵家源流曰：“兵家者，盖出古司马之职，王官之武备也［……］下及汤武受命，以师克乱而济百姓，动之以仁义，行之以礼让，《司马法》是其遗事也。自春秋至于战国，出奇设伏，变诈之兵并作。”③春秋战国时期军事力量的迅速强大，突破了传统的军法框架，导致兵法成为权谋诡道。武帝令军政杨仆纪奏兵录，军正执掌军法④，可见杨仆校兵书也正是复位军法。任宏重新分类，而兵权谋为第一，独立于其余旧兵法框架中的三家，可谓有识。至班固索性将军礼的集大成者《司马法》请到《六艺略》礼类，从而彻底完成了军事思想的这一转变。

第二节　穿窬与坊里制

沈家本《历代刑法考》辑汉军法佚文，其中有《黄帝李法》。兹引所出《汉书》卷六十七《胡建传》如下：

> 胡建字子孟，河东人也。孝武天汉中，守军正丞，贫亡车马，常步与走卒起居，所以尉荐走卒，甚得其心。时监军御史为奸，穿北军垒垣以为贾区，建欲诛之，乃约其走卒曰：“我欲与公有所诛，吾言取之则取，斩之则斩。”于是当选士马日，监御

① 李零：《兰台万卷》，三联书店2011年版，第157页。
② ［西汉］司马迁：《史记》，第8册，中华书局2013年修订本，第3143页。
③ ［东汉］班固：《汉书》，第6册，中华书局1962年版，第1762页。
④ 参黄今言：《汉代军法论略》，载黄今言：《秦汉史丛考》，经济日报出版社2008年版，第301—303页。

> 史与护军诸校列坐堂皇上，建从走卒趋至堂皇下拜谒，因上堂皇，走卒皆上。建指监御史曰："取彼。"走卒前曳下堂皇。建曰："斩之。"遂斩御史。护军诸校皆愕惊，不知所以。建亦已有成奏在其怀中，遂上奏曰："臣闻军法，立武以威众，诛恶以禁邪。今监御史公穿军垣以求贾利，私买卖以与士市，不立刚毅之心，勇猛之节，亡以帅先士大夫，尤失理不公。用文吏议，不至重法。《黄帝李法》曰：'壁垒已定，穿窬、不由路，是谓奸人，奸人者杀。'臣谨按军法曰：'正亡属将军，将军有罪以闻，二千石以下行法焉。'丞于用法疑，执事不诿上，臣谨以斩，昧死以闻。"制曰："《司马法》曰：'国容不入军，军容不入国'，何文吏也！三王或誓于军中，欲民先成其虑也；或誓于军门之外，欲民先意以待事也；或将交刃而誓，致民志也。建又何疑焉！"建由是显名。①

《黄帝李法》下，苏林注曰："狱官名也。《天文志》'左角李，右角将'。"孟康曰："兵书之法也。"师古曰："李者，法官之号也，总主征伐刑戮之事也，故称其书曰《李法》。苏说近之。"②洪迈《容斋四笔》卷二"黄帝李法"条曰："予按今本《汉书·天文志》骑官，'左角理'，乃用'理'字，而《史记·天官书》则为'李'，《说苑》载胡建事亦为'理法'。然则'理'、'李'一也。"③

沈家本按："《李法》所言，自是行军之际，故壁垒定而穿窬者即属奸人，在可斩之列。若此御史之穿北军垒垣，自与行军时之壁垒不同，岂得缘以为比？"④观下武帝执"国容""军容"之别以是建，可

---

① ［东汉］班固：《汉书》，第 9 册，中华书局 1962 年版，第 2910 页。
② 同上书，第 2911 页。
③ ［南宋］洪迈：《容斋随笔》，上海古籍出版社 1978 年版，第 634—635 页。
④ 沈家本：《历代刑法考》，第 3 册，中华书局 1985 年版，第 1759 页。

知此指“军容”而言，无关于行军与否，沈氏言“不得为比”，非也。又“穿窬”与“不由路”当为二事。“穿窬”乃指凿壁为孔[1]，即传所谓“穿北军垒垣以为贾区”、“穿军垣以求贾利”，用今天的话说，就是打破围墙开门店。“不由路”见《三国志》一《魏书》卷十二《鲍勋传》：“（孙）邕邪行不从正道，军营令史刘曜欲推之，勋以堑垒未成，解止不举。”曜归而劾勋，文帝竟诛勋[2]。刘曜所据军法当即胡建所引[3]，可知当时军法中确有此文。《说苑・指武篇》亦载胡建此事，引《黄帝理法》曰：“垒壁已具，行不由路，谓之奸人，奸人者杀。”[4]独无“穿窬”二字，使建奏遂失所据，当有讹脱。

秦汉城市行坊里制，每一里均筑有封闭性垣墙。云梦睡虎地秦简《法律答问》第186简：“越里中之与它里界者，垣为‘完（院）’不为？巷相直为‘院’；宇相直者不为‘院’。”整理小组注释：“院，《说文》作‘寏’，云：‘周垣也。’即围墙。”整理小组译文：“越过里与其他里之间的界墙，该墙是不是‘院’？两巷相对，其间的墙是‘院’；两屋相对，其间的墙不是‘院’。”[5]法律禁止损坏和翻越垣墙。张家山汉简《二年律令・杂律》第182简：“越邑、里、官、市院垣，若故坏决道出入，及盗启门户，皆赎黥。其垣坏高不盈五尺者，除。”[6]城邑、坊里、官府、市场都有

① 参［清］臧庸：《拜经日记》，国家图书馆出版社2011年版，第135页；［清］刘宝楠：《论语正义》，下册，中华书局1990年版，第693页。
② ［西晋］陈寿：《三国志》，第2册，中华书局1959年版，第386页。
③ 参吴金华：《〈三国志校诂〉外编》，载吴金华：《古文献研究丛稿》，江苏教育出版社1995年版，第180—181页。
④ ［西汉］刘向纂辑：《说苑》，向宗鲁《校证》本，中华书局1987年版，第374页。
⑤ 睡虎地秦墓竹简整理小组：《睡虎地秦墓竹简》，文物出版社1990年版，图版：第64页，释文：第137—138页。
⑥ 彭浩、陈伟、［日］工藤元男主编：《二年律令与奏谳书——张家山二四七号汉墓出土法律文献释读》，上海古籍出版社2007年版，图版：第21页，释文：第162页。

垣墙，如果翻越或损坏，或擅自开启门户，都处赎黥[①]。如果垣墙已被他人损坏，未得到及时修缮，缺口的高度在五尺以下，从缺口出入的人，免罪。北军监御史"穿窬"，即损坏了北军垣墙，如果由文吏依照损坏坊里垣墙的律令来处罚，只能罚款。但是该监御史乃是"穿军垣以求贾利"，罚款显然不足以为惩戒。所以胡建引《黄帝李法》，以军法斩之。刘宝楠谓"此在军律尤严也"[②]，是也。

不止于此，坊里制还禁止商铺、住宅打破垣墙向街道开门。但旅店则必须临街开门，所以法家便极为仇视逆旅，必欲禁绝。《商君书·垦令》："废逆旅，则奸伪、躁心、私交、疑农之民不行，逆旅之民无所于食，则必农，农则草必垦矣。"[③]于是，身为军法官的胡建对于监御史"穿军垣以求贾利"的行为恨之入骨，也就完全可以理解了。

第三节 营垒与黄帝建国营都

银雀山汉简根据篇题木牍整理出"守法""守令"等十三篇文字。篇题木牍中有"李法"，整理小组在简文中找到"置李"、"李主法"等文字，尤其是第894简云："……为公人三日。李主法，罚为公人一……"，认为："本篇所收各简，皆言处罚官吏之事，且有'置李'、'李主法'等语，当属标题木牍所记之《李法》篇。"并认为："竹书

① 关于"赎黥"性质及其在秦汉刑罚体系中的地位，可参［德］陶安：《秦漢刑罰体系の研究》，東京：東京外国語大学アジア・アフリカ言語文化研究所，2009年，第112—116页。张家山汉简《二年律令·具律》第119简："赎劓、黥，金一斤。"彭浩等主编：《二年律令与奏谳书——张家山二四七号汉墓出土法律文献释读》，上海古籍出版社2007年版，图版：第15页，释文：第140页。

② ［清］刘宝楠：《论语正义》，下册，中华书局1990年版，第693页。

③ 《商君书》，蒋礼鸿《锥指》本，中华书局1986年版，第11—12页。

之《李法》不知与《黄帝李法》是否有关。”[①]整理小组的这一思路固然有据，关于《李法》与《黄帝李法》关系的判断也极为谨慎，但是如果将其判定《李法》文字的依据反向观之，则可知其不然：难道在《守法》《守令》十三篇中，只允许《李法》一篇的文字中出现“李”吗？其他篇既然也相关于法令，是否也可以言及“李”呢？陈伟武对于《李法》的属性则有不同看法：

> 银简《李法》中八九二号简云：“……□然而置李者，所以守国邑之□……”既然“置李”是为了“守国邑”，则《李法》理当与军事有关。而《汉书·胡建传》所引《黄帝李法》实亦为军事律令条文，刘向《说苑·指武》篇：“臣闻《黄帝理法》曰：壁垒已具，行不由路，谓之奸人，奸人者杀。”因此，《汉书》颜注引孟康说谓《李法》是“兵书之法”甚确。战国时代，黄帝崇拜之风甚炽，好事者丛聚军法条文而托名《黄帝理法》。银简《李法》与《黄帝理法》的关系有待进一步研究。[②]

当时书名相同或相近之书所在多有，银简《李法》与《黄帝李法》不必即为一书。且二者皆为残存，确实不宜做过多推测。不过从银雀山汉简整理小组与陈伟武的考察来看，银简《李法》的确包含两部分，一是整理小组所谓“处罚官吏之事”，一是陈先生所谓“军事

① 银雀山汉墓竹简整理小组：《银雀山汉墓竹简》[壹]，文物出版社1985年版，释文：第142页。张伯元论证银简《李法》与《黄帝李法》为一书。张伯元：《出土法律文献丛考》，上海人民出版社2013年版，第230—234页。其论证欲以银简《地典》篇“黄帝”文字羼入《李法》从而可名《黄帝李法》，难以服人。

② 陈伟武：《简帛兵学文献探论》，第46页。李学勤认为，《守法》等十三篇“是一部子书”，其中制度规定“只是学者的设计方案，并非当时任何诸侯国的历史实际”。李学勤：《〈田法〉讲疏》，载李学勤：《简帛佚籍与学术史》，江西教育出版社2001年版，第362页。

律令条文”。当然从古代“兵刑合一”的传统来看，可以将二者整合，但那仅是就二者的源起而言。战国以后，军法与民事已有严格区分，此即《胡建传》武帝诏书引《司马法》所言“国容不入军，军容不入国”。孟康说《黄帝李法》是“兵法之书”，不知他是亲见原书，还是仅仅据胡建所引推测①。不过，即便《黄帝李法》与银简《李法》一样，包含多方面的内容，至少就其佚文而言，为何仅存“壁垒已定”一则，仍然值得详考。

李明德认为：

> 《汉书·艺文志》在述及一些托名黄帝的书时，已明确指出非黄帝时的作品。例如《黄帝泰素》二十篇。注云：“六国时韩诸公子所作。”又如《黄帝说》四十篇。注云：“迂诞依托。”由此看来，《黄帝李法》也是托名黄帝的著述，绝非黄帝时已制定有名为《李法》的法典。至于托名的原因，颜师古注已有交代：“李者，法官之号也，总主征伐刑戮之事也，故称其书曰《李法》。”上古时代“兵刑合一”，而传说中大规模的民族战争又起于黄帝时，而且黄帝屡战屡胜，所以，以事关征伐刑戮的《李法》托名黄帝，也就不足为怪了。②

其以《黄帝李法》成书于战国而托名于黄帝，甚是。至于托名于黄帝

---

① 陈乃华以银简《李法》与《黄帝李法》为一书，因而认为孟康之说“不准确”，不当。陈乃华：《论齐国法制对汉制的影响》，载《中国史研究》1997年第2期，第39页。李学勤则认为：“《守法守令等十三篇》一书的性质颇似《尉缭子》，以论兵为主，兼及治政。我们既然承认《尉缭子》是兵书，《守法守令等十三篇》也应当列为兵书。”李学勤：《论银雀山简〈守法〉、〈守令〉》，载李学勤：《简帛佚籍与学术史》，江西教育出版社2001年版，第348页。

② 李明德：《“黄帝李法”辨》，载《法学杂志》1995年第1期，第39页。

的原因，李氏亦指出系“传说中大规模的民族战争又起于黄帝时”，此正可深究。

《庄子·杂篇·盗跖》中，盗跖曰：

> 神农之世，卧则居居，起则于于，民知其母，不知其父，与麋鹿共处，耕而食，织而衣，无有相害之心，此至德之隆也。然而黄帝不能致德，与蚩尤战于涿鹿之野，流血百里。尧舜作，立群臣，汤放其主，武王杀纣。自是之后，以强陵弱，以众暴寡。汤武以来，皆乱人之徒也。①

值得注意的是，《史记》卷一《五帝本纪》曰：“轩辕之时，神农氏世衰。”②也明确将黄帝接于神农之后。如果我们搁置《盗跖篇》中的道德评判，单纯从其历史论述来看，尧舜君臣关系的确立，标志着国家的形成。盗跖将“立群臣”紧接在“流血百里”的大战之后，意在建立二者的联系，即臣的来源为战败者的臣服。因此，黄帝之战意味着远古至德之世的终结，开始了以战争建立国家的血腥历程。此外，《周易·系辞传》下：“神农氏没，黄帝、尧、舜氏作，通其变，使民不倦［……］弦木为弧，剡木为矢，弧矢之利，以威天下，盖取诸睽。”③《商君书·更法》曰：“伏羲、神农教而不诛，黄帝、尧、舜诛而不怒。及至文、武，各当时而立法，因事而制礼。”④又《画策》：“神农之世，男耕而食，妇织而衣，刑政不用而治，甲兵不起而王。神农既没，以强胜弱，以众暴寡。故黄帝作为君臣上下之义，父子兄

---

① 《庄子》，［清］郭庆藩《集释》本，第4册，中华书局1961年版，第995页。
② ［西汉］司马迁：《史记》，第1册，中华书局2013年修订本，第4页。
③ ［三国·魏］王弼注经、［东晋］韩康伯注传、［唐］孔颖达疏：《周易注疏》，载［清］阮元校刻：《十三经注疏》，第1册，艺文印书馆2007年版，第167—168页。
④ 《商君书》，蒋礼鸿《锥指》本，中华书局1986年版，第4页。

弟之礼，夫妇妃匹之合，内行刀锯，外用甲兵，故时变也。”① 同样也以黄帝接续于神农之后，开始战争刑诛，并明确将立君臣置于黄帝之世。

《史记》卷一《五帝本纪》叙黄帝建国，曰：“邑于涿鹿之阿。迁徙往来无常处，以师兵为营卫。”② 可见黄帝虽建都于涿鹿，但是却经常率军筑营于各处。这一格局非常类似三代都城布局。张光直曾提出三代圣俗都城的观念：“三代各代都有一个永恒不变的‘圣都’，也各有若干迁徙行走的‘俗都’。圣都是先祖宗庙的永恒基地，而俗都虽也是举行日常祭仪之所在，却主要是王的政治、经济、军队的领导中心。”③ 事实上，中国的早期城邑也并非文明声教之所，而是以军事堡垒成为政治中心。张光直指出：“中国最早的城市的特征，乃是作为政治权力的工具与象征。费孝通氏把近代中国的城邑叫做‘在权力居于武力这种政治系统里面统治阶级的一种工具。它是权力的象征，也是维护权力的必要工具’。这个界说，是完全适用于中国最古的城市的。”④ 于是我们可以推断黄帝“以师兵为营卫”的意义，正是以军事营垒建造俗都。《黄帝李法》仅存于世的佚文“壁垒已具”一则，正对应于银简《李法》“守国邑”一则之军事内容，殆非偶合。

《周礼·夏官·量人》：“量人掌建国之法，以分国为九州，营国城郭，营后宫，量市朝道巷门渠。造都邑亦如之。营军之垒舍，量其市朝、州、涂、军社之所里。”⑤ “营国城邑”与“营军垒舍”，皆夏官

① 《商君书》，蒋礼鸿《锥指》本，中华书局1986年版，第107页。
② ［西汉］司马迁：《史记》，第1册，中华书局2013年修订本，第7页。
③ ［美］张光直：《三代社会的几点特征——从联系关系看事物本质两例》，载［美］张光直：《考古学专题六讲》，文物出版社1986年版，第110页。
④ ［美］张光直：《关于中国初期“城市”这个概念》，载［美］张光直：《中国青铜时代二集》，三联书店1990年版，第5页。
⑤ ［东汉］郑玄注、［唐］贾公彦疏：《周礼注疏》，载［清］阮元校刻：《十三经注疏》，第3册，艺文印书馆2007年版，第456页。

大司马之属官量人所掌。此非简单的二职掌于一官，揆其初，“营国城邑”与“营军垒舍”当为一职。《史记》卷九十六《张丞相列传》：

> 嘉为丞相五岁，孝文帝崩，孝景帝即位。二年，晁错为内史，贵幸用事，诸法令多所请变更，议以谪罚侵削诸侯。而丞相嘉自绌所言不用，疾错。错为内史，门东出，不便，更穿一门南出。南出者，太上皇庙堧垣。嘉闻之，欲因此以法错擅穿宗庙垣为门，奏请诛错。错客有语错，错恐，夜入宫上谒，自归景帝。至朝，丞相奏请诛内史错。景帝曰：“错所穿非真庙垣，乃外堧垣，故他官居其中，且又我使为之，错无罪。”罢朝，嘉谓长史曰：“吾悔不先斩错，乃先请之，为错所卖。”至舍，因欧血而死。①

在先秦，营国最为重要的是宗庙。《左传》庄公二十八年：“凡邑有宗庙先君之主曰都，无曰邑。”②《吕氏春秋·慎势》：“古之王者，择天下之中而立国，择国之中而立宫，择宫之中而立庙。”③营国也是以宗庙为始。《墨子·明鬼》：“且惟昔者虞夏商周三代之圣王，其始建国营都日，必择国之正坛，置以为宗庙。”④破坏汉代宗庙垣墙所适用的，并非民事性质的“赎黥”，而是军事性质的诛杀：凡此皆透露出宫庙与军营在国家政治结构中的相关性。

无论《黄帝李法》是一本包含多篇的书，还是仅为一篇之文；也无论其是严格的军法，还是具有多方面的内容，值得关注的是，为什

① ［西汉］司马迁：《史记》，第8册，中华书局2013年修订本，第3234—3235页。
② ［西晋］杜预注、［唐］孔颖达疏：《春秋左传注疏》，载［清］阮元校刻：《十三经注疏》，第6册，艺文印书馆2007年版，第178页。
③ 《吕氏春秋》，许维遹《集释》本，下册，中华书局2009年版，第460页。
④ 《墨子》，［清］孙诒让《间诂》本，上册，中华书局2001年版，第235页。

么仅仅“壁垒”一则得以被引用，尤其是如此坚挺地贯穿汉魏，得以作为军法，贯彻执行。

第四节 苛法与黄帝类型道论政论

刘蔚华指出，战国中后期兴起的黄老学，保留了早期道家思想中“天道自然”、“无为而治”、“因应对势”与辩证法的内容，抛弃了对他们来说已经过时的反权威原则，而代之以一种新权威观念。以致逐步演变为一种新兴统治者乐于接受和运用的君人南面之术。黄老学的诞生，就是道家由反权威主义向新权威主义的转变，从而实现了由在野的学术向在朝的学术的转变。在中国历史上，道家参政是从黄老开始的①。

战国后期到西汉前期流行一时的黄老思想，并非铁板一块，多位学者指出其中约略可别为两派②。这可分别对应于曹峰所称的“老子类型的道论和政论”及“黄帝类型的道论及政论”。《老子》既强调“道”为最高本体，又强调“道”对于社会和人生具有决定性意义。这种道论既为万物存在的合理性提供了依据，又为圣人走上至高政治地位及完成天下一统之政治目标的合理性提供了依据。“老子类型道论”在《黄帝四经》中虽然重要，但似乎还不是论述的重点，需要引起注意的是另外一种道论，可以简言之为天道论。这种天道论视天地人为相互联动的一个整体，根据宇宙秩序来指示人类的政治行为。《黄帝四经》中有大量天地之道的描述，有时指的是日月运行、四时更替等表现为“理”、“数”、“纪”的宇宙秩序，有时指的是阴阳消息、动静盈虚、刚柔兼济的宇宙原理，这都是人所需要认识和把握的

① 刘蔚华：《黄老所完成的历史性过渡》，第2—3页，载丁原明：《黄老学论纲》，山东大学出版社1997年版。

② 相关综述可参李锐：《战国秦汉时期的学派问题研究》，北京师范大学出版社2011年版，第153—165页。

天道。较之常人无法感知、难以体会的抽象之“道”，天道正是任何人都可以直接感受、又不得不遵循的天地运行规律和法则。因此，天道既具有形象直观的特点，同时又具备与“道”相同的权威性和绝对性，这样，顺应天道成为掌握天下最为直接有效的手段。对于圣人而言，法天地以尽人事，从天地人贯通的宇宙秩序中，提炼出治世的方法、是非的标准，就是首要的政治事务。因此，“黄帝类型道论”较之“老子类型道论”，具有更为实际的指导意义。这套包罗万象的、统一连贯的宇宙观，和知识、技术、禁忌、规则有着密切关系，而黄帝在这套为社会普遍信奉、遵从的规则、禁忌系统中占据着不可替代的地位。正是通过黄帝这个媒介，为社会普遍遵循的规则、禁忌系统才得以导入其理论系统中，使之既具有现实操作性，又有天生的可信性和权威性。有学者认为，黄老道家中，黄帝只是为了提高学说的影响而设置的可有可无的假托。其实不然，依靠了黄帝代表的规则、禁忌系统，从天道到人道才得以真正落实①。

“老子类型的道论及政论”的典型政治实践，即是河上丈人后学通过曹参施政中表现出的“清静无为”。《史记》卷八十《乐毅列传》赞曰：“乐臣（巨）公学黄帝、老子，其本师号曰河上丈人，不知其所出。河上丈人教安期生，安期生教毛翕公，毛翕公教乐瑕公，乐瑕公教乐臣（巨）公，乐臣（巨）公教盖公。盖公教于齐高密、胶西，为曹相国师。”②《史记》卷五十四《曹相国世家》，曹参相齐，“闻胶西有盖公，善治黄老言，使人厚币请之。既见盖公，盖公为言治道贵清静而民自定，推此类具言之。参于是避正堂，舍盖公焉。其治要用黄老术，故相齐九年，齐国安集，大称贤相。”参死后，民歌之曰：

① 曹峰：《近年出土黄老思想文献研究》，中国社会科学出版社2015年版，第25—27页。

② ［西汉］司马迁：《史记》，第7册，中华书局2013年修订本，第2941页。

“载其清静，民以宁一。”① 按“治道贵清静而民自定”乃当时对于老子学说最为核心的概括。《史记》卷六十三《老子韩非列传》于老子传最后之结语亦言：“李耳无为自化，清静自正。”② 其语本于《老子》第五十七章：“故圣人云，我无为而民自化，我好静而民自正。”③ 至汉武帝时，朝中仍有此类官吏。《史记》卷一二〇《汲黯列传》：“黯学黄老之言，治官理民，好清静，择丞史而任之。其治，责大指而已，不苛小［……］治务在无为而已，弘大体，不拘文法。”④

反之，则是战国中后期的法家代表人物往往与黄老刑名相关。如《史记》卷六十三《老子韩非列传》言：“申子之学本于黄老而主刑名。”⑤ 又言韩非“喜刑名法术之学，而其归本于黄老。”⑥《史记》卷六十八《商君列传》：“鞅少好刑名之学。”⑦ 法家立法，以烦苛著称。《汉书》卷二十三《刑法志》：“韩任申子，秦用商鞅，连相坐之法，造参夷之诛；增加肉刑、大辟，有凿颠、抽胁、镬烹之刑。至于秦始皇，兼吞战国，遂毁先王之法，灭礼谊之官，专任刑罚，躬操文墨，昼断狱，夜理书，自程决事，日县石之一。而奸邪并生，赭衣塞路，囹圄成市，天下愁怨，溃而叛之。”高祖入关，约法三章，“蠲削烦苛，兆民大说［……］及至孝武即位，外事四夷之功，内盛耳目之好，征发烦数，百姓贫耗，穷民犯法，酷吏击断，奸轨不胜。于是

① ［西汉］司马迁：《史记》，第6册，中华书局2013年修订本，第2450、2452页。

② ［西汉］司马迁：《史记》，第7册，中华书局2013年修订本，第2594页。

③ 《老子道德经》，载浙江书局辑刊：《二十二子》，上海古籍出版社1986年版，第7页。

④ ［西汉］司马迁：《史记》，第10册，中华书局2013年修订本，第3747—3748页。

⑤ ［西汉］司马迁：《史记》，第7册，中华书局2013年修订本，第2597页。《汉书》卷二十三《刑法志》于战国变法，以“韩任申子，秦用商鞅”连言。［东汉］班固：《汉书》，第4册，中华书局1962年版，第1096页。

⑥ ［西汉］司马迁：《史记》，第7册，中华书局2013年修订本，第2598页。

⑦ 同上书，第2693页。

招进张汤、赵禹之属，条定法令，作见知故纵、监临部主之法，缓深故之罪，急纵出之诛。其后奸滑巧法，转相比况，禁罔寖密。律令凡三百五十九章，大辟四百九条，千八百八十二事，死罪决事比万三千四百七十二事。文书盈于几阁，典者不能遍睹。”①在曹参之时，其用人就是“择郡国吏木诎于文辞，重厚长者，即召除为丞相史。吏之言文刻深，欲务声名者，辄斥去之。”(《史记》卷五十四《曹相国世家》)②武帝朝的律令趋于烦苛，必然与黄老清静无为之学冲突。《史记》卷一二〇《汲黯列传》：

> 张汤方以更定律令为廷尉，黯数质责汤于上前，曰：“公为正卿，上不能褒先帝之功业，下不能抑天下之邪心，安国富民，使囹圄空虚，二者无一焉。非苦就行，放析就功，何乃取高皇帝约束纷更之为？公以此无种矣。”黯时与汤论议，汤辩常在文深小苛，黯伉厉守高不能屈，忿发骂曰：“天下谓刀笔吏不可以为公卿，果然！必汤也，令天下重足而立，侧目而视矣！”③

与此相应，阴阳家与黄帝说关系密切④，而司马谈从“道德家”的角度对阴阳家所作的批评恰恰是“大祥而众忌讳，使人拘而多所畏”⑤。

无疑，《黄帝李法》在学术分野上属于“黄帝类型”，其短短数言对于军营的苛细规定也符合“黄帝类型”的特征。胡建援引《黄帝

① ［东汉］班固：《汉书》，第4册，中华书局1962年版，第1096—1101页。
② ［西汉］司马迁：《史记》，第6册，中华书局2013年修订本，第2451页。
③ ［西汉］司马迁：《史记》，第10册，中华书局2013年修订本，第3750页。
④ 参葛志毅：《黄帝之学考论》，载廖名春主编：《显微阐幽——古典文献的探故与求新》，汕头大学出版社2016年版，第14—18页。
⑤ ［西汉］司马迁：《史记》，第10册，中华书局2013年修订本，第3965页。

李法》斩监御史，也正符合武帝时律令逐渐烦苛的趋势，其获得武帝支持，乃是理所当然①。并非罗义俊所说乃是汉臣议事可以“引诸子言”②。

第五节 暴力建国与军事国家

庄子后学以黄帝战争立国为不德。与之相反，法家的国家学说以立君建国之前为一纷争不德之乱世，因此必须立君以建立秩序。《商君书·开塞篇》：

> 天地设而民生之。当此之时也，民知其母而不知其父，其道亲亲而爱私。亲亲则别，爱私则险民众，而以别险为务，则民乱。当此之时，民务胜而力征。务胜则争，力征则讼。讼而无正，则莫得其性也。故贤者立中正，设无私，而民说仁。当此时也，亲亲废，上贤立矣。凡仁者以爱为务，而贤者以相出为道。

---

① 武帝朝治军趋于严苛，如《史记》卷一〇九《李将军列传》：“孝景崩，武帝立，左右以为广名将也，于是广以上郡太守为未央卫尉，而程不识亦为长乐卫尉。程不识故与李广俱以边太守将军屯。及出击胡，而广行无部伍行陈，就善水草屯，舍止，人人自便，不击刀斗以自卫，莫府省约文书籍事，然亦远斥候，未尝遇害。程不识正部曲行伍营陈，击刀斗，士吏治军簿至明，军不得休息，然亦未尝遇害。不识曰：‘李广军极简易，然虏卒犯之，无以禁也；而士卒亦佚乐，咸乐为之死。我军虽烦扰，然虏亦不得犯我。’是时汉边郡李广、程不识皆为名将，然匈奴畏李广之略，士卒亦多乐从李广而苦程不识。程不识孝景时以数直谏为太中大夫。为人廉，谨于文法。”［西汉］司马迁：《史记》，第9册，中华书局2013年修订本，第3449—3450页。周晓痴认为，李广“的治军方法，多少带有点无为而治的色彩”。周晓痴：《也谈“李广难封”的原因——与高敏同志商榷》，载《湖北大学学报》1987年第4期，第58页。笔者认为，李广难封，一方面是他的治军方式不合武帝时律令严苛的总体趋势，一方面是他习惯于在战场上以武士竞技为目的，而不是致力于斩首、虏获，建立军功。

② 罗义俊：《汉武帝“罢黜百家”辨》，载《中国古代史论丛》，第一辑，福建人民出版社1981年版，第69页。

> 民众而无制，久而相出为道，则有乱。故圣人承之，作为土地货财男女之分。分定而无制，不可，故立禁。禁立而莫之司，不可，故立官。官设而莫之一，不可，故立君。既立君，则上贤废而贵贵立矣。然则上世亲亲而爱私，中世上贤而说仁，下世贵贵而尊官。上贤者，以道相出也；而立君者，使贤无用也。亲亲者，以私为道也；而中正者，使私无行也。此三者非事相反也，民道弊而所重易也，世事变而行道异也。故曰：王者有绳。夫王道一端，而臣道亦一端；所道则异，而所绳则一也。故曰：民愚则智可以王，世知则力可以王。①

面对“务胜力争”的乱世，立君以战止乱，于民为大德。《史记》卷六《秦始皇本纪》，秦始皇平定六国后，自述功德曰：“寡人以眇眇之身，兴兵诛暴乱，赖宗庙之灵，六王咸伏其辜，天下大定。”②群臣上尊号表亦曰：“昔者五帝地方千里，其外侯服夷服，诸侯或朝或否，天子不能制。今陛下兴义兵，诛残贼，平定天下，海内为郡县，法令由一统，自上古以来未尝有，五帝所不及。”③《史记》卷八《高祖本纪》，诸侯及将相相与共请尊汉王为皇帝，皆曰：“大王起微细，诛暴逆，平定四海。”④指挥军队平定天下，建国立君，这本身就是莫大的功德。项羽则说得更为露骨：“身被坚执锐首事，暴露于野三年，灭秦定天下者，皆将相诸君与籍之力也！”（《史记》卷七《项羽本纪》）⑤——天下是老子打下来的！具有如此功德的君主，如秦始皇，在建国之后无论何种作为，都被视为君主与国家对于黔首的恩德。这

① 《商君书》，蒋礼鸿《锥指》本，中华书局 1986 年版，第 51—53 页。
② ［西汉］司马迁：《史记》，第 1 册，中华书局 2013 年修订本，第 299 页。
③ 同上书，第 300 页。
④ ［西汉］司马迁：《史记》，第 2 册，中华书局 2013 年修订本，第 474 页。
⑤ ［西汉］司马迁：《史记》，第 1 册，中华书局 2013 年修订本，第 398 页。

一法家类型的国家也就不需要对黔首施予婆婆妈妈的仁义恩惠："故惠者，民之仇雠也；法者，民之父母也！"(《管子·法法》)① 由此建构一绝对的君臣观。《史记》卷一二一《儒林列传》：

> 清河王太傅辕固生者，齐人也。以治《诗》，孝景时为博士。与黄生争论景帝前。黄生曰："汤武非受命，乃弑也。"辕固生曰："不然。夫桀纣虐乱，天下之心，皆归汤武。汤武与天下之心而诛桀纣，桀纣之民不为之使而归汤武，汤武不得已而立，非受命为何?"黄生曰："冠虽敝，必加于首；履虽新，必关于足。何者？上下之分也。今桀纣虽失道，然君上也；汤武虽圣，臣下也。夫主有失行，臣下不能正言匡过，以尊天子，反因过而诛之，代立践南面，非弑而何也！"辕固生曰："必若所云，是高帝代秦，即天子之位，非邪?"于是景帝曰："食肉不食马肝，不为不知味。言学者无言汤武受命，不为愚。"遂罢。是后学者莫敢明受命放杀者。②

黄生认为，只要君臣关系一旦确定，君主就是绝对的，无论基于任何理由都不允许推翻君主。在秦始皇看来，这样的制度是人类有史以来最为优越的制度，臻于历史的终结，必将"二世三世至于万世，传之无穷"。在泰山刻石中，秦始皇也一再重申这一观念："大义休明，垂于后世，顺承勿革"，"昭隔内外，靡不清净，施于后嗣。化及无穷，遵奉遗诏，永承重戒。"(《史记》卷六《秦始皇本纪》)③

---

① 《管子》黎翔凤《校注》本，上册，中华书局 2004 年版，第 298 页。

② ［西汉］司马迁：《史记》，第 10 册，中华书局 2013 年修订本，第 3767 页。参陈丽桂：《秦汉时期的黄老思想》，文津出版社 1997 年版，第 180 页。

③ ［西汉］司马迁：《史记》，第 1 册，中华书局 2013 年修订本，第 300、308 页。

在这一理路下，军队便成为国家的根基。《管子·法法》："黄帝、唐、虞，帝之隆也，资有天下，制在一人，当此之时也，兵不废。今德不及三帝，天下不顺，而求废兵，不亦难乎！"①可以注意的是，黄帝被置于首位。以此相较于先秦儒学之"天视自我民视，天听自我民听"(《孟子·万章》上引《尚书·泰誓》)②，"民"被摒除在建国程序之外了。《汉书》卷二十三《刑法志》阐发《尚书》说曰：

> 不仁爱则不能群，不能群则不胜物，不胜物则养不足。群而不足，争心将作。上圣卓然先行敬让博爱之德者，众心说而从之。从之成群，是为君矣；归而往之，是为王矣。《洪范》曰："天子作民父母，为天下王。"圣人取类以正名，而谓君为父母，明仁爱德让，王道之本也。③

这也是周礼儒学一以贯之的传统。但是秦汉军事国家则颠覆了这一原则——正如赵高所言："今时不师文而决于武力。"④因此，当军事国家的施政激起反抗时，其君主毫无反躬自省之态，而是立即致力于以武力扑灭抗争。《史记》卷九十九《叔孙通列传》：

> 陈胜起山东，使者以闻，二世召博士诸儒生问曰："楚戍卒攻蕲入陈，于公如何？"博士诸生三十余人前曰："人臣无将，将即反，罪死无赦。愿陛下急发兵击之。"二世怒，作色。叔孙通前曰："诸生言皆非也。夫天下合为一家，毁郡县城，铄其兵，示天下不复用。且明主在其上，法令具于下，使人人奉职，

① 《管子》，黎翔凤《校注》本，上册，中华书局2004年版，第314页。
② 《孟子》，[清]焦循《正义》本，下册，中华书局1987年版，第646页。
③ [东汉]班固：《汉书》，第4册，中华书局1962年版，第1079页。
④ [西汉]司马迁：《史记》，第1册，中华书局2013年修订本，第336页。

> 四方辐辏，安敢有反者！此特群盗鼠窃狗盗耳，何足置之齿牙间。郡守尉今捕论，何足忧。”二世喜曰：“善！”尽问诸生，诸生或言反，或言盗。于是二世令御史案诸生言反者下吏，非所宜言。诸言盗者皆罢之。乃赐叔孙通帛二十匹，衣一袭，拜为博士。①

造反当然不允许，但是军事国家的极致却是连说有人造反都有罪。

由此，国家成为一家一姓之私产。《史记》卷七《项羽本纪》：“楚汉久相持未决，丁壮苦军旅，老弱罢转漕。项王谓汉王曰：‘天下匈匈数岁者，徒以吾两人耳，愿与汉王挑战决雌雄，毋徒苦天下之民父子为也。’汉王笑谢曰：‘吾宁斗智，不能斗力。’”②可见刘项二人对于驱举世之人为一己争天下毫不讳言。黄宗羲《明夷待访录·原君》曰：

> 视天下为莫大之产业，传之子孙，受享无穷。汉高帝所谓“某业所就，孰与仲多”者，其逐利之情不觉溢之于辞矣。此无他，古者以天下为主，君为客，凡君之所毕世而经营者，为天下也；今也以君为主，天下为客，凡天下之无地而得安宁者，为君也。是以其未得之也，屠毒天下之肝脑，离散天下之子女，以博我一人之产业，曾不惨然，曰“我固为子孙创业也”；其既得之也，敲剥天下之骨髓，离散天下之子女，以奉我一人之淫乐，视为当然，曰“此我产业之花息也”。然则为天下之大害者，君而已矣。③

---

① ［西汉］司马迁：《史记》，第8册，中华书局2013年修订本，第3276—3277页。

② ［西汉］司马迁：《史记》，第1册，中华书局2013年修订本，第412页。

③ ［清］黄宗羲：《明夷待访录》，载沈善洪主编：《黄宗羲全集》，第1册，浙江古籍出版社2005年版，第2—3页。

于是，此军事国家之君主，便不再勤劳天下，心系万民，而是以天下适一己之私欲。《史记》卷八十七《李斯列传》，二世责问李斯曰：

吾有私议而有所闻于韩子也，曰："尧之有天下也，堂高三尺，采椽不斲，茅茨不翦，虽逆旅之宿不勤于此矣。冬日鹿裘，夏日葛衣，粢粝之食，藜藿之羹，饭土匦，啜土铏，虽监门之养不觳于此矣。禹凿龙门，通大夏，疏九河，曲九防，决渟水致之海，而股无胈，胫无毛，手足胼胝，面目黎黑，遂以死于外，葬于会稽，臣虏之劳不烈于此矣。"然则夫所贵于有天下者，岂欲苦形劳神，身处逆旅之宿，口食监门之养，手持臣虏之作哉！此不肖人之所勉也，非贤人之所务也。彼贤人之有天下也，专用天下适己而已矣，此所以贵于有天下也。夫所谓贤人者，必能安天下而治万民，今身且不能利，将恶能治天下哉！故吾愿赐志广欲，长享天下而无害，为之奈何？①

秦汉制度，也正是《黄帝李法》"壁垒"佚文所暗含的以军事暴力奠立国家之观念的实现。在此意义上，《黄帝李法》受到重视，甚至编入军法成为现行法律，真是合情合理。

对于这种军事国家，东汉仲长统有着深刻的认识，《后汉书》卷四十九《仲长统列传》载其《昌言·理乱篇》曰：

豪杰之当天命者，未始有天下之分者也。无天下之分，故战争者竞起焉。于斯之时，并伪假天威，矫据方国，拥甲兵与我角才智，程勇力与我竞雌雄，不知去就，疑误天下，盖不可数也。

---

① ［西汉］司马迁：《史记》，第8册，中华书局2013年修订本，第3082—3083页。

角知者皆穷，角力者皆负，形不堪复伉，势不足复校，乃始羁首系颈，就我之衔绁耳。夫或曾为我之尊长矣，或曾与我为等侪矣，或曾臣虏我矣，或曾执囚我矣。彼之蔚蔚，皆匈詈腹诅，幸我之不成，而以奋其前志，讵肯用此为终死之分邪！及继体之时，民心定矣。普天之下，赖我而得生育，由我而得富贵，安居乐业，长养子孙，天下晏然，皆归心于我矣。豪杰之心既绝，士民之志已定，贵有常家，尊在一人。当此之时，虽下愚之才居之，犹能使恩同天地，威侔鬼神。暴风疾霆，不足以方其怒；阳春时雨，不足以喻其泽。周孔数千，无所复角其圣；贲育百万，无所复奋其勇矣。彼后嗣之愚主，见天下莫敢与之违，自谓若天地之不可亡也，乃奔其私嗜，骋其邪欲，君臣宣淫，上下同恶。目极角觝之观，耳穷郑卫之声，入则耽于妇人，出则驰于田猎。荒废庶政，弃亡人物，澶漫弥流，无所底极。信任亲爱者，尽佞谄容说之人也；宠贵隆丰者，尽后妃姬妾之家也。使饿狼守庖厨，饥虎牧牢豚，遂至熬天下之脂膏，斲生人之骨髓。怨毒无聊，祸乱并起，中国扰攘，四夷侵叛，土崩瓦解，一朝而去。昔之为我哺乳之子孙者，今尽是我饮血之寇雠也。至于运徙势去，犹不觉悟者，岂非富贵生不仁，沉溺致愚疾邪！存亡以之迭代，政乱从此周复，天道常然之大数也！①

《诗·大雅·泂酌》小序以此诗为“召康公戒成王也。言皇天亲有德，飨有道也。”其首章即言：“岂弟君子，民之父母。”②可见儒家

① ［南朝·宋］范晔：《后汉书》，第6册，中华书局1965年版，第1646—1648页。

② ［西汉］毛公传、［东汉］郑玄笺、［唐］孔颖达疏：《毛诗注疏》，载［清］阮元校刻：《十三经注疏》，第2册，艺文印书馆2007年版，第622页。汉文帝废肉刑诏也正是引《诗》此语而曰：“夫刑至断支体，刻肌肤，终身不息，何其楚痛而不德也，岂称为民父母之意哉！其除肉刑！”［西汉］司马迁：《史记》，第2册，中华书局2013年修订本，第535页。

政治理想乃是以家拟国。这就意味着国家不是基于暴力而是基于伦理。虽然暴力手段被允许，但是如君主当真运用暴力将被视为君主自身的“德衰”。《论语·八佾》：“子谓韶，‘尽美矣，又尽善也。’谓武，‘尽美矣，未尽善也。’”何晏《集解》引孔安国曰：“韶，舜乐名。谓以圣德受禅，故尽善。武，武王乐也。以征伐取天下，故未尽善。”①《礼记·乐记》：“干戚之舞，非备乐也。”郑玄注：“乐以文德为备，若咸池者。”下即引《论语》此文。孔颖达疏释经曰：“言周乐干戚之舞，非如舜时文德之备乐也。”又释注曰：

> 郑之此注据异代。此经云“干戚非备乐”，明以文德为备，故云“若咸池者”，下文云“若咸池备矣”是也。引《论语》，舜以文德为备，故云“韶，尽美矣”，谓乐音美也；“又尽善也”，谓文德具也。虞舜之时，杂舞干羽于两阶，而文多于武也。谓“武尽美矣”者，大武之乐，其体美矣，下文说大武之乐是也；“未尽善”者，文德犹少，未致太平。②

孔子以武王犹有征伐，是其德不及舜之禅让。法家国家起初标榜以法制促进国家的强大以及民众的德性与福祉，但法制必须以国家强制力为保障，于是法家国家便必定发展为公开以暴力立国的军事国家，并最终导致伦理的暴力化。

---

① 《论语》，[清]刘宝楠《正义》本，上册，中华书局1990年版，第135页。

② [东汉]郑玄注、[唐]孔颖达疏：《礼记注疏》，载[清]阮元校刻：《十三经注疏》，第5册，艺文印书馆2007年版，第670页。

第九章
燔诗书　明法令：秦制之经学影响

早期中国，书籍的写作与流传过程中，往往作者、述者、抄者区分不严。商鞅变法，燔《诗》《书》，明法令，秦制遂取消述者，而严格区分作者与抄者。由此作者仅属于中央集权的圣君贤相，作为抄者的臣民不能再对作者的文字进行任何改动。正是这一点，成为汉代王朝经学成立的基础。

第一节　“述”与“作”

夫子自道“述而不作”①。“述”“作”之分，皇侃《义疏》释曰：“述者，传于旧章也。作者，新制作礼乐也。”② 刘宝楠《正义》亦曰：“《说文》云：‘述，循也。’‘作，起也。’述是循旧，作是创始。”③ 检《诗·周颂·天作》：“天作高山，大王荒之。”毛《传》：“作，生。”孔《疏》：“作者，造立之言，故为生也。”④ 惠栋《易汉学》以“造”“因”解“作”“述”：

① 《论语·述而》，《十三经注疏》，第8册，艺文印书馆2007年版，第60页。

② ［南朝·梁］皇侃：《论语义疏》，载《四部要籍注疏丛刊·论语》，上册，中华书局1998年版，第203页。

③ ［清］刘宝楠：《论语正义》，上册，中华书局1990年版，第251页。

④ ［西汉］毛公传、［东汉］郑玄笺、［唐］孔颖达疏：《毛诗注疏》，载［清］阮元校刻：《十三经注疏》，第2册，艺文印书馆2007年版，第712页。

> 凡作者曰造，述者曰因。《礼器》曰：“夏造殷因。”《论语》曰：“殷因于夏礼，周因于殷礼。”古有因国，《王制》：“天子诸侯，祭因国之在其地而无主者。”《春秋传》曰：“迁阏伯于商丘，商人是因；迁实沈于大夏，唐人是因。”又齐晏子对景公曰：“昔爽鸠氏始居于此地，季萴因之，有逄伯陵因之，蒲姑氏因之，而后太公因之。”盖古有是国而后人居之者为因，犹古有是卦而后人仍之者亦为因。①

其后《乐记》师夫子之意而曰：“故知礼乐之情者能作，识礼乐之文者能述。作者之谓圣，述者之谓明。明圣者，述作之谓也。”郑玄《注》：“述谓训其义也。”②孔颖达《疏》：

> 故知礼乐之情者能作者，下文云穷本知变，乐之情，若能穷极其本，识其变通，是知乐之情也。下文云著诚去伪，礼之经也，若能显著诚信，弃去浮伪，是知礼之情也。凡制作者，量事制宜，既能穷本知变，又能著诚去伪，所以能制作者。识礼乐之文者能述者，文谓上经云屈伸俯仰，升降上下是也。述谓训说义理，既知文章升降，辨定是非，故能训说礼乐义理，不能制作礼乐也。作者之谓圣，圣者，通达物理，故作者之谓圣，则尧舜禹汤是也。述者之谓明，明者，辨说是非，故修述者之谓明，则子

① ［清］惠栋：《易汉学》，载［清］惠栋：《周易述》，下册，中华书局2007年版，第636—637页。

② 今存郑君旧注，凡四训“述”。此处之外，于《仪礼·士丧礼》、《少牢馈食礼》释“循”，于《尚书璇玑钤》释“修”，见唐文：《郑玄辞典》，语文出版社2004年版，第496页。“循”“修”通。《墨子·非儒》下引儒者曰：“君子循而不作。”孙诒让《间诂》引顾广圻曰：“《广雅·释言》：‘循，述也。’《论语》曰：‘君子述而不作。’”中华书局2001年版，第293页。

> 游子夏之属是也。①

孔氏所举述作之例颇可推敲。游夏为孔门文学科，其所述者即孔子，若然，则孔子当为作。然作者之中并无孔子，若本“述而不作”之语，则孔子当为述，其所述即尧舜禹汤（及文武周公）。刘宝楠《论语正义》即谨守“述而不作”一语力辨孔子为述而非作：“孟子云‘孔子作《春秋》’，《春秋》是述，亦言‘作’者，散文通称。如周公作《常棣》，召公述之，亦曰‘作《常棣》’矣。”②是以训诂之法，而混孟子“作”义于“述”。然检《孟子·滕文公》下，乃以“孔子成《春秋》而乱臣贼子惧”厕于“禹抑洪水而天下平，周公兼夷狄、驱猛兽而百姓宁”之后，且明曰：“《春秋》，天子之事也。是故孔子曰：‘知我者其惟《春秋》乎！罪我者其惟《春秋》乎！’”③是以孔子乃圣王制作，决无疑义。故廖平即于经生旧论极致不满：

> 宰我、子贡以孔子“远过尧舜”，“生民未有”。先儒论其事实，皆以归之六经。旧说以六经为帝王陈迹，庄生所谓“刍狗”，孔子删定而行之。窃以作者谓圣，述者谓贤，使皆旧文，则孔子之修六经，不过如今之评文选诗，纵其选择精审，亦不谓选者远过作者。夫述旧文，习典礼，两汉贤士大夫与夫史官类优为之，可覆案也，何以天下万世独宗孔子？则所谓立来绥和，过化存神之迹，全无所见，安得谓“生民未有”耶？④

---

① ［东汉］郑玄注、［唐］孔颖达疏：《礼记注疏》，载［清］阮元校刻：《十三经注疏》，第5册，艺文印书馆2007年版，第669页。

② ［清］刘宝楠：《论语正义》，上册，中华书局1990年版，第252页。

③ 《孟子》，［清］焦循《正义》本，上册，中华书局1987年版，第459、452页。

④ 廖平：《知圣篇》，载《续修四库全书·子部》，上海古籍出版社1996年版，第953册，第787页。

夫子之述者何为，章太炎曾论其为《书》《易》作传云：

> 太史公曰，孔子序《书传》，又曰，《书传》、《礼记》自孔氏。(《孔子世家》) 明孔子序《尚书》，兼录其传［……］《易》之十翼，为传尚矣。《文言》、《彖》、《象》、《系辞》、《说卦》、《序卦》、《杂卦》之伦，体各有异。是故有通论，有驸经，有序录，有略例，《周易》则然。序录与列传又往往相出入。淮南为《离骚传》，其实序也。太史依之，以传屈原。刘向为《别录》，世或称以《别传》，其班次群籍，作者或见《太史公书》，则曰，有列传——明己不烦为录也。[1]

《史记》卷四十七《孔子世家》："孔子之时，周室微，而礼乐废，《诗》《书》缺。追迹三代之礼，叙《书》传，上纪唐虞之际，下至秦穆，编次其事。"[2] 又卷十三《三代世表》序："孔子因史文次《春秋》，纪元年，正时日月，盖其详哉。至于序《尚书》则略，无年月，或颇有，然多阙，不可录。故疑则传疑，盖其慎也。"[3] 是"叙《书》传"即谓孔子作《尚书序》。[4]《孔子世家》又云："孔子晚而喜《易》，

---

① 章太炎：《国故论衡》，庞俊、郭诚永《疏证》本，中华书局2008年版，第330—334页。

② ［西汉］司马迁：《史记》，第6册，中华书局2013年修订本，第2332页。

③ ［西汉］司马迁：《史记》，第2册，中华书局2013年修订本，第617页。

④ 汉人以孔子作《尚书序》，如《汉书》卷三十六《楚元王传》附《刘歆传》载其《移让太常博士书》曰："是故孔子忧道之不行，历国应聘。自卫反鲁，然后乐正，《雅》《颂》乃得其所；修《易》，序《书》，制作《春秋》，以纪帝王之道。"［东汉］班固：《汉书》，第7册，中华书局1962年版，第1968页。又卷三十《艺文志》一《六艺略》二《书》类小序："故《书》之所起远矣，至孔子篹焉，上断于尧，下讫于秦，凡百篇，而为之序，言其作意。"第6册，第1706页。《尚书·虞书·尧典》序孔《疏》："此序郑玄、马融、王肃并云孔子所作。"旧题［西汉］孔安国注、［唐］孔颖达疏：《尚书注疏》，载［清］阮元校刻：《十三经注疏》，第1册，艺文印书馆2007年版，第18页。

序《彖》、《系》、《象》、《说卦》、《文言》。”则是谓孔子作《易传》[①]。斯数“序”，无疑皆“序传”之意。夫子又调整《诗》之篇序。《左传》襄公二十九年，吴季札聘鲁观乐，齐以前次序同于今本《毛诗》，齐以后则依次为豳、秦、魏、唐、陈、桧。杜预于“为之歌秦”下注曰：“诗第十一。后仲尼删定，故不同。”[②]孔颖达《毛诗正义》于“毛诗国风”下注云：“诸国之次，当是大师所弟。孔子删定，或亦改张。……杜以为今所弟皆孔子之制，孔子之前则如《左传》之次，郑意或亦然也。”[③]夫子之调序，当有深意蕴焉，孔《疏》虽曾有所推测，然亦承认“周、召，风之正经，固当为首。自卫以下，十有余国，编此先后，旧无明说。去圣久远，难得而知。”[④]

李学勤将出土简帛书籍与现存古书相对比，归纳在古书的产生和流传的过程中，有下列十种值得注意的情况：佚失无存、名亡实存、为今本一部、后人增广、后人修改、经过重编、合编成卷、篇章单行、异本并存、改换文字[⑤]。虽然表现有种种不同，究其根本，即在于当时作者、述者区分不严。王博就认为：

---

① 《汉书》卷三十《艺文志》—《六艺略》之《易》类小序：“孔氏为之《彖》、《象》、《系辞》、《文言》、《序卦》之属十篇。”[东汉]班固：《汉书》，第6册，中华书局1962年版，第1704页。又卷八十八《儒林传》：孔子“盖晚而好《易》，读之韦编三绝，而为之传。”师古曰：“传谓《彖》、《象》、《系辞》、《文言》、《说卦》之属。”第11册，第3589、3591页。孔颖达《周易正义》卷首《论夫子十翼》：“其《彖》、《象》等十翼之辞，以为孔子所作，先儒更无异论。”[三国·魏]王弼注经、[东晋]韩康伯注传、[唐]孔颖达疏：《周易注疏》，载[清]阮元校刻：《十三经注疏》，第1册，艺文印书馆2007年版，第7页。

② [西晋]杜预注、[唐]孔颖达疏：《春秋左传注疏》，载[清]阮元校刻：《十三经注疏》，第6册，艺文印书馆2007年版，第669页。

③ [西汉]毛公传、[东汉]郑玄笺、[唐]孔颖达疏：《毛诗注疏》，载[清]阮元校刻：《十三经注疏》，第2册，艺文印书馆2007年版，第12页。

④ 同上书，第11页。

⑤ 李学勤：《对古书的反思》，载李学勤：《李学勤集》，黑龙江教育出版社1989年版，第41—46页。

> 在讨论有关“述”的问题之时，我们不应该局限于表面，而应该关心述者是如何述的这样的实质内容。“如何述”有时候决定了述者只是单纯的述，或者更像作的述。如孔子和子夏的述《诗》，能够从色中读出礼，很显然就有更多“作”的气息。后来《易传》的作者述《周易》，将它从一本卜筮之书变成穷理尽性的经典，也很难完全从“述”的角度来理解。事实上，述者在述的过程中经常加塞、走私，把自己的意思灌注进去［……］这种着眼于作的述最典型地体现了“寓作于述”的精神。外述而内作，一方面满足了作者好古的愿望以及世俗尚古的心理，另一方面却到达了创新的目的。新旧之间融合无间，却若即若离，使古代中国文化呈现出连续性的特征。①

孔子之后，群经编次犹有改易。郑玄《诗谱·小大雅谱》：“又问曰：‘《小雅》之臣何也独无刺厉王？’曰：‘有焉。《十月之交》、《雨无正》、《小旻》、《小宛》之诗是也。汉兴之初，师移其第耳。’”孔《疏》：“《十月之交笺》云：‘《诂训传》时移其篇第，因改之耳。’则所云师者，即毛公也。”②是郑氏以毛公曾改动《诗》之篇次，而郑复改毛公篇次③。蔡振丰认为，汉代《诗序》的作者从《诗经》篇章次序论《诗》之取义与教化，而说《诗经》一书的整体隐喻。《诗序》对《诗经》的特殊诠解，或许也是《诗序》作者对孔子“述作”《诗经》的一种理解。现有的文献虽然不能证明孔子的用意真如《诗序》

---

① 王博：《说“寓作于编”》，载《中国哲学史》2006年第1期，第16页。

② ［西汉］毛公传、［东汉］郑玄笺、［唐］孔颖达疏：《毛诗注疏》，载［清］阮元校刻：《十三经注疏》，第2册，艺文印书馆2007年版，第313页。

③ 参李世萍：《郑玄毛诗笺研究》，知识产权出版社2010年版，第103—105页。

作者所言，然《诗序》作者的作法及思维方式，无非也有承继前贤“以编代作”之可能①。又出土文献中，马王堆帛书《易经》卦序异于传世本。传世本始于干，终于未济，帛书本则始干终益。一般认为：“帛书卦序具有明显的规律性。易卦由阴阳两爻构成，本来蕴含着阴阳说的哲理，故《系辞》云‘一阴一阳之谓道’。但传世本经文的卦序，却很难找出合于阴阳说的规律性。在体现阴阳规律这一点上，帛书本显然胜于传世本。”②张政烺认为帛书卦序是简册散乱之后，“筮人一般文化程度不高，为了实用，不求甚解，按照当时通行的八卦次序机械地编造出帛书《六十四卦》这样一个呆板的形式，自然会便于检查，却把《易》学上的一些微言奥义置之不顾了。”③李学勤则进而论证：

> 帛书卦序不会早于传世本卦序。理由很简单，如果《周易》经文本来就有像帛书这样有严整规律的卦序，谁也不会大量它，再改编为传世本那样没有规律的次第，而《序卦》传也用不着写了。事实只能是，传世本是渊源久远的经文原貌。帛书本则是学者出于对规律性的爱好改编经文的结果。④

第二节　抄　者

述者之外，抄者也是值得重视的一环。先秦时期文献的流传主要依靠口传和抄写。关于口传，阮元论曰：

---

① 蔡振丰：《〈论语〉所隐含“述而不作”的诠释面向》，载李明辉主编：《儒家经典诠释方法》，台湾大学出版中心 2008 年版，第 145 页。

② 李学勤：《周易溯源》，巴蜀书社 2006 年版，第 303 页。

③ 张政烺：《帛书六十四卦跋》，载张政烺：《张政烺文史论集》，中华书局 2004 年版，第 688 页。

④ 李学勤：《周易溯源》，巴蜀书社 2006 年版，第 305 页。

> 古人无笔砚纸墨之便，往往铸金刻石，始传久远。其著之简册者，亦有漆书刀削之劳，非如今人下笔千言，言事甚易也。许氏《说文》：“直言曰言，论难曰语。”《左传》曰：“言之无文，行之不远。”此何也？古人以简册传事者少，以口舌传事者多；以目治事者少，以口耳治事者多。故同为一言，转相告语，必有愆误。是必寡其词，协其音，以文其言，使人易于记诵，无能增改，且无方言俗语杂于其间，始能达意，始能行远。此孔子于《易》所以著《文言》之篇也。古人歌、诗、箴、铭、谚语，凡有韵之文，皆此道也。《尔雅·释训》主于训蒙，“子子孙孙”以下，用韵者二十条，亦此道也。①

又云：“古人简策繁重，以口耳相传者多，以目相传者少，是以有韵之文，行之始远……古人简策在国有之，私家已少，何况民间。是以一师有竹帛，而百弟子口传之，非如今人印本经书，家家可备也。”② 例如《诗经》，在官学时代是贵族教养的重要组成部分，外交场合无不赋诗。在私学之时也因其典雅隽永，仍然为人背诵。《汉书》卷三十《艺文志》一《六艺略》三《诗》类小序：“孔子纯取周诗，上采殷，下取鲁，凡三百五篇，遭秦而全者，以其讽诵，不独在竹帛故也。”③ 章学诚《文史通义·诗教》下：“三代以前，《诗》教未尝不广也，夫子曰：‘不学《诗》，无以言。’古无私门之著述，未尝无达衷之言语也。惟托于声音，而不著于文字。故秦人禁《诗》《书》，《书》缺有间，而《诗》篇无有散失也。后世竹帛之功，胜于口耳；而古人声音之传，胜于文字；则古今时异，而理势亦

① ［清］阮元：《研经室三集》卷二《文言说》，载［清］阮元：《研经室集》，下册，中华书局 1993 年版，第 605 页。

② 同上书，第 606 页。

③ ［东汉］班固：《汉书》，第 6 册，中华书局 1962 年版，第 1708 页。

殊也。”[①] 但并不能由此认为《诗经》，甚至所有先秦经典都是以口耳相传的。马克斯·韦伯对持这一观点的 Von Rosthorn[②] 予以严厉批评：

他相信那些神圣经典一直是以口耳相传到汉代的，因此，与普遍盛行于印度早期的（口头传说的）传统是一样的。外行人自无资格妄加断言，不过我们或许可以这么说：至少史事编年是无法光靠口头传说的传统来达成，何况由日食的计算显示出，这些史事可推溯到公元（前）第二千年。同样，如果我们将这位杰出专家的观点扩展到礼仪文献（亦即已采取诗歌形式的文献）之外的话，那么许多有关君侯之记事、文献与士人往来文书之重要性等等的报导，在在都与上述（专家）的看法不相符。不过，关于这点，只有汉学专家才能下最后的定论，出自一个非专家的“批判”，毋宁是僭越的。严格的口说传统之原则，几乎在世界各处都只适用于卡里斯玛的启示，以及对于这些启示的卡里斯玛式诠释，而不适用于诗歌与教授。（中国）文字之古老悠远，可从其象形字样及其铺陈中印证出来：后世以直线划出直栏的办法，仍反映出原先竹片并排时的沟痕。最古老的“契约”，是竹制的割符或绳结；（后世）所有的契约、文件皆为一式两份的形式，被认为或许正是此种古制的遗习。[③]

孔子作《春秋》，寓意深远，在当时就有着崇高的地位。战国之时，孔门后学研究、注解《春秋》，形成了不同的流派，至汉代有左

---

① ［清］章学诚：《文史通义》，叶瑛《校注》本，上册，中华书局 1994 年版，第 78 页。

② Von Rosthorn，*The Burning of the Books*，*Jounal of the Peking Oriental Society*，vol. IV，Peking，1898，p.1ff.

③ ［德］韦伯：《中国的宗教》，康乐、简惠美译，广西师范大学出版社 2004 年版，第 166 页脚注③。

氏、公羊、穀梁、邹氏、夹氏五家。其中公羊、穀梁、夹氏三家在先秦都未著于竹帛，依靠师徒代代背诵，到汉代公羊、穀梁才著于竹帛。《汉书》卷三十《艺文志》一《六艺略》六《春秋》类著录：“《夹氏传》十一卷”，自注：“有录无书。”①《四库全书总目》卷二十六《春秋穀梁传注疏提要》：

> 其传则士勋《疏》称，穀梁子名俶，字元始，一名赤，受经于子夏，为经作传。则当为穀梁子所自作。徐彦《公羊传疏》又称，公羊高五世相授，至胡母生乃著竹帛，题其亲师，故曰《公羊传》。《穀梁》亦是著竹帛者题其亲师，故曰《穀梁传》。则当为传其学者所作。案《公羊传》定公即位一条引子沈子曰，何休《解诂》以为后师（案此注在隐公十一年所引子沈子条下）。此传定公即位一条亦称沈子曰。公羊、穀梁既同师子夏，不应及见后师。又初献六羽一条称穀梁子曰，传既穀梁自作，不应自引己说。且此条又引尸子曰，尸佼为商鞅之师，鞅既诛，佼逃于蜀，其人亦在穀梁后，不应预为引据。疑徐彦之言为得其实。但谁著于竹帛，则不可考耳。②

实际上，认为《公羊》、《穀梁》著于竹帛应在汉代的说法在汉代就出现了。《春秋经》隐公二年：“纪子伯莒子盟于密。”《公羊传》：“纪子伯者何？无闻焉尔。”何休《解故》：“言无闻者，《春秋》有改周受命之制。孔子畏时远害，又知秦将燔诗书，其说口授相传。至汉，公羊氏及弟子胡母生等，乃始记于竹帛，故有所失也。”③《春秋公羊传》

---

① ［东汉］班固：《汉书》，第6册，中华书局1962年版，第1713页。

② ［清］永瑢等：《四库全书总目》，上册，中华书局1965年版，第211页。

③ ［东汉］何休注、［唐］徐彦疏：《春秋公羊传注疏》，载［清］阮元校刻：《十三经注疏》，第7册，艺文印书馆2007年版，第26页。

原目大题下徐彦《疏》：

> 问曰：《左氏》出自丘明，便题云《左氏》。《公羊》《穀梁》出自卜商，何故不题曰“卜氏传”乎？答曰：《左氏传》者，丘明亲自执笔为之，以说经意，其后学者题曰《左氏》矣。且《公羊》者，子夏口授公羊高，高五世相授，至汉景帝时，公羊寿共弟子胡毋生，乃著竹帛。胡毋生题亲师，故曰“公羊”，不说“卜氏”矣。《穀梁》者，亦是著竹帛者题其亲师，故曰“穀梁”也。①

这在后世成为标准陈述。但在学派之争中，《公羊》、《穀梁》的曲折经历成了攻击的靶子。杜预《春秋序》：“记事者，以事系日，以日系月，以月系时，以时系年，所以纪远近，别同异也。”孔《疏》谓“月与不月，传本无义，《公羊》《穀梁》之书，道听涂说之学，或日或月，妄生褒贬。”②“口耳相传”成了“道听途说”，这是为了指责《公羊》《穀梁》“妄生褒贬”。《汉书》卷三十《艺文志》一《诸子略》六《春秋》类小序：“及末世口说流行，故有《公羊》、《穀梁》、《邹》、《夹》之传。四家之中，《公羊》《穀梁》立于学官，邹氏无师，夹氏未有书。”③阎若璩《尚书古文疏证》卷八引胡渭语道：“汉人读书颇与今异。扬子云言：‘一巷之市必立之平，一卷之书必立之师。’如《春秋》有邹、夹二氏，夹氏口说流行，未著竹帛，故曰‘未有书’。邹氏著竹帛，师传之人中绝，故曰无师。盖经未有无

① ［东汉］何休注、［唐］徐彦疏：《春秋公羊传注疏》，载［清］阮元校刻：《十三经注疏》，第 7 册，艺文印书馆 2007 年版，第 7 页。

② ［西晋］杜预注、［唐］孔颖达疏：《春秋左传注疏》，载［清］阮元校刻：《十三经注疏》，第 6 册，艺文印书馆 2007 年版，第 7 页。

③ ［东汉］班固：《汉书》，第 6 册，中华书局 1962 年版，第 1715 页。

师者。《书》简策虽存，而其间句读音义，亦须略为指授，方可承学，故（伏生）使女传言耳。”[①] 夹氏与公羊、穀梁一样，都是口耳相传。但公羊、穀梁在西汉初年就著于竹帛，因此蔚然风行，为世所重。而夹氏则依然保持着原始的口传，不立文字，既妨碍了后学受业，而影响的范围更窄，最后无人传习，其学中绝。邹氏则相反，既然汉代已有书，但却无人教授，应当是在先秦就已著于竹帛。只是在汉代仅有书本，却无人教授，也无人传习，自然在沉默中死亡。柯马丁考察了早期写本的用字之后认为：

> 为了能够被充分理解，文本在很大程度上是在一个特定的社会框架中传播的，很有可能采用面对面教学的师弟相传结构。这种社会框架使得口头语言和书面语言能够相互作用，暗示着掌握文本与学习文本的人之间有必要存在一种个人的直接接触。这样的推测符合早期哲学著作明显采用师生对话体形式的状况，而且我们也没有理由无视早期传统展现的自我形象里这种核心要素。实际上，写本的字形外观并不暗示它们能够物理性地靠自身力量得以传播，也就是说，它们不能作为自我包含在其信息里的作品，跨越广阔的地域，从一个沉默的读者传播到另一个沉默读者。[②]

《文史通义·诗教》上曾论口传变为抄写：

---

① ［清］阎若璩：《尚书古文疏证》，下册，上海古籍出版社 2010 年版，第 614 页。此处原书标点扬雄语引号至“故曰无师”，按“一巷之市必立之平，一卷之书必立之师”见《法言·学行篇》。

② ［德］柯马丁：《方法论反思：早期中国文本异文之分析和写本文献之产生模式》，载《当代西方汉学研究集萃·上古史卷》，上海古籍出版社 2012 年版，第 372—373 页。

> 至战国而文章之变尽，至战国而后世之文体备，其言信而有征矣。至战国而著述之事专，何谓也？曰：古未尝有著述之事也，官师守其典章，史臣录其职载。文字之道，百官以之治，而万民以之察，而其用已备矣。是故圣王书同文以平天下，未有不用之于政教典章，而以文字为一人之著述者也［……］三代盛时，各守人官物曲之世氏，是以相传以口耳，而孔孟以前，未尝得见其书也。至战国而官守师传之道废，通其学者，述旧闻而著于竹帛焉。中或不能无得失，要其所自，不容遽昧也。以战国之人，而述黄、农之说，是以先儒辨之文辞，而断其伪托也；不知古初无著述，而战国始以竹帛代口耳，实非有所伪托也。然则著述始专于战国，盖亦出于势之不得不然矣。①

不过，口传与抄写并非取代与被取代的关系。二者极可能长期并存。柯马丁考察了《诗经》的各种早期写本，以及传世及简帛文献对于《诗经》的引用，提出：

> 不管手头上有没有用来参照的原本，我们不能看出任何为到达书写正确而做出努力的痕迹。相反，写出来的字只是用来发挥最根本的功能，也就是，代表一种语言的声音。问题是很多中国古代的同音字，书写形式并不相同。假借字的异文［……］带来了一种挑战：即便是一个受过教育的读者，他也知道这些字符所代表的相同或几乎相同的发音，其真正所代表的特定的字词，未必在文章中可以不言而喻。要正确判断出这一字词，他确实需要已经知道这一文献的意思，或需要有人加以解释。这样的知识从

① ［清］章学诚：《文史通义》，叶瑛《校注》本，上册，中华书局1994年版，第63—63页。

> 何而来呢？怎样掌握一个从字面看上意义会很模糊的文本呢？这些问题最好的答案，正好可能是传统的解释：文献是通过师徒相传而习得的。诚然，书写系统中大量的、可能的通假字——像我们现在在出土文献中所能看到的——使得教授和记忆不但是授经、传经的首要条件，而且也是必要条件［……］书写的本子固然会起到它的作用，但只能是在口头传授和学习的框架中。从文献的证据来看，很多古代中国的哲学文本都是以师生对话为框架的，这种对话不只是修辞手法，而且如实地反映了当时的现实［……］从手头的证据来看，我们只能推断我们知道的所有写本，包括毛本，没有一种可以被认为是原本；相反，我建议任何这样的本子不过是辅助的、次要的传《诗》的途径。①

来国龙则明确反对此说，认为这个推想只能解释部分现象。首先，同音假借字多，是否就是口耳相传的标志，还有待商榷。因为大量使用同音假借的，不仅仅是像《诗》这类朗朗上口的文学作品，其他文献及行政文书也普遍存在这种现象。更重要的是，在异文中也还有那些形近而讹的错字。显然形近而讹是由于字形相近，是视觉上的误差，而与读音无关。再如，马王堆帛书《战国纵横家书》有两处错简，很明显，帛书（或帛书所依据的底本）是从竹木简上转抄下来的。总之，多数文本的流传并不是通过口传记忆，而是靠抄写，是从文本到文本的流传。因此，虽然有些文本可能是通过口耳相传而流传下来，但我们绝对不能否认，抄书是中国早期文本流传的重要途径②。冯胜君且特别引用苏秦的例证，“苏秦在其藏书中发现《太公阴符》

① ［美］柯马丁：《出土文献与文化记忆》，载《中国哲学》，第二十五辑，辽宁教育出版社 2004 年版，第 130—131 页。

② 来国龙：《论战国秦汉写本文化中文本的流传与固定》，载《简帛》，第二辑，上海古籍出版社 2007 年版，第 520—521 页。

并‘伏而诵之’，说明苏秦对其藏书有一些并不熟悉，更谈不上‘记在心里’了。”① 的确，我们必须承认战国时期书籍流传依靠甚至主要依靠抄本流传，乃是有着确凿证据的事实②。例如，《诗经》的语气词“只”本当为“也”，实际上是由于战国时期“只”“也”形音俱近导致的误混③。这无疑与对钞本字形的辨认密切相关。但是，同样也必须承认，口传传统仍然执拗地存在着。

如果我们区分对于战国时人来说的古代经典与当代著作，正如王葆玹所指出的：“五经在秦代以前，乃是各家学派共同尊奉的典籍。”④ 经典文献的流传中，口传传统往往保持着对传抄的影响，而战国的当代著作，则主要依靠传抄流传。我们可由经典文献抄本中虚词的增减来验证这一点——这种情况极少出现在当代著作中，却常常出现在经典文献的抄本中。如吴辛楚将帛书《周易》与今本对照，就发现“异文在句子方面的表现主要是词语的增减与词序的变动。《周易》句子大多比较简短，变动词序的异文很少，常见的是增减词语，其中又以增减虚词居多。”⑤《诗经》写本如阜阳汉简亦往往简省虚词，且由其所记字数来看，并非脱误。胡平生的解释是：“《诗经》的语词与记录者、吟咏者、整理者关系甚密。由于习《诗》者的师承、方言及语言习惯的不同，各家所用语词也各有不同。”⑥ 如果将之与敦煌写卷

---

① 冯胜君：《从出土文献看抄手在先秦文献传布过程中所产生的影响》，载《简帛》第四辑，上海古籍出版社 2009 年版，第 413 页。

② 参［美］夏含夷：《重写中国古代文献》，上海古籍出版社 2012 年版，第 214 页脚注①。

③ 参杨泽生：《战国竹书研究》，中山大学出版社 2009 年版，第 141—142 页；赵平安：《对上古汉语语气词“只”的新认识》，载《简帛》，第三辑，上海古籍出版社 2008 年版，第 1—6 页。

④ 王葆玹：《今古文经学新论》，中国社会科学出版社 2004 年增订版，第 14 页。

⑤ 吴辛楚：《周易异文校证》，广东人民出版社 2001 年版，第 19—20 页。

⑥ 胡平生、韩自强：《阜阳汉简〈诗经〉简论》，载胡平生、韩自强：《阜阳汉简诗经研究》，上海古籍出版社 1988 年版，第 27 页。

对照，可以发现敦煌《诗经》写卷有些篇章亦无虚词。程燕认为：

> 饶有趣味的是：《墙有茨》伯2529抄本第一句抄有句末语词“也”，后有圈掉的痕迹，下文皆无语词。这说明抄者本按习惯抄有语词，后又注意到底本无语词的现象做了改正。由此可见敦煌残卷底本无语词是极有可能的。从敦煌《诗经》残卷看来，虽标为毛诗郑笺，但其文字形式多异，可见《诗经》在流传过程中可能出现过文本交叉抄录的现象。因此，我们推测今本《毛诗》有可能也不是纯粹的《毛诗》，里面亦掺杂其它《诗经》文本。①

《诗经》文本流传的具体情形相当复杂，此处难以详论。不过，伯2529对“也”字的圈除，如依程氏所论，则正可见是抄手稔熟《诗经》文字，故下笔即径书“也”字，然后才发现所据底本之歧异，而依之圈改。换言之，我们不可仅因抄本无部分虚词，就认为《诗经》某些传本是无这部分虚词的。事实上，当时人在手持无虚词的抄本吟咏之时，应该会将那些虚词补上。可举一《论语》之例以资对照。据曹银晶考察，阮刻本《论语》语气词“也已矣”共出现八例，如《泰伯》：“泰伯，其可谓至德也已矣。”② 各种早期文本的情形为：定州汉简残本存三句，作“矣”或“也”；各种敦煌本写作“也”、“矣”、“已矣”或“也已矣”等多种情况，而作“也已矣”者较多；唐石经则全同于阮刻本，八处俱全。曹文引蒋绍愚说：“之所以唐朝写本里出现各种各样的抄本，是因为当时多凭记忆，究竟是‘也已矣’还是‘也已’、‘已矣’、‘也’不易记准。而唐宋以后有刻本为依据，就容易一致了。也就是说，阮元本所见的八例‘也已矣’是跟唐石经的

---

① 程燕：《诗经异文辑考》，安徽大学出版社2010年版，《引言》，第5页。
② 《论语》，［清］刘宝楠《正义》本，上册，中华书局1990年版，第287页。

刊刻和宋印刷术的发达有关。”[①] 其中“多凭记忆”及“不易记准”等语表明蒋先生认为敦煌写本并非抄自渊源久远之古本，我们所见到的抄本（或其所据以抄录之底本）基本上当时人凭记忆背诵写录的。或许有部分抄本的确由此形成，但是要说所有抄本都是如此，恐怕难以令人信服。比较合理的解释是，一方面抄本渊源有自，而且非常可能有着极为悠久的传承，另一方面这些抄本又是被置于至少同样悠久的口传传统之中来理解的。康有为也指出：“《汉书·艺文志》，刘歆之作也，曰：孔子褒贬当世大人威权有势力者，不敢笔之于书，口授弟子。盖《春秋》之义，不在经文，而在口说，虽作伪之人不能易其辞。”[②] 即以六艺异文而言，“其所以发生者，或以传本有别，或以家法不同，而所谓家法或亦由于不同传本古书传写。”[③] 亦即异文往往与授经家法相关，亦即所谓“家法异文”。如《诗·墉风·君子偕老》“邦之媛也”，毛《传》：“美女为媛。”《释文》则谓：“《韩诗》作援，援助也。”[④] 尚有汉以后所形成的“后起异文”，即“正文与异文音相似，然于音韵沿革上明知其为后起者。”[⑤] 如《论语·述而篇》“加我数年，五十以学《易》，可以无大过矣。”[⑥]《释文》：“学易，如字。鲁读易为亦，今从古。”[⑦] 则《鲁论》依异文断句为“五十以学，亦可以无大过矣”，则斯语无关于《易》。李学勤据“易”在锡部，“亦”在铎

① ［韩］曹银晶：《谈〈论语〉句末语气词“也已矣”早期的面貌》，载《简帛》，第五辑，上海古籍出版社2010年版，第195—208页。

② 康有为：《春秋董氏学》，载《康有为全集》，第2集，中国人民大学出版社2007年版，第356页。

③ 陆志韦、林焘：《经典释文异文之分析》，载林焘：《林焘语言学论文集》，商务印书馆2001年版，第349—350页。

④ 参［清］王先谦：《诗三家义集疏》，上册，中华书局1987年版，第230页。

⑤ 陆志韦、林焘：《经典释文异文之分析》，载林焘：《林焘语言学论文集》，商务印书馆2001年版，第364页。

⑥《论语》，［清］刘宝楠《正义》本，上册，中华书局1990年版，第267页。

⑦ ［唐］陆德明：《经典释文》，下册，上海古籍出版社1985年版，第1363页。

部，上古至西汉锡铎尚不通押，至东汉方见，证此“两字音的接近乃是一种晚出的现象，在较早的时代是不可能发生的。”① 皮锡瑞尝严斥此等后起之家法异文：

> 汉人最重师法。师之所传，弟之所受，一字毋敢出入；背师说即不用。师法之严如此。而考其分立博士，则有不可解者［……］《书》传于伏生，伏生传欧阳，立欧阳已足矣。二夏侯出张生，而同原伏生；使其学同，不必别立；其学不同，是背师说，尤不应别立也［……］伏生《大传》以大麓为大麓之野，明是山麓；《史记》以为山林，用欧阳说；《汉书·于定国传》以为大录，用大夏侯说，是大夏侯背师说矣［……］不守师传，法当严禁，而反为之分立博士，非所谓“大道多歧亡羊”者乎？②

此类“家法异文”早见于战国写本之中。《周易·井卦》在上博简本中有一些重要异文。李零《读上博楚简〈周易〉》曾全部做为通假而采取传世本的读法③。但是夏含夷认为，上博本“与传本《周易》不一定那样‘正同’，它的异文不但可以提供不少内容上的信息，并且至少对像《周易》这一非常独特的文献也可以启发出一个新的读法。”最关键的卦名，上博本作“汬”，《说文》陷阱之“阱”的古文为“汬”，王引之《经义述闻》也曾讨论过井卦“井泥不食”之“井”为水井，“旧井无禽”之“井”为陷阱。持此以观，九二爻辞“井谷射鲋”，传统理解为射水井中的小鱼，上博本“鲋”写作“豨”，夏含夷指出：“即使我们同意‘丰’和‘付’有通假的可能，也并不能解

---

① 李学勤：《周易溯源》，巴蜀书社2006年版，第63—83页。
② ［清］皮锡瑞：《经学历史》，中华书局2004年版，第46—47页。
③ 李零：《读上博楚简〈周易〉》，载《中国历史文物》2006年第4期，第62—63页。

释这个字的偏旁‘豕’，除非说这个偏旁毫无意义。‘豕’旁似乎说明上博《周易》的抄写者以为‘汬’里的动物是兽类，而不是鱼类。这也与将‘汬’读作捕兽的阱而不是出水的井，正好一致。”夏氏更近而分析道：

> 我完全可以想象上博《周易》的抄写者（或者在其前的某一个抄写者），因为知道初六爻辞“旧井无禽”的“井”应该读作“阱”（亦即“汬”），所以会把九二爻辞的“井谷射豬”理解为射有积水的陷阱里的野猪。换句话说，传本《周易》的“井谷射鲋”恐怕也只能反映同一个诠释过程，也只是某一个抄写者的理解。因为他以为“井”或“汬”是出水的“井”，所以他很合理地以为所射的其中的动物应该是鱼类，因而在“丰”或“付”上再加了“鱼”旁。①

由是可知，与述者的寓述于作相应，抄者实际上也是抄在述中。

由上述可见，早期中国文献流传中的作者、述者、抄者区分不严，互相包含，正如蔡振丰所说：“在汉代经学发展之前，中国的诠解者并不预设什么是客观而好的理解，而将重点放在经书可以对现实产生什么启悟及联想上。依循这种传统，圣人天成不可企及或经书神圣不可移易的看法，都不应该作为诠释经书的基本前提。将经书纯粹视为教材的同时，也即放弃读经是在客观追索历史事实的想法，从而

---

① ［美］夏含夷：《简论“阅读习惯”》，载《简帛》，第四辑，上海古籍出版社2009年版，第390—391页。按：类似这样加旁明义的做法，后世愈演愈烈。《经典释文》卷首《序录·条例》批评六朝写本文字道：“近代学徒好生异见，改音易字，皆采杂书，唯止信其所闻，不复考其本末。且六文八体各有其义，形声会意宁拘一揆？岂必飞禽即须安鸟，水族便应著鱼，虫属要作虫旁，草类皆从两屮，如此之类，实不可依。［唐］陆德明：《经典释文》，上册，上海古籍出版社1985年版，第9页。

可由古代学者的对话之中，或者现代学者居于现代处境的发问之中，引出具有发展意义的创造性诠解。”①

第三节 经学与定本

周予同对“经”的理解是：“经是指中国封建专制政府‘法定’的以孔子为代表的儒家所编著书籍的通称。作为经典意义的经，出现在战国以后，而正式被‘法定’为经典，则应在汉武帝罢黜百家、独尊儒术以后。”② 李威熊也考证：

> 经成为专门的学术，当从西汉开始［……］文帝、景帝曾立经学博士，于是群经方成为专门之学。《汉书·宣帝纪》说：“博问经学之士，有以应变，辅朕之不逮。”《兒宽传》也说：“见上，语经学，上说之。”由于在上位者的鼓舞，对经学的发展有很大的帮助。经学一词，最早也是见于此。③

有学者更进一步指出，汉代经学之“经”的确立，乃是汉王朝建立“经典政治”需要：“所谓‘经典政治’，就是藉助传统历史文化的资源，以圣人和经典的恒久权威性来维护王权政治架构的权威。”④ 在此“经典政治”下之“经”，周予同揭出其特点为：是中国封建专制政府“法定”的古代儒家书籍；不仅为中国封建专制政府所“法定”认为合法的经典，而且是在所有合法书籍中挑选出来的；经本

---

① 蔡振丰：《〈论语〉所隐含“述而不作”的诠释面向》，载李明辉主编：《儒家经典诠释方法》，台湾大学出版中心 2008 年版，第 162 页。

② 周予同：《中国经学史讲义》，上海文艺出版社 1999 年版，第 14 页。

③ 李威熊：《中国经学发展史论》，上卷，文史哲出版社 1988 年版，第 3—4 页。

④ 姜广辉主编：《中国经学思想史》，第一卷，中国社会科学出版社 2003 年版，第 13 页。

身就是封建专制政府和封建统治阶级用来进行文化教育思想统一的主要工具，也是封建专制政府培养提拔人才的主要准绳，基本上成为中国封建社会中合法的教科书[①]。虽然其论述带有阶级斗争时代的烙印，但是以之论王朝经学之成立，仍可参考[②]。汤志钧等认为：

> 皇帝尊“儒”，并不意味“儒”即是“古”；封建政治所依赖的是“经术”，但并不是说“经术”即是原始的儒学。朝廷建立五经博士，把传播宣扬官方思想学说的重任委之以儒生，当然不是为了让儒生以“先王”之制、“圣人”遗训来束缚其统治人民的手脚。这样，“曲学阿世”之徒违背了经义，却获得了政治、经济利益上的实惠；“守经据古”之士竭力维护传统，却无力改变封建政治日益腐败没落的状况。[③]

其论敏锐地观察到了王朝对于“经术”的驯化，但将其驯化过程归之于部分儒生的“曲学阿世”，则失之于简单了。以今观之，汉王朝对于思想自由的儒学经说的驯化，以规训定于一尊的官方经学，其大要有两端。

其一为是正文字，造就经书定本。

有学者将刘向校书的定本称为“最初的定本”[④]，实则王重民早已指出刘向校书之前，“张良、韩信、扬仆校定兵书，后苍、戴德、戴

---

① 周予同：《中国经学史讲义》，上海文艺出版社 1999 年版，第 17 页。

② 许道勋、徐洪兴《中国经学史》于《“经”的界定与“经学”的含义》一节即据周说叙述。许道勋、徐洪兴：《中国经学史》，上海人民出版社 2006 年版，第 6—8 页。

③ 汤志钧、华友根、承载、钱杭：《西汉经学与政治》，上海古籍出版社 1994 年版，第 163 页。

④ 程千帆、徐有富：《校雠广义·校勘篇》，齐鲁书社 1998 年版，第 459 页。

圣校定《礼记》，张子乔校定《申子》，都校定了一些新本，使读者渐知定本的可贵，同时也给校书创造了更多的经验。”① 不过，“定本”这一形式的出现却远早于汉代，而且也并非出自典籍整理。《商君书·定分》：

> 有敢剟定法令一字以上，罪死不赦［……］法令皆副置。一副天子之殿中。为法令为禁室，有铤钥为禁而以封之，内藏法令。一副禁室中，封以禁印。有擅发禁室印，及入禁室视禁法令，及禁剟一字以上，罪皆死不赦。一岁受法令以禁令。②

法家理念中，法为君所生，即《管子·任法》所谓：“有生法，有守法，有法于法。夫生法者，君也；守法者，臣也；法于法者，民也。”③ 于是君主便理所当然地成为“作者之谓圣”，但在律令体系中，臣下却无缘“述者之谓明”了。臣民在此被贬为不敢“剟定法令一字以上”的抄者，面对法令文本，战战兢兢，如履薄冰。可以与《定分篇》参观的是，睡虎地出土秦简《内史杂律》简 186 有：“县各告都官在其县者，写其官之用律。”④ 虽然律文仅涉及内史辖县，但显然决不仅仅只有内史才会如此规定。秦简《尉杂律》简 199 亦云：“岁雠辟律于御史。”⑤ 可见每年还要到御史处校雠其律令写本的文字。此处之“雠”无疑也就是刘向校书时作为主要方法的“雠”——“一人持

---

① 王重民：《中国目录学史》，载王重民：《中国目录学史论丛》，中华书局 1984 年版，第 18 页。

② 《商君书》，蒋礼鸿《锥指》本，中华书局 1986 年版，第 141—143 页。其中“铤”当为“键”之误，参《锥指》第 142 页。

③ 《管子》，黎翔凤《校注》本，中册，中华书局 2004 年版，第 906 页。

④ 睡虎地秦墓竹简整理小组：《睡虎地秦墓竹简》，文物出版社 1990 年版，图版：第 30 页，释文：第 61 页。

⑤ 睡虎地秦墓竹简整理小组：《睡虎地秦墓竹简》，文物出版社 1990 年版，图版：第 31 页，释文：第 64 页。

本，一人读析，若怨家相对，故曰雠也。”（《太平御览》卷六一八引刘向《别传》）①。蒋伯潜释曰：“‘雠’指二人校对，意本显明［……］《说文》：‘雠，譍也。’‘譍’就是应对之‘应’。《诗·大雅·抑》‘无言不雠’，《疏》即解作‘用语言相对’，朱子《集传》径以‘雠，答也’释之，正与《说文》合。《诗·邶风·谷风》云：‘反以我为雠’，《疏》云：‘雠者，至怨之称。’有怨之人每以言语互相辩驳、骂詈，故又引申为至怨之称。《别录》云‘若怨家相对’，即是因此。”②这也就是今天所说的文字校对，拿御史定本与自己的抄本做文字校对，改正自己抄本的错字。先秦之时，虽校正旧籍代不乏人，正考父、孔子等为其大者，其校正成果某种意义上也可称为定本。但是作为一介文士的校正者，却没有任何方法与能力阻止其校定本在传抄过程中不被述者、抄者改动，前举孔子之后《诗经》篇序、《周易》卦序的改易，以及家法异文的歧异，即为显例。只有在秦制之下，藉助于集权的力量，才能真正消灭述者，将抄者贬为一字不能改易的纯粹写手。不过秦制国家只有律令定本，并无书籍定本。援引律令定本形式改造旧籍，还要等到杂王霸道的汉代。

汉代官方校书今可得而言者，最早者即汉初张良、韩信校兵书。因汉代校雠经籍定本影响巨大，而其学者研究往往详于西汉后期向歆父子校书，而于汉初张韩校兵书较少措意，故不避繁琐，试为之厘清。《汉书》卷三十《艺文志》四《兵书略》小序：“汉兴，张良、韩

① ［北宋］李昉等：《太平御览》，第3册，中华书局1960年版，第2776页。

② 蒋伯潜：《校雠目录学纂要》，北京大学出版社1990年版，第1页。向宗鲁至谓：“昔刘向司籍，校理秘文，谓勘其上下为校，持本相对为雠。是则昔人校雠之名，本以是正文字为主。而郑樵、章学诚之流所谓辨章学术，考镜源流者，特为甲乙簿录语其宗极，而冒尸校雠之名，翩其反矣。彼徒见向歆之业，著于《录》《略》，而不知簿录之始，必于校雠之终。事或相资，而名不可贸。辨章学术者，校雠之余事；是正文字者，校雠之本务也。”向宗鲁：《校雠学》，国家图书馆出版社2012年版，第1页。

信序次兵法，凡百八十二家，删取要用，定著三十五家。诸吕用事而盗取之。武帝时，军政杨仆捃摭遗逸，纪奏兵录，犹未能备。至于孝成，命任宏论次兵书为四种。”① 这三次校兵书，都是高级将领奉诏校定。“诸吕用事而盗取之”一语表明这些兵书并非普通诸子之书。《史记》卷一三〇《太史公自序》：“汉兴，萧何次律令，韩信申军法，张苍为章程，孙叔通定礼仪，则文学彬彬稍进，《诗》《书》往往间出矣。”② 王应麟《汉艺文志考证》卷八“张良韩信序次兵法”条下注“《高帝纪》韩信申军法”③，正以二文为一事。《资治通鉴》卷十二录《高纪》此文，胡三省则引《艺文志》语以注④。《说文》卷五下《桀部》：“乘，覆也，从入桀。桀，黠也。军法，入桀曰乘。”段玉裁《注》：“云军法者，盖出《汉志》兵书四种内。”⑤ 顾实以为“韩信申军法”即《兵书略》之“序次兵法”，“盖略言之”⑥。余嘉锡言：“此数事多在高祖时，萧何律令、张苍章程、叔孙通礼仪固自为汉家一代制作，至于韩信之申军法，即《汉志》之序次兵法，其为校理旧书，可以断言。”⑦ 甚是。李开元有谓“韩信究竟于何时何地［……］

① ［东汉］班固：《汉书》，第 6 册，中华书局 1962 年版，第 1762—1763 页。

② ［西汉］司马迁：《史记》，第 10 册，中华书局 2013 年版，第 3998 页。

③ ［南宋］王应麟：《汉艺文志考证》，载［南宋］王应麟：《玉海》，第 8 册，江苏古籍出版社、上海书店 1987 年版，第 4061 页。

④ ［北宋］司马光，［元］胡三省注：《资治通鉴》，第 1 册，中华书局 1956 年版，第 407 页。

⑤ ［清］段玉裁：《说文解字注》，上海古籍出版社 1981 年版，第 237 页。

⑥ 顾实：《汉书艺文志讲疏》，上海古籍出版社 1987 年版，第 208 页。

⑦ 余嘉锡：《目录学发微》，《中国现代学术经典·余嘉锡卷》，河北教育出版社 1996 年版，第 81 页。至若郑樵《通志》卷七十一《校雠略》云：“又况《兵家》一类，任宏所编，有韩信《军法》三篇、《广武》一篇。岂有韩信《军法》犹在，而萧何《律令》、张苍《章程》则无之，此刘氏、班氏之过也！”［南宋］郑樵：《通志》，第 1 册，浙江古籍出版社 2000 年版，第 833 页。杨树达亦以为“韩信申军法”即《兵书略》一兵权谋家所著录之《韩信》三篇，见杨树达：《汉书窥管》，上册，上海古籍出版社 1984 年版，第 244 页。则非。

史书没有记载”，而系其事于汉元年韩信初为大将之时①。此说有二不可信：其一，《史记》卷五十五《留侯世家》明言汉元年刘邦封于汉中后，“汉王之国，良送至褒中，遣良归韩”②，是张良未从至汉中，不得与韩信同定兵书。其二，李氏已引用《汉书》卷一《高帝纪》与《史记》同事之语，明言：“初顺民心作三章之约。天下既定，命萧何定律令，韩信申军法，张苍定章程，叔孙通制礼仪，陆贾造《新语》。”③既置之“约法三章”之后，又有“天下既定”之语，自当在汉五年之后无疑。吕祖谦《大事记》卷九系于汉七年④，马永卿《懒真子》卷五引柴慎微云定于“信为淮阴侯在长安奉朝请时”⑤者近是。余嘉锡亦云：“韩信之死在高祖十一年，其与张良序次兵法，又在其前数年。当在六年贬淮阴侯以后。”⑥

汉初张良、韩信序次兵法，以申明军法，无疑将诸如《孙子》十三篇等权谋类应当属于真正子学的著作强行压进军法体系之中。其最为重要的手段，就是援用律令定本之规，使其文本固化。这也成为汉王朝规训经学的重要手段。向歆父子校书，于诸子以下皆定著缮写，虽然保留了经书家法，但骨子里却念念不忘完成经书定本。《六艺略》《易》类小序云：“刘向以中古文《易经》校施、孟、梁丘经，或脱去‘无咎’、‘悔亡’，唯费氏经与古文同。”《书》类小序云：“刘向以中古文校欧阳、大小夏侯三家经文，《酒诰》脱简一，《召诰》脱简二。率简二十五字者，脱亦二十五字，简二十二字者，脱亦二十二

---

① 李开元：《汉帝国的建立与刘邦集团》，三联书店2000年版，第42页。

② ［西汉］司马迁：《史记》，第6册，中华书局2013年修订本，第2463页。

③ ［东汉］班固：《汉书》，第1册，中华书局1962年版，第80—81页。

④ ［南宋］吕祖谦：《大事记》，载［南宋］吕祖谦：《吕祖谦全集》，第8册，浙江古籍出版社2008年版，第114页。

⑤ ［南宋］马永卿：《懒真子》，商务印书馆1939年版，第62页。

⑥ 余嘉锡：《目录学发微》，《中国现代学术经典·余嘉锡卷》，河北教育出版社1996年版，第82页。

字，文字异者七百有余，脱字数十。”①《孝经》类小序：“（诸家）经文皆同，唯孔氏古文为异。‘父母生之，续莫大焉’，‘故亲生之膝下’，诸家说不安处，古文字读皆异。”②皮锡瑞论中古文曰：“孔壁古文藏于中秘，刘向以中古文校三家，成帝以秘百篇校张霸，皆必是真古文。”又曰：“惟《汉志》所云中古文，似即孔壁古文之藏中秘者，非必别有一书。”③可见其内心之中正是以古文经为经书定本。

校正经书定本的做法，最终为东汉王朝所接受。东汉明帝永平二年，班固、贾逵于兰台校秘书。安帝永初四年（110年）诏马融、刘珍与五经博士五十余人校书东观，厘正经文。顺帝永和元年（136年）诏伏无忌、黄景等校定中书五经传记④。即便如此，仍“有私行金货，定兰台桼书经字，以合其私文。”于是熹平四年（175年），灵帝乃诏诸儒正定五经，刊于石碑，树之学门，使天下咸取则焉⑤。

秦制仅有律令定本，汉初将兵家书校定为兵法定本。至东汉，王朝经学模仿律令定本，制作了经书定本，从而取消述者，将臣民贬为不得错讹一字的抄者。这在中国文献学史上的影响是极其深远的。“事实上，‘抄’也是读，也是阐释文本的一个过程。因为阅读主要是通过文字的形态与读音去理解字义，依照自己的理解去重新构建多层次的作者—编者—读者的意向。在阅读过程中，按读者的理解，‘修改’

---

① 陈槃指出，居延汉简多有校勘诏令文书者之记注，时代未详。疑此种校勘方法，至少前汉已有之。盖诏令、文书关系綦重，故虽一字之微，罔敢疏漏。此法扩充而用之，盖于是始有校雠文籍。司马迁《自序》：“凡百三十篇，五十二万六千五百字，为《太史公书》”云云，殆即此校勘诏令、文书方法之别一应用。刘向《韩非子书录》、《汉志》云云，如此之等，盖亦其类。陈槃：《汉晋遗简偶述》，载陈槃：《汉晋遗简识小七种》，上海古籍出版社2009年版，第7—8页。

② ［东汉］班固：《汉书》，第6册，中华书局1962年版，第1704、1706、1719页。

③ ［清］皮锡瑞：《经学通论》，中华书局1954年版，第54、74页。

④ 参蒋善国：《尚书综述》，上海古籍出版社1988年版，第371页。

⑤ ［南朝·宋］范晔：《后汉书》，第9册，中华书局1965年版，第2547页。当然，熹平石经仍然保持了家法异文，这说明东汉王朝的统治力量已经衰弱。

文本，使其更趋‘完善’。我们现在‘不擅改古书’、‘不增字释经’的阅读原则，其实是后来经过很多代教化培养的结果。”①

其二，则是取消口说，使皇帝成为经学学说的最终裁定者。

抄者的抄在述中，其重要维度，即抄者本人往往置身于历史悠久的口传传统之中。故汉王朝规训经学，必然要排斥口说。《汉书》卷三十六《楚元王传》附《刘歆传》载歆《移让太常博士书》，即指责今文博士“信口说而背传记，是末师而非往古。”②其《艺文志》之《春秋》类小序论《公羊》等今文四家由来，亦归之于“末世口说流行”③。兹举一例，以见口说消亡对于经学的影响。《礼记·缁衣》：“子曰：好贤如《缁衣》，恶恶如《巷伯》。”郑玄注：“《缁衣》《巷伯》，皆《诗》篇名也。”④郭店、上博简本此句皆作：“好美如好缁衣，恶恶如恶巷伯”⑤。裘锡圭指出：“《小雅·巷伯》篇名所取之义旧以为难解。如简文‘恶恶如恶巷伯’句‘巷伯’上‘恶’字非衍文，则孔子或《缁衣》编者似以为《巷伯》作者‘寺人孟子’在诗中所指斥之谗人即地位较寺人为高之奄官巷伯。”⑥沈培指出，“恶恶如巷伯”这种句式可以标记为句式 B “$V + N_1 + 如 + N_2$”，这是一个歧义句，可以

---

① 来国龙：《论战国秦汉写本文化中文本的流传与固定》，载《简帛》，第二辑，上海古籍出版社 2007 年版，第 521 页。

② ［东汉］班固：《汉书》，第 7 册，中华书局 1962 年版，第 1970 页。

③ ［东汉］班固：《汉书》，第 6 册，中华书局 1962 年版，第 1715 页。以《移让太常博士书》校之，此“末世”疑为“末师”之误。

④ ［东汉］郑玄注、［唐］孔颖达疏：《礼记注疏》，载［清］阮元校刻：《十三经注疏》，第 5 册，艺文印书馆 2007 年版，第 927 页。

⑤ 郭店《缁衣》第 1 简，武汉大学简帛研究中心、荆门市博物馆：《楚地出土战国简册合集》（一）《郭店楚墓竹书》，文物出版社 2011 年版，图版：第 21 页，释文：第 26 页。上博《缁衣》第 1 简，马承源主编：《上海博物馆藏战国楚竹书》［一］，上海古籍出版社 2001 年版，原大图版：第 5 页，放大图版：第 45 页，释文：第 174 页。

⑥ 荆门市博物馆：《郭店楚墓竹简》，文物出版社 1998 年版，第 131 页，注释［三］之“裘按”。

分别理解为句式 A“$V+N_1+$如$+V+N_2$”，“恶恶如恶巷伯”，巷伯是被恶的对象；或者句式 C“$V+N_1+$如$+N_2+VP$”，“恶恶如巷伯恶恶”，巷伯是恶这一动作的发出者。“《缁衣》在流传过程中由原来的‘好美如好缁衣，恶恶如恶巷伯’而变为‘好美如缁衣，恶恶如巷伯’是完全可能的。既然‘好美如好缁衣，恶恶如恶巷伯’可以说成‘好美如缁衣，恶恶如巷伯’，当人们看到‘好美如缁衣，恶恶如巷伯’时，如果把它理解为‘好美如好缁衣，恶恶如恶巷伯’，那就跟简本原来的意思完全一致。但是，它也可能被人理解为‘好美如《缁衣》，恶恶如《巷伯》’。今本的‘好贤如《缁衣》，恶恶如《巷伯》’的形成很可能就是来源于这种理解。”① 很明显，在师承口说之下，哪怕正文的文字被改动了，仍然不妨碍对文意的正确理解。但是当口说断绝之后，经师们严格地读文本，却由句式歧义，走向了文意歧路。对口说的摒弃仍然源于秦制律令。睡虎地秦简《内史杂律》简 188：“有事请也，必以书，勿口请，勿羁请。”② 公务必须以公文往来，禁止口头报告。《艺文志》《诗》类小序批评鲁、齐、韩三家今文说曰：“或取《春秋》，采杂说，咸非其本义。与不得已，鲁最为近之。”③ 这是在定著经书文本的基础上，进一步要求求得经书唯一的本义，从而尽扫诸家异说，一统经学④。

但唯一的本义的最终依据是什么？在王朝经学体制下，这不可能是任何学者的学说，而只能是由君而兼师。秦汉王朝无论政务刑案，

① 沈培：《从语法角度看〈缁衣〉在流传过程中的改动》，载《古文字研究》，第二十八辑，中华书局 2010 年版，第 412—415 页。

② 睡虎地秦墓竹简整理小组：《睡虎地秦墓竹简》，文物出版社 1990 年版，图版：第 30 页，释文：第 62 页。

③ ［东汉］班固：《汉书》，第 6 册，中华书局 1962 年版，第 1708 页。

④ 叶国良也据《后汉书》指出：“政府不愿学术分歧，主管官员希望考课能有标准”。叶国良：《师法家法与守学改学——汉代经学史的一个侧面考察》，载《中国哲学》，第二十五辑，沈阳：辽宁教育出版社 2004 年版，第 52 页。

最高裁决者都是皇帝。《汉书》卷二十三《刑法志》言始皇“专任刑罚，躬操文墨，昼断狱，夜理书，自程决事，日县石之一。”①秦汉王朝皇权掌控与驾驭行政体系的一种重要方式就是廷议。从史书记载来看，廷议的“最大特点是，它在皇权政体的框架中可以广泛讨论皇帝指令、允许讨论的问题，最后再呈交皇帝选择、定夺。一旦皇帝裁决，那么任何人便都无权再来质疑。这种‘皇权民主集中制’把皇帝权威和官僚智慧有机地结合起来，从而使皇权官僚制达到最大的行政效率。同时，皇帝与官僚之间所建构起来的君臣秩序也由此而获得双方的一致认同。……从其演化逻辑看，不管是政治问题，还是学术问题，一旦纳入到廷议程序中，它都必然要以确认皇帝权威为指归。实质上，在专制国家，这套廷议程序已成为一种普遍模式。它可以用来解决任何独裁者感兴趣的问题。”②两汉最为重要的两次大规模经学廷议，即西汉宣帝朝的石渠阁与东汉章帝朝的白虎观，都是群臣辩论，皇帝“亲称制临决”③，裁断经义，从而使经学最终成为皇权驯服的工具。

皮锡瑞《经学历史》以石渠白虎与熹平石经为汉代经学极盛的标志④，殊不知这正是皇权以专制手段规化自由经学的重要举措。

近年叶国良倡言“经学的生命力是否旺盛，端看是否有新体系出现，易言之，须有适用于我们这个时代的创新之作，才能维系经学的生命力，这方面还是有待努力的。”⑤只有突破王朝经学的僵化体系，回归自由经学，才能真正做到现时代的经学创新。

---

① ［东汉］班固：《汉书》，第 4 册，中华书局 1962 年版，第 1096 页。

② 雷戈：《秦汉之际的政治思想与皇权主义》，上海古籍出版社 2006 年版，第 404—406 页。

③ ［东汉］班固：《汉书》，第 1 册，中华书局 1962 年版，第 272 页。

④ ［清］皮锡瑞：《经学历史》，中华书局 2004 年版，第 77 页。

⑤ 叶国良：《杨新勋〈经学蠡测〉序》，载杨新勋：《经学蠡测》，凤凰出版社 2012 年版，《序》第 2 页。

余　论
秦至清社会性质研究方法论省思

清代学者赵翼《廿二史札记》卷二“汉初布衣将相之局”条有曰，盖秦汉间为天地一大变局。自古皆封建诸侯，各君其国，卿大夫亦世其官，成例相沿，视为固然。秦皇尽灭六国，以开统一之局。汉祖既起自布衣，其臣亦自多亡命无赖之徒，立功以取将相。天之变局，至是始定。迨至七国反后，于是三代世侯世卿之遗法，始荡然净尽，而成后世徵辟、选举、科目、杂流之天下矣[①]。赵翼所言，即从春秋末期到西汉中叶，中国社会发生了巨大的结构性变化，从秦至清的国家结构及社会性质与三代有着巨大的差异。如何认识从秦至清这两千年的历史，无论是身处其中的古人，还是出乎其外的现当代学者，都进行了艰辛的探索。在古人看来，周秦之变最为显著的变化，即是变封建为郡县。亦即在国家最高权力为一家一姓垄断的前提下，国家的基本政治制度仍然有封建和郡县两种选择。而封建与郡县两种制度最为重要的区别即权力是分散还是集中[②]。秦政所奠定的中央集

① ［清］赵翼：《廿二史札记》，中国书店 1987 年版，第 21—22 页。

② 马基雅维里《君主论》也指出，有史以来的君主国都是用两种不同的方法统治的：一种是由一位君主以及一群臣仆统治——后者是承蒙君主的恩宠和钦许，作为大臣辅助君主统治王国；另一种是由君主和诸侯统治，这种诸侯拥有他们自己的国家和自己的臣民。潘汉典译本，商务印书馆 1985 年版，第 18—19 页。

权—郡县制，甚至穿透了华夏古典格局，在君主制被颠覆之后仍然具有顽强的生命力。

对于历代帝王与才士而言，封建与郡县便是他们实现政治目的或道德理想的备选手段。秦始皇确立郡县制之后，两千年来仅项羽、汉高祖、晋武帝、明太祖曾实行过封建制[①]，唐太宗欲行封建而终为臣下谏止[②]。帝王对于封建郡县的选择，主要是考虑国家权力的掌控与国祚之长久。在最早的封建郡县之争中，李斯认为："周文武所封子弟同姓甚众，然后属疏远，相攻击如仇雠。诸侯更相诛伐，周天子弗能禁止。今海内赖陛下神灵一统，皆为郡县。诸子功臣以公赋税重赏赐之，甚足易制。天下无异意，则安宁之术也。置诸侯不便。"始皇曰："天下共苦战斗不休，以有侯王。赖宗庙，天下初定，又复立国，是树兵也。而求其宁息，岂不难哉！"(《史记》卷六《始皇本纪》)[③]刚刚经历了春秋战国的数百年战乱，怎样实现天下安定，避免再次出现诸侯之乱，郡县制确实是一种现实的选择。这一功利主义论证并未因秦之暴政短祚而被忽视，恰恰相反，这成为贯穿两千年的经典论证而被一再重复。柳宗元《封建论》甚至认为"失在于制，不在于政，周事然也"，"失在于政，不在于制，秦事然也"[④]。如果单纯从政治制度的角度来说，封建郡县各有优劣。正如朱子所言："天下制度无全利而无害底道理，但看利害分数如何。封建则根本较固，国家可恃；郡县则截然易制。然来来去去，无长久之意，不可恃以为固也。"(《朱子语类》

① 吕思勉称之为封建之四次反动。见吕思勉：《中国社会史》，上海古籍出版社2007年版，第312—315页。

② 参［元］马端临：《文献通考》卷二七五，浙江古籍出版社2000年版，第2181—2183页。

③ ［西汉］司马迁：《史记》，第1册，中华书局2013年修订本，第303页。

④ ［唐］柳宗元：《柳河东集》卷三《封建论》，中华书局1960年版，第46页。

卷一〇八）[①]至于帝王为何偏爱郡县制，朱子也说得明白："秦之法尽是尊君卑臣之事，所以后世不肯变。"（《朱子语类》卷一十四）[②]历代哲人对于封建、郡县的抑扬予取则与其道德理想紧密相关。柳宗元《封建论》谓封建郡县皆出于帝王之私，封建"非公之大者也，私其力于已也，私其卫于子孙也"，郡县"其情私也，私其一已之威也，私其尽臣畜于我也"。但是秦制"使贤者居上，不肖者居下，而后可以理安"，反而造就"其为制公之大者也"，所以"公天下之端自秦始"。反之，也有人则恰恰认为封建才可以保护人才，尤其是持异议者。清雍正初年，陆生楠著《通鉴论》七十篇，其论封建有云："封建之制，古圣人万世无弊之良规，废之为害，不循其制亦为害。至于今害深祸烈，不可胜言，皆郡县之故。"清世宗评曰："大凡叛逆之人，如吕留良、曾静、陆生楠之流，皆以宜复封建为言。盖此种悖乱之人，自知奸恶倾邪，不容于乡国，思欲效策士游说之风，意谓封建行，则此国不用，可去之他国。殊不知狂肆逆恶如陆生楠之流，实天下所不容也。"[③]袁枚亦驳子厚曰，孔孟"赖有封建，然后栖栖皇皇，之卫、之陈蔡，之梁、之齐、之滕，几几乎有可行之势，而诸侯敬，弟子从，则声名愈大，千万年后，犹知遵奉为师。使圣人生于郡县之世，三试明经不第，则局促一邦，姓氏湮沉，亦遯世无闷已耳，安见其有以自立于天下耶？"[④]

古人的封建郡县论，将政治目的或者道德理想建基于一套制度之

---

① ［南宋］黎靖德编：《朱子语类》，载朱杰人、严佐之、刘永翔主编：《朱子全书》，第 17 册，上海古籍出版社、安徽教育出版社 2010 年修订本，第 3513—3514 页。

② ［南宋］黎靖德编：《朱子语类》，载朱杰人、严佐之、刘永翔主编：《朱子全书》，第 18 册，上海古籍出版社、安徽教育出版社 2010 年修订本，第 4189 页。

③ 《世宗实录》卷八十三，载《清实录》，中华书局 2008 年版，第 7092—7093 页。

④ ［清］袁枚：《小仓山房文集》卷二十三《再书封建论后》，载［清］袁枚：《小仓山房诗文集》，上海古籍出版社 1988 年版，第 1638 页。

上，并且这套制度可以被另一套制度替换，于是历史就成为封建郡县优劣的一次次试验和借鉴。从方法论的角度来说，古人的封建郡县论也有着明显的局限。制度选择，制度框架下的人物活动，以及由此形成的王朝兴衰，这一串环环相扣的因果链构成的事件史占据了古典史学的舞台中央，使历史研究聚焦于王朝的治乱兴衰。这种以事件史为核心，以因果链联系与认知事件的方法，实际上遮蔽了事件的真实认识。因果关系（causality）之中的原因（cause）和结果（effect）是两个独立的事件，也就是说，这里的任一事件是完全外在于另一事件的。于是在判断中必须借助于某种别的东西将一事件中所没有的事件仍然作为属于该事件的来加以认识。这二者之联接即所谓因果关系，并非必然联系。因此休谟（David Hume）认为，因果联系不过是基于我们的习惯[①]。事实上，古代有学者即已认识到封建或郡县与王朝治乱兴衰并无必然联系，如柳宗元即言秦之亡“失在于政，不在于制”。白居易亦云：“周制五等，其弊也，王室衰微；秦废列国，其败也，天下崩坏；汉封子弟，其失也，侯王僭乱。何则为制不同，同归于弊也？”[②] 白居易接下来对每一王朝之治乱作了区别分析。同样，柳宗元在解释周秦衰亡时也在“制”之外加上了“政”，以二者参错释之。这在事实上宣示了每一历史事件的唯一性，但是基于惯性思维构造的因果关系恰恰要求事件的可重复性[③]。因此以封建或郡县之制来贯穿千年治乱，必然要抹杀与歪曲经验事实，也必然导致事件之因果联接成为政治目的或道德理想的单纯传声筒。也就是说，不是论证得出了结论，而是结论规定了论证。历史真是成了任人打扮的小姑娘。

---

① ［英］休谟：《人性论》，关文运译，商务印书馆 1980 年版，第 122—126 页。

② ［唐］白居易：《白氏长庆集》卷六十四《议封建论郡县》，载朱金城：《白居易集笺校》，上海古籍出版社 1988 年版，第 3519 页。

③ ［英］休谟：《人性论》，关文运译，商务印书馆 1980 年版，第 122 页。

随着西方哲学与史学的传入，中国近代史学发生了一场革命。在进化论的滚滚洪流横扫之下，往圣不再等同于正确，上古也不再是至治之世。无论是封建还是郡县，连同它们所服务的君主制，都仅仅只是历史的陈迹，有待于扫除。真正的美好社会从未现实地存在于尘世，而必须由我们去创造。但这创造却并非无中生有，而是基于对人类社会发展规律的科学认识。于是这里产生两个问题：一是中国社会是否符合人类社会的普遍规律，这看来不是问题，郭沫若即曾以不容置疑的口吻写道："中国人有一句口头禅，说是'我们的国情不同'。这种民族偏见差不多各个民族都有。然而中国人不是神，也不是猴子，中国人所组成的社会不应该有甚么不同。"① 于是主要的问题便是第二个，中国社会史的历史分期，尤其是当前中国社会性质的认定，以及随之而来的革命的方法与路径。在二十世纪二三十年代的这个社会性质论战中，中国向何处去，成为最为迫切的问题，正如何干之所说："认识了中国社会，才配谈改造中国社会。"② 给历史分期，并确认各阶段社会性质的最直接的办法，就是引用经典论述进行概念分析，得出相关要素后，在相应历史阶段一一对号入座。例如范文澜便是如此论证其"西周封建"说的："一个社会的性质是由当时处于主导地位的生产关系即基本的所有制来决定的。斯大林在《辩证唯物主义和历史唯物主义》里给奴隶制度社会封建制度社会规定了定义：'在奴隶占有制度下，生产关系的基础是奴隶主占有生产资料和占有生产工作者'；'在封建制度下，生产关系的基础是封建主占有

---

① 郭沫若：《中国古代社会研究》，上海联合书店1930年版，《自序》第1页。罗新慧《二十世纪中国古史分期问题论辩》总括当时情形为："总之，在二三十年代的中国社会史论战中，对于中国社会发展的路径是否为独特的这一问题，人们给予的答案是否定的。在他们看来，中国历史的演进途径与欧洲完全一致。这一观点在当时影响很大，是社会中的主流思潮。"百花洲文艺出版社2004年版，第108页。

② 何干之：《中国社会性质问题论战》，生活书店1937年版，第7页。

生产资料和不完全占有生产工作者'根据上述定义（不切实根据这个定义，所说便缺乏可靠性），我们看商周两朝统治者对生产工作者的所有制的不同，可以断言商朝是奴隶社会，西周是封建社会。"[①] 郭沫若在讨论夏商周奴隶制时也引用斯大林在《辩证唯物主义与历史唯物主义》中所规定的奴隶制与封建制的性质和区别是奴隶制度下奴隶可以屠杀，封建制度下农奴不能屠杀[②]。于是郭氏在多篇论文中严厉指责其他学者面对大量人殉而不敢断定殷代为奴隶社会是"捧着金饭碗讨饭"[③]，"谨慎得有点成为问题了"[④]。反之，秦汉非奴隶制，因为"秦时的私家奴隶，奴隶主是不能任意屠杀的"[⑤]。正如康德所言，分析判断的"谓词和主词的连结是通过同一性来思考的"，"通过谓词并未给主词概念增加任何东西，而只是通过分析把主词概念分解为它的分概念，这些分概念在主词中已经（虽然是模糊地）被想到过了"[⑥]。因此这一研究方法的主要弊病，就是未对基于西欧研究形成的社会发展模式进行知识扩展。他们虽然处处把中国作为人类的一分子来强调，但实际上取消了中国历史的真实存在。毫无疑问，东西方社会形态具有较大差异。因此基于欧洲历史得出的社会形态概念及其内涵要素，乃是归纳所得，并不具有普遍必然性。例如当年史家迷狂般寻找的社会生产力的物化形态——铜器、铁器，是否必然伴随出现经典论中相应

---

① 范文澜：《关于中国历史上的一些问题》，载中国社会科学院近代史研究所编：《范文澜历史论文选集》，中国社会科学出版社 1979 年版，第 43 页。

② 郭沫若：《奴隶制时代·奴隶制时代》，载《郭沫若全集·历史编》，第三卷，人民出版社 1984 年版，第 16 页。

③ 郭沫若：《奴隶制时代·蜥蜴的残梦——〈十批判书〉改版书后》，载《郭沫若全集·历史编》，第三卷，人民出版社 1984 年版，第 75 页。

④ 郭沫若：《奴隶制时代·读了〈记殷周殉人之史实〉》，载《郭沫若全集·历史编》，第三卷，人民出版社 1984 年版，第 80 页。

⑤ 郭沫若：《奴隶制时代·奴隶制时代》，载《郭沫若全集·历史编》，第三卷，人民出版社 1984 年版，第 37 页；参《奴隶制时代·申述一下关于殷代殉人的问题》，第 95 页。

⑥ ［德］康德：《纯粹理性批判》，邓晓芒译，人民出版社 2004 年版，第 8 页。

的生产力总体水平、生产关系，乃至于社会结构，现在看来已大成问题。其实在不同社会文化环境中，相同质地的器具所起的作用并不相同。俞伟超即言："例如两河流域、埃及、印度和巴基斯坦、中国这四大文明古国，在青铜器时代确已建立了奴隶制王国（但并非铜器刚出现时），而欧洲的青铜器时代，则还处在军事民主制或曰酋邦制的原始社会向文明时代的过渡期。西亚赫梯王国发明冶铁术时，其社会形态则和古埃及和中国三代时期的青铜器时代大体相当。"①

近年来，许多学者已不再教条主义式搬用"五种形态"来硬套中国历史，但仍习惯性地沿袭决定论思维。但人类社会不同于实验室中的自然科学——即便是自然科学，如果离开实验室的对于前提条件的严格限定，也往往难以显现为客观必然性，如天气预报即是一例——同一因素出于不同社会环境中，引起的系列反应也不相同。而且执着于某一特定因素，认为一切历史变化皆由其规定，也必然会导致在学术研究中对于某些事实的片面强调与对另一些事实的漠视。如我们一直认为经济是历史发展的杠杆，这是马克思有鉴于欧洲资本主义兴起，大工业生产几乎在一夜之间改变了整个社会而得出的结论。实则近代欧洲经济的迅猛发展冲决了传统社会的旧有外壳，从而使得整个社会都被经济大潮裹挟而前。但是在古代，在古代中国，当经济力量相对弱小时，能否基于近代欧洲的经验，给予经济这样高的地位？刘泽华就指出："中国传统社会的最大特点是'王权支配社会'。"在生产力突破现有社会关系以前，社会的运动主要是受日常的社会利益关系矛盾驱动的。在长达数千年的中国传统社会中，经济利益主要不是通过经济方式来解决，而主要是通过政治方式或强力方式来解决的。这样，政治权力就走到历史舞台的中心，并在相当长的时期内成为社

① 俞伟超：《世纪之交话考古》之三，载《中国文物报》，2001年2月28日，第7版。

会运动的主角①。

近年史学界又走向了另一极端，回避对重大历史问题和大规模社会变动的研究，不能不在一定程度上伤害了理论思考。在这种背景下，讨论社会形态及相关理论问题，可能部分具有调整学风的意义②。问题是，今天怎样才能既避免重走决定论的老路，去建立一个凝固僵化的模式，同时又不至流于琐碎，无法达到对于社会历史的宏观把握？

毫无疑问，任何理论思维都必须基于逻辑运演与体系建构。就这一点而言，传统的决定论模式自有其合理内核，值得我们继承。但是作为这一体系的逻辑原点的，不再是决定历史演变的某因素。我们应当致力于寻找这样的因素作为逻辑原点：它既能建构起静态的社会的完整结构和全景画面，又能准确反映诸变量的实时变化，同时还能把握中国历史的特性所在。由此看来，无论是传统的经济—生产力，还是刘泽华的“王权支配社会”③，都过于抽象，既难于描摹古代社会的全景画面，更难准确反映诸变量的实时变化。真实的原点应介于经济与皇权之间，能够同时反映二者对于社会的影响及二者自身的变化。这就是使皇权达于广土众民，自身随着社会经济时空变化而不断调整，并最终反作用于皇权，同时又具有鲜明中国特色的地方行政制度——郡县制。如以中国古代社会为一把伞，民众的生产生活是伞面，构成了中国社会的基本内涵。专制皇权是伞柄，它控制着整个社会。郡县制则是伞架，它真实地建构了整个社会的制度，并由此准确地反映着社会的结构及其变迁。单纯从经济生产或专制皇权来建构传

① 刘泽华：《中国政治思想史集》，第三卷，人民出版社 2008 年版，第 1 页。

② 王学典：《“假问题”与“真学术”：中国社会形态问题讨论的一点思考》，载王学典：《20 世纪中国史学评论》，山东人民出版社 2002 年版，第 315 页。

③ 与刘先生相似的还有冯天瑜先生的“皇权时代”，见冯天瑜：《“封建”考论》，武汉大学出版社 2007 年版，第 517—518 页。

统社会结构，都容易抽象过度。从经济生产很难推演出具体的社会制度，从专制皇权很难推演出丰富的生产生活。而郡县制既是人们具体地身处其中，又是权力赖以维系的基本社会制度。从郡县制出发，可以从权力建构的角度推演出整个国家机器，即权力的静态结构；又可以从社会控制，即权力动态运行的角度推演出民众的生产生活，尤其是社会生活对权力建构的反作用。

于是我们可以将秦至清两千余年的中国社会名之为郡县制时代。先秦时期的封建制社会是以血缘关系划分民众并建构国家权力，秦至清的郡县制社会则是以地缘关系划分民众并建构国家权力。近代以来社会性质的发展方向是打破权力主导，以文化建构人的关系，回归人的真实存在。

附　录
《尚书·洪范》时代补证

《中原文化研究》2013年第5期发表丁四新先生大作《近九十年〈尚书·洪范〉作者及著作时代考证与新证》(以下简称“丁文”)，对《尚书·洪范》的作者与时代这一重大学术问题综合各家之说，主要对刘节《洪范疏证》作了系统批评，在此基础上丁文提出了自己的看法：“《洪范》的确为周初著作”，并对一些学者的质疑做出了深入的回应①。

丁文的考证和观点笔者深受启发，同时觉得某些细节还可以再进一步深化。谨据笔者手头资料，试作考察，以求教于丁先生及诸方家。

第一节　《洪范》的作者

丁文引《书序》“以箕子归，作《洪范》”，认为这是“首先以他者的口吻提出”《洪范》“是箕子之作”②。《书序》全文为：“武王胜殷，杀受，立武庚，以箕子归，作《洪范》。”③丁说所据为注疏之释。

---

① 丁四新：《近九十年〈尚书·洪范〉作者及著作时代考证与新证》，载《中原文化研究》，2013年第5期，第12—22页。

② 同上书，第12页。

③ 旧题［西汉］孔安国注、［唐］孔颖达疏：《尚书注疏》，载［清］阮元校刻：《十三经注疏》，第1册，艺文印书馆2007年版，第167页。

伪孔《传》云："归镐京，箕子作之。"① 孔《疏》言："武王伐殷，既胜，杀受，立其子武庚为殷后。以箕子归镐京，访以天道，箕子为陈天地之大法，叙述其事，作《洪范》。"② 严格地说，《书序》"胜殷"、"杀受"、"立武庚"、"以箕子归"、"作《洪范》"的主语应该一脉相承都是武王，《传》、《疏》之解必须改"作《洪范》"之主语为箕子，有增字解经之嫌。故而刘起釪谓《书序》"似乎说《洪范》是周武王作的。"③

当然，先秦两汉主《洪范》为箕子所作乃是主流。丁文所论之外，最主要的证据应该是旧以《洪范》属《商书》。皮锡瑞《今文尚书考证》释《洪范》"惟十有三祀"云：

> 《尔雅·释天》云："商曰祀。"[……] 此《周书》而称祀者，《左氏传》、许氏《说文》皆引此经为《商书》。《儒林传》云："迁书载《尧典》、《禹贡》、《洪范》、《微子》、《金縢》诸篇，多古文说。"班氏以《洪范》列《微子》上，则今文《尚书》次序或以此篇列《微子》之前，则此为《商书》，故称祀也。④

何以有商周之别，黎贵惇云："商之末世，精究天人之道者二人，文王明八卦于西，箕子明九畴于北，并为千万世理学教学之宗。纣非惟不能用也，而又囚奴之。庸暗之君不可与言，信哉！"⑤ 似乎欲弥缝两说，以箕子作于商而献于周。如是则"五行九畴"之本文为箕子所作，开篇武王访问乃周史追记。刘起釪则推其因为："很可能原篇没

---

①② 旧题［西汉］孔安国注、［唐］孔颖达疏：《尚书注疏》，载［清］阮元校刻：《十三经注疏》，第1册，艺文印书馆2007年版，第167页。

③ 刘起釪、顾颉刚：《尚书校释译论》，第3册，中华书局2005年版，第1206页。

④ ［清］皮锡瑞：《今文尚书考证》，中华书局1989年版，第240页。

⑤ ［越南］黎贵惇：《书经衍义》，台湾大学出版中心2011年版，第115—116页。

有周武王访问一节，就只有所谓箕子讲的‘九畴’全文；后来在早期‘五行说’出现以后，加编了一套宣扬五行的周武王访箕子的故事，成了今天所见的《洪范》，然后才把它编进了《周书》之中。”① 笔者认为，《洪范》归于《商书》是从作者为箕子着眼，属之《周书》则是据其成书时代（或依《书序》以为武王所作）。《洪范》“惟十有三祀”孔《疏》：“此篇箕子所作，箕子商人，故记传引此篇者皆云‘《商书》曰’，是箕子自作明矣。”② 不过，经学旧说是否合乎历史事实，仍然有待严格的历史考察。

第二节 十有三祀

丁文激烈指责刘节《洪范疏证》否定《洪范》“惟十有三祀，王访于箕子”的说法，认为“这其实是由他对《史记·殷本纪》、《周本纪》和《宋微子世家》相关材料故作误解造成的［……］在以上误解的基础上，刘节又认为箕子封于朝鲜，去京城数千里，‘能于一岁之中往而返，来朝于周，此说之必不可通者也。’这其实是他的穿凿，司马迁哪里说过箕子受封之后，随即前往封地朝鲜的？”③ 但是我们复核刘氏原文，乃是明言：

> 十三祀之说，今古两家所解不同。孔氏《书疏》引《书大传》云：“武王释箕子囚。箕子不忍周之释，走之朝鲜。武王闻之，因以朝鲜封之。不得无臣礼，故于十三祀来朝。武王因其朝而问《洪范》。”此今文家说也。《汉书·五行志》云：“刘歆以为

① 刘起釪、顾颉刚：《尚书校释译论》，中华书局2005年版，第3册，第1207页。

② 旧题［西汉］孔安国注、［唐］孔颖达疏：《尚书注疏》，载［清］阮元校刻：《十三经注疏》，第1册，艺文印书馆2007年版，第167页。

③ 丁四新：《近九十年〈尚书·洪范〉作者及著作时代考证与新证》，载《中原文化研究》，2013年第5期，第15页。

禹治水，赐《洛书》，法而陈之，《洪范》是也。圣人行其道而宝其真；降及于殷，箕子在父师位而典之。周既克殷，武王亲虚己而问焉。”此古文家说也。

其下即考辨《史记》诸说，而有“一岁之中往而返”之论①。不知丁文何故不及伏生《大传》之文。今古文家说之长短自古即有争议，如孔《疏》即言：“案此序云胜殷、以箕子归，明既释其囚，即以归之，不令其走去而后来朝也。又朝鲜去周，路将万里，闻其所在然后封之，受封乃朝，必历年矣，不得仍在十三祀也。《宋世家》云：‘既作《洪范》，武王乃封箕子于朝鲜。’得其实也。”②可见刘节即是反用孔《疏》而以今文驳古文。有清孙星衍《尚书今古文注疏》③、皮锡瑞《今文尚书考证》④皆续有论辩，江声《尚书集注音疏》且欲调和今古，以为一切皆可容于十三祀一年之内，并无不妥：“武王伐纣乃十三年事，此言十三祀，则不出一年内也。计武王诛纣以二月五日，其释箕子之囚应即在此时。箕子得释而走，当亦不甚后，武王于是遣使即朝鲜而封之，不过两二月尔。箕子既受封，乃后来朝，容可及秋冬之间，犹是十三年也。”⑤丁文仅据《史记》结案，似嫌仓促。

第三节　司　寇

丁文引用了朱渊清对他的当面批评：“《洪范》肯定是战国晚期的

① 刘节：《洪范疏证》，载顾颉刚编：《古史辨》，第5册，上海古籍出版社1982年版，第388—389页。

② 旧题［西汉］孔安国注、［唐］孔颖达疏：《尚书注疏》，载［清］阮元校刻：《十三经注疏》，第1册，艺文印书馆2007年版，第167页。

③ ［清］孙星衍：《尚书今古文注疏》，下册，中华书局1986年版，第291—292页。

④ ［清］皮锡瑞：《今文尚书考证》，中华书局1989年版，第239—240页。

⑤ ［清］江声：《尚书集注音疏》，载［清］阮元编：《清经解》，第2册，上海书店1988年版，第881页。

著作，因为‘八政’的‘司空’、‘司徒’、‘司寇’在金文中还没有这样的官职名。”① 丁文则引据张亚初、刘雨《西周金文官制研究》的相关论述予以回应。其中关于“司徒”、“司空”的问题不大，而关于“司寇”则有进一步探讨的余地。丁文引张、刘之言曰：“据传周初已设此职，但这一点在铭文中尚未找到确切的证据。西周早期目前还没有发现关于司寇的铭文材料。目下所知最早的带有司寇的铭文是恭王时的南季鼎。”② 丁文进而推论：

> 司空、司徒、司寇三名，在西周早期或中期已经存在。从道理上来说，王官的分工应该很早。自盘庚迁殷之后，商人的版图不断扩张；而为了管理王国，建立比较系统的官制乃势在必行之事。由此而言殷人已经产生像司空、司徒、司寇这样的职务分工，这是很可能的；但是，其时是不是就已经形成了此等官制呢？这还需要更多地下材料的新发现。不管怎样，设想周初已出现司空、司寇的官制，这个看法仍然是可能的，不应轻加否定。③

不过，“建立比较系统的官制”与出现“司寇”职务之间并无必然联系。甚至殷人出现与“司寇”职务甚至职官相当的名称是否就必为“司寇”也是未定之数。至于西周早期或中期能否出现“司寇”职官，则已有了明确的反证。李峰指出：

> “司寇”一词见于西周中期的两篇铭文：南季鼎（集成

①③　丁四新：《近九十年〈尚书·洪范〉作者及著作时代考证与新证》，载《中原文化研究》，2013 年第 5 期，第 19 页。

②　张亚初、刘雨：《西周金文官制研究》，中华书局 1986 年版，第 24 页。

> 2781）和扬簋（集成 4294），很多学者将其作为西周中期“司寇”职官存在的证据。虽然在东周的金文和文献中经常可以看到“司寇”作为各国一个显赫的官职，但在南季鼎和扬簋铭文中提到的“司寇”涉及的是官员的职责而并不是行政“官职”：在南季鼎中，南季受命协助师俗父掌管寇的事务；在扬簋铭文中，扬被任命为司工，而寇的事务仅是扬被授予的职责之一。另外还有一个出现“寇”字的例子是曶鼎（集成 2838），铭文描述了作器者的土地上发生的盗抢。因此，上述两例中的“寇”字只是简单地指盗抢之类的事情。如果是这样的话，上述铭文说明至少在西周中期，西周政府司法职能是由民事行政官员来行使，却并未形成一个单独的政府官职。①

可以确信，“东周铜器铭文与文献有关‘司寇’的材料互相印证，表明司寇一职独立出来，专掌狱讼，与司徒、司马等并列，是东周官制。”②

但在战国晚期，“司寇”地位大为下降，已指轻刑刑徒③，只不过仍可管理重刑刑徒④。因此，朱渊清据“司寇”定《洪范》时代为战国晚期的观点是不能成立的——《洪范》对“司寇”的使用恰恰证明其必然早于战国晚期。

---

① 李峰：《西周的政体：中国早期的官僚制度和国家》，吴敏娜等译本，三联书店 2010 年版，第 79—80 页。

② 李力：《〈九刑〉、“司寇”考辨》，载《法学研究》，1999 年第 2 期，第 123—130 页。

③ 睡虎地秦墓竹简整理小组：《睡虎地秦墓竹简》，文物出版社 1990 年版，第 52 页。

④ 裘锡圭：《谈谈地下材料在先秦秦汉古籍整理工作中的作用》，载裘锡圭：《裘锡圭学术文集》，第四卷，复旦大学出版社 2012 年版，第 386—387 页。

第四节 徐屈之争

徐复观和屈万里两先生是现代学术之重镇，在思想史与古文献方面都有着精深造诣。二氏关于《洪范》时代的争论当然值得关注。丁文也注意到了徐屈之争，但在文献搜集方面颇有缺憾。

屈万里关于《洪范》的论述而为徐复观《阴阳五行观念之演变，及若干有关文献的成立时代与解释的问题》（收入《中国人性论史·先秦篇》时改题为《阴阳五行及其相关文献的研究》）所批评者有《尚书释义》与《尚书中不尽可信的材料》，丁文以为《屈万里全集》皆未收①。今复核《全集》，《尚书释义》确未收，但《尚书中不尽可信的材料》则见于《屈万里全集》第十七卷《屈万里先生文存》第一册②。

徐复观《中国人性论史·先秦篇》1963年初版的出版者，丁文以为台湾商务印书馆③，实则系东海大学出版，"中央书局"发行。台湾商务印书馆出版者乃1969年之第二版。

丁文所述徐屈之争即止于此。然徐屈争论尚有第二轮，皆为丁文所未及。屈万里既睹徐氏第一文，乃作《对于"与五行有关的文献"之解释问题敬答徐复观先生》一文以回应，此文初发表于《新时代》第二卷第二期，今亦收入《屈万里先生文存》第一册④。该文中涉及《洪范》者，一为反驳徐氏谓《洪范》"是一条一条的列举的

① 丁四新：《近九十年〈尚书·洪范〉作者及著作时代考证与新证》，载《中原文化研究》，2013年第5期，第21页。
② 屈万里：《屈万里全集》，第十七卷，《屈万里先生文存》，第1册，联经出版事业公司1985年版，第123—134页。
③ 丁四新：《近九十年〈尚书·洪范〉作者及著作时代考证与新证》，载《中原文化研究》，2013年第5期，第20页。
④ 屈万里：《屈万里全集》，第十七卷，《屈万里先生文存》，第1册，联经出版事业公司1985年版，第159—170页。

形式。此一形式，在今日可以看到的先秦文献中，是最为独一无二的突出的形式”，举出“《逸周书》的《大武》、《小开武》、《宝典》、《文酌》[……]等篇”，“《管子》的《兵法》，《四时》等篇，《孙子》的《计篇》，《吕氏春秋》的全部，都是一条一条列举的形式，都和《洪范》的形式一样。”所以，应说“就今日所能见到的先秦文献看来，像《洪范》那样一条一条列举的形式，是春秋到战国年间很流行的文体”①。二为《左传》引《洪范》，屈先生据其三引皆作《商书》，认为：

> 《洪范》在《尚书》里，实列于《周书》；今文本和古文本，都是如此。把《洪范》列入《商书》，诚然可以解释说：在先秦时或许有这样一个异本。但，何以宁嬴（文五年），或人（成六年），和君子（襄三年），所见的《尚书》，都是这个同样的异本！“君子曰”，是“作者表明自己的见解”，这是徐先生所承认的。那么，和这位“君子”能看到同一个异本《尚书》的或人和宁嬴，他们所引的《洪范》，究竟是真的出于他们自己之口，抑是“君子”派在他们口里的？实在是值得讨论的问题。②

屈先生第二文发表后，徐复观先生复作《由〈尚书〉〈甘誓〉、〈洪范〉诸篇的考证，看有关治学的方法和态度问题——敬答屈万里先生》，对屈氏所论再行辩驳。此文原刊于《民主评论》第十三卷第十一、十二两期，后收入《中国人性论史·先秦篇》（作为附录三）③

① 屈万里：《屈万里全集》，第十七卷，《屈万里先生文存》，第1册，联经出版事业公司1985年版，第165—166页。

② 同上书，第167页。

③ 徐复观：《中国人性论史·先秦篇》，台湾商务印书馆1969年版，第588—629页。

及《中国思想史论集续编》①。丁文所据《中国人性论史·先秦篇》为湖北人民出版社2009年出版的李维武所编《徐复观文集》(修订本)第三卷，附录仅二，未收《由〈尚书〉〈甘誓〉、〈洪范〉诸篇的考证，看有关治学的方法和态度问题》一文（2002年初版则全无附录）。该文对于屈万里先生第二文提出的二点都作了答辩。其一，“在屈先生所举的反证中，只有《逸周书》一项，才完全适当……通观诸子百家，采用此种形式的究属极少数。屈先生却说这是‘春秋到战国中间很流行的文体’，未免稍嫌张大其辞了。”②其二，关于《左传》引《洪范》问题，徐氏分两点讨论。首先，“叙述他人的语言，而为其引经据典，大概有些不近情理吧。尤其是为一个没没无闻的宁嬴，及对晋栾武子讲话的‘或人’，去引经据典，未免太精力过剩吧！”③其次，据孔颖达《尚书正义》“记传引此篇者，皆云《商书》”。且“许慎《说文解字》中，五引《洪范》，而皆称之为《商书》……屈先生谓《古文尚书》亦称之为《周书》，我不知道屈先生此语的根据。”此外，“屈先生对于《洪范》成篇年代，在原文中最具体的说法是‘本篇如不成于子思之手，则当成于子思之徒’；而《左传》则屈先生认为成书于战国前期……即使退一万步而承认屈先生的说法，则《洪范》之成篇，与《左传》之成书，其时间并不相上下。”《左传》之作者“对于与他时代不相上下的一篇假古董——《洪范》，是通过一条什么线索以进入到他手上，而能使他相信是‘商书’呢？”④

两文相较，显然徐氏的理胜一筹。但据屈氏遗稿《尚书集释》云：“盖襄三年之‘君子’，即《左传》之作者；文五、成六之引《洪

① 徐复观：《中国思想史论集续编》，时报文化出版事业有限公司1982年版，第113—150页。

② 徐复观：《中国人性论史·先秦篇》，台湾商务印书馆1969年版，第614—615页。

③ 同上书，第617页。

④ 同上书，第617—618页。

范》，皆此君子假宁嬴及或人之口为之。”[①] 则屈氏至死仍坚持旧说。屈氏第二文曾有一附记，言：“预料此文外发表后，徐先生必有更多的意见赐教。我在这里向徐先生告饶：此后我将退避三舍，静聆徐先生的教言，不再作覆了。”[②] 于是徐屈争论在徐氏第二文发表后遂告结束。

第五节 《洪范》时代

丁文引用李学勤《帛书〈五行〉与〈尚书·洪范〉》、《叔多父盘与〈洪范〉》二文论盘铭“利于辟王、卿事、师尹”，排序同于《洪范》[③]。李先生另有《〈洪范〉卜筮考》一文，文中有“《洪范》的成篇时代”一节，对《洪范》当成于西周初期有系统论证[④]，丁文未及。

夏含夷 1996 年提交香港中文大学第二届国际古文字研讨会的论文《略论今文〈尚书〉周书各篇的著作年代》是一篇重要论文，却未受到应有的重视。夏文明确对李学勤的观点表示不满。他认为以往的研究不应用“五行”时代这样比较“软”的思想史范畴内的证据，于是“提出一些比较‘硬’的历史语言学证据来探讨‘周书’各篇作成年代”[⑤]。夏氏认为：

> 现在要探讨西周时代和东周时代相对的语言用法，没有比金文更适合的材料了。这是因为以下两个原因。第一是金文铸在铜

① 屈万里：《屈万里全集》，第二卷，《尚书集释》，联经出版事业公司 1983 年版，第 116 页。
② 屈万里：《屈万里全集》，第十七卷，《屈万里先生文存》，第 1 册，联经出版事业公司 1985 年版，第 170 页。
③ 丁四新：《近九十年〈尚书·洪范〉作者及著作时代考证与新证》，载《中原文化研究》，2013 年第 5 期，第 17 页。
④ 李学勤：《周易溯源》，巴蜀书社 2006 年版，第 20—28 页。
⑤ ［美］夏含夷：《略论今文〈尚书〉周书各篇的著作年代》，载［美］夏含夷：《古史异观》，上海古籍出版社 2005 年版，第 321—322 页。

> 器上之后，不可能受到后人之篡改。第二是铜器本身就是非常好的判定时代之标准；从器型、纹饰绝对可以分别西周和东周的铜器。那么，假如能够找到一些只用于西周金文而不用于东周金文，或者不见于西周金文而始见于东周金文的语言用法，就应该可以利用这些来和《尚书》各篇的用法进行比勘。①

通过五种东西周金文有明确差异的语法现象，如“西周金文在‘以’之后基本上都接名词，东周金文在‘以’之后却多接动词”②，统计“周书”十八篇中的出现频度，“可见，这五种东周时代的语言现象多见于《洪范》、《金縢》、《吕刑》和《秦誓》四篇，似乎反映其都作于东周时代。这个初步结论和过去许多学者从思想史方面所得到的结论基本一致；两种完全不同的研究方法得出的结论竟如此相同想来必不偶然。”③再进一步考察其他语法现象，如第二人称代词“而”（不见于西周金文；在《尚书》里，见于《洪范》和《吕刑》）等，“这些语法现象好像可为前面五种用法所得出的结论作旁证：《洪范》、《金縢》和《吕刑》无疑应是东周时代的作品。”④

如果再参考上文所言“司寇”职官的出现，则《洪范》的最终写定时代，仍当以刘起釪所论较为平实可信：“《洪范》原稿由商代传至周，经过了加工，到春秋前期已基本写定成为今日所见的本子。”⑤

第六节 异本并存

李学勤讨论古书流传，有后人修改、经过重编、异本并存、改

① ［美］夏含夷：《略论今文〈尚书〉周书各篇的著作年代》，载［美］夏含夷：《古史异观》，上海古籍出版社2005年版，第322页。

② 同上。

③ 同上书，第324页。

④ 同上书，第325页。

⑤ 刘起釪、顾颉刚：《尚书校释译论》，第3册，中华书局2005年版，第1218页。

换文字等情况①。“以马王堆帛书《周易》为例。帛书有经有传，其传文多与今有异。与今《易传》‘十翼’对比，可知‘十翼’中的《系辞》、《说卦》都曾经重新编写，其文字和编次有许多不同。帛书本好些富有哲理的段落，也不见今本。至于帛书《周易》的经文部分，是对传世本加以重编，在卦序上更合于阴阳学说，其年代反晚于今本经文的成立。”②而在汉代，河上公道先德后的八十一章本《老子》和严遵德先道后的七十二章本《老子》则同时共存。来国龙指出：

> 事实上，“抄”也是读，也是阐释文本的一个过程。因为阅读主要是通过文字的形态与读音去理解字义，依照自己的理解去重新构建多层次的作者—编者—读者的意向。在阅读过程中，按读者的理解，“修改”文本，使其更趋“完善”。我们现在“不擅改古书”、“不增字释经”的阅读原则，其实是后来经过很多代教化培养的结果。③

我们今日耳熟能详的所谓“定本”观念，实际上源于商鞅变法，设定律令定本。至汉代，王朝援用律令定本之规，使经籍文本固化，这也成为汉王朝规训经学、统一思想的重要手段④。

夏含夷在其《重写中国古代文献》一书的结论中写道：“我们不要轻易‘相信’汉代以降的传统，不是因为它像疑古派说的那样过早

---

① 李学勤：《对古书的反思》，载李学勤：《当代学者自选文库·李学勤卷》，安徽教育出版社1999年版，第17—19页。

② 同上书，第18页。

③ 来国龙：《论战国秦汉写本文化中文本的流动与固定》，载《简帛》，第二辑，上海古籍出版社2007年版，第521页。

④ 李若晖：《燔诗书　明法令——略论秦制的经学影响》，载《当代儒学研究》，第十五辑，“中央大学”文学院2014年版，第29—65页。又见本书第九章，第207—235页。

估计了中国古书的写作时间，而是因为它大大低估了古书的数量和多样性。其实，这种多样性部分来自同一祖本的不同副本。每一个副本都是祖本文献流传史上的一个瞬间，我们可以从中看出其一生在时间中的凝结。但有些副本流传至汉代全新的语言思想环境中，并因重写而得以再生。在本书里，我仔细研究了其中的两个：一是《礼记》本《缁衣》的汉代整理者所用的假设性底本，二是公元 279 年发现的墓本《竹书纪年》。在这两个例子中，我们都看到整理者不仅重写了文献，而且使其转世成为新的文献——即《礼记》本《缁衣》以及'今本'和'古本'《竹书纪年》——它们无疑脱胎于较早的副本，但肯定也发生了变化。我们还思考了当代墓本文献的编辑工作，并看到这些工作同样充满了改变底本的可能。在我看来，当代编辑工作能够反映出所有中国古书的编辑工作，正是后者将竹简上的古文字转化成今日图书馆和书店里的纸质线装书。我们对古文献的知识明显以这些纸书为基础——在大多数时候，它们就是那些古文献本身——但我们不应该忘了它们在物质形式上已和原先不同，而且这一差别并非无足轻重。"①

如是，我们可以说，《洪范》一文在先秦漫长的历史时期极可能存在多种文本，其基本内容一致，但具体文字甚至篇章结构又各有不同。《左传》作者所见、《墨子》所引，未必就与我们今天不盈一握者完全相同。仅就今本《洪范》来说，其写定时代当在春秋前期。但这一论断丝毫不排斥今本有着更早的来源，以及在西周时期流传着多种后世失传的《洪范》异本，并且其中有的文本在西周初年乃至殷商时期即已书于竹帛。

① ［美］夏含夷：《重写中国古代文献》，周博群等译，上海古籍出版社 2012 年版，第 216 页。

参考文献

1. 安莉:《〈康有为自编年谱〉考析》，载《中国文物报》，2007年8月15日。
2. 巴新生:《西周伦理形态研究》，天津：天津古籍出版社，1997年。
3. [东汉]班固:《白虎通德论》，上海：上海古籍出版社，1990年。
4. [东汉]班固:《汉书》，北京：中华书局，1962年。
5. Iwan Bloch, *The Sexual Life of Our Time in its Relations to Modern Civilization*. Trans. by M. Eden Paul. London: Heinemann, 1908.
6. 蔡元培:《胡适〈中国哲学史大纲〉序》，载胡适:《中国哲学史大纲》上册，上海：商务印书馆，1919年。
7. 蔡振丰:《〈论语〉所隐含“述而不作”的诠释面向》，载李明辉主编:《儒家经典诠释方法》，台北：台湾大学出版中心，2008年，第143—164页。
8. 曹峰:《近年出土黄老思想文献研究》，北京：中国社会科学出版社，2015年。
9. 曹元弼:《礼经学》，北京：北京大学出版社，2012年。
10.《昌言报》馆:《本馆告白》，载《昌言报》，第一册，载沈云龙主编:《近代中国史料丛刊三编》，台北：文海出版社有限公司，1987年，第三十三辑，第329种，第61页。
11. 常金仓:《周代礼俗研究》，哈尔滨：黑龙江人民出版社，2005年。
12. 晁福林:《先秦社会形态研究》，北京：北京师范大学出版社，2003年。

13. 陈来:《古代思想文化的世界——春秋时代的宗教、伦理与社会思想》，北京：三联书店，2002 年。
14. 陈公柔等:《青海大通马良墓出土汉简的整理与研究》，载《考古学集刊》，第五辑，北京：中国社会科学出版社，1987 年，第 293—315 页。
15. 陈谷嘉:《关于〈大同书〉的成书年代——兼与汤志钧同志商榷》，载《江汉学报》，1963 年第 3 期，第 23—29 页。
16. 陈宏天、吕岚合编:《诗经索引》，北京：书目文献出版社，1984 年。
17. 陈介祺藏拓:《簠斋古印集》，北京：中国书店，1990 年。
18. 陈丽桂:《秦汉时期的黄老思想》，台北：文津出版社，1997 年。
19. [清] 陈立:《白虎通疏证》，北京：中华书局，1994 年。
20. 陈立柱:《有巢氏传说综合研究——兼说中国史学的另一个传统》，载《史学月刊》，2015 年第 2 期，第 86—95 页。
21. 陈梦家:《殷虚卜辞综述》，北京：中华书局，1988 年。
22. 陈梦家:《尚书通论》，北京：中华书局，2005 年。
23. 陈乃华:《论齐国法制对汉制的影响》，载《中国史研究》，1997 年第 2 期，第 38—45 页。
24. 陈槃:《汉晋遗简偶述》，载陈槃:《汉晋遗简识小七种》，上海：上海古籍出版社，2009 年，第 1—72 页。
25. 陈奇:《刘师培年谱长编》，贵阳：贵州人民出版社，2007 年。
26. 陈奇猷:《吕氏春秋新校释》，上海：上海古籍出版社，2002 年。
27. 陈庆元、欧明俊、陈贻庭校注:《蔡襄全集》，福州：福建人民出版社，1999 年。
28. [西晋] 陈寿:《三国志》，北京：中华书局，1959 年。
29. 陈伟:《读清华简〈系年〉札记》，载《江汉考古》，2012 年第 3 期，第 117—120 页。
30. 陈伟:《清华大学藏竹书〈系年〉的文献学考察》，载《史林》，2013 年第 1 期，第 43—48 页。
31. 陈伟武:《简帛兵学文献探论》，广州：中山大学出版社，1999 年。
32. 陈寅恪:《唐代政治史述论稿》，北京：三联书店，2004 年。
33. 陈昭容:《两周婚姻关系中的“媵”与“媵器”——青铜器铭文中的性别、身分与角色研究之二》，载“中央研究院”《历史语言研究所集刊》，第 77 本第二分册，1996 年 6 月，第 193—278 页。

34. 陈直：《〈墨子·备城门〉等篇与居延汉简》，载陈直：《文史考古论丛》，天津：天津古籍出版社，1988 年，第 246—269 页。
35. [北宋] 程颢、程颐：《二程集》，北京：中华书局，2004 年第 2 版。
36. 程浩：《古书成书研究再反思——以清华简“书”类文献为中心》，载《历史研究》，2016 年第 4 期，第 132—143 页。
37. 程浩：《清华简〈厚父〉“周书”说》，载李学勤主编：《出土文献》，第五辑，上海：中西书局，2014 年，第 145—147 页。
38. 程浩：《“书”类文献先秦流传考——以清华藏战国竹简为中心》，北京：清华大学人文学院历史系博士学位论文，2015 年 6 月。
39. 程千帆、徐有富：《校雠广义·校勘篇》，济南：齐鲁书社，1998 年。
40. 程燕：《诗经异文辑考》，合肥：安徽大学出版社，2010 年。
41. 崔适：《春秋复始》，载《续修四库全书·经部》，上海：上海古籍出版社，1996 年，第 131 册，第 379—654 页。
42. 崔适：《史记探源》，北京：中华书局，1986 年。
43. [明] 邓伯羔《艺彀》：载《景印文渊阁四库全书》，台北：台湾商务印书馆，1986 年，第 856 册，第 1—45 页。
44. 董琨：《正确解读王力先生的词典学思想——现汉性质词典“义项按历史发展脉络排列”说质疑》，载董琨：《述学集》，北京：商务印书馆，2012 年，第 387—393 页。
45. 杜勇：《清华简〈厚父〉“王若曰”之“王”考实》，载《邯郸学院学报》，2017 年第 3 期，第 73—75 页。
46. 杜勇：《清华简〈厚父〉与早期民本思想》，载《西华师范大学学报》，2016 年第 2 期，第 15—22 页。
47. 杜勇：《尚书周初八诰研究》，北京：中国社会科学出版社，1998 年。
48. [唐] 杜佑：《通典》，北京：中华书局，1988 年。
49. [西晋] 杜预注、[唐] 孔颖达疏：《春秋左传注疏》，载 [清] 阮元校刻：《十三经注疏》，台北：艺文印书馆，2007 年，第 6 册。
50. 杜正胜：《编户齐民》，台北：联经出版事业有限公司，1990 年。
51. [清] 段玉裁：《说文解字注》，上海：上海古籍出版社，1981 年。
52. [清] 段玉裁：《说文飱字解》，载 [清] 段玉裁：《经韵楼集》，上海：上海古籍出版社，2008 年，第 287—289 页。

53. [东晋] 范宁注、[唐] 杨士勋疏:《春秋穀梁传注疏》，载 [清] 阮元校刻:《十三经注疏》，台北: 艺文印书馆，2007 年，第 7 册。
54. 范文澜:《关于中国历史上的一些问题》，载中国社会科学院近代史研究所编:《范文澜历史论文选集》，北京: 中国社会科学出版社，1979 年，第 17—80 页。
55. [南朝・宋] 范晔:《后汉书》，北京: 中华书局，1965 年。
56. [明] 方以智:《通雅》，为侯外庐主编:《方以智全集》第一卷，上海: 上海古籍出版社，1988 年。
57. 方勇:《庄子纂要》，北京: 学苑出版社，2012 年。
58. 方志钦:《关于〈大同书〉的成书年代问题——与汤志钧同志商榷》，载《学术研究》，1963 年第 6 期，第 110—112 页。
59. 房德邻:《〈大同书〉起稿时间考》，载《历史研究》，1995 年第 3 期，第 95—100 页。
60. [唐] 房玄龄:《晋书》，北京: 中华书局，1974 年。
61. 费孝通:《乡土中国》，北京: 三联书店，1985 年。
62. 冯胜君:《从出土文献看抄手在先秦文献传布过程中所产生的影响》，载《简帛》，第四辑，上海: 上海古籍出版社，2009 年，第 411—424 页。
63. 冯天瑜:《"封建" 考论》，武汉: 武汉大学出版社，2007 年。
64. 冯友兰:《中国哲学史》，上卷，载冯友兰:《三松堂全集》，第二卷，郑州: 河南人民出版社，1988 年。
65. John Ferguson McLennan, *Studies in Ancient History*, London: Macmilan and co. Ltd., 1898.
66. 傅斯年:《性命古训辨证》，载欧阳哲生主编:《傅斯年全集》，长沙: 湖南教育出版社，2003 年，第二卷，第 499—666 页。
67. [日] 福田哲之:《清华简〈厚父〉的时代暨其性质》，载台湾大学文学院编:《先秦两汉出土文献与学术新视野国际研讨会论文集》，台北: 台湾大学文学院，2015 年，第 173—187 页。
68. 甘怀真:《皇权、礼仪与经典诠释: 中国古代政治史研究》，上海: 华东师范大学出版社，2008 年。
69. 葛志毅:《黄帝之学考论》，载廖名春主编:《显微阐幽——古典文献的探故与求新》，汕头: 汕头大学出版社，2016 年，第 11—26 页。

70. 龚斌：《世说新语校释》，上海：上海古籍出版社，2011 年。
71. ［清］顾栋高：《春秋大事表》，北京：中华书局，1993 年。
72. 顾颉刚、刘起釪：《尚书校释译论》，北京：中华书局，2005 年。
73. 顾颉刚：《宋王偃的绍述先德》，载顾颉刚：《顾颉刚古史论文集》，北京：中华书局，2011 年，卷一，第 307—310 页。
74. 顾实：《汉书艺文志讲疏》，上海：上海古籍出版社，1987 年。
75. ［清］顾炎武：《原抄本日知录》，台北：明伦书局，1975 年。
76.《国语》，上海：上海古籍出版社，1988 年。
77. 郭沫若：《韩非子的批判》，载郭沫若：《十批判书》，北京：东方出版社，1996 年，第 359—409 页。
78. 郭沫若：《金文丛考 · 周彝中之传统思想考》，载《郭沫若全集 · 考古编》，第五卷，北京：科学出版社，2002 年，第 25—80 页。
79. 郭沫若：《金文丛考补录 · 扶风齐家村器群铭文汇释》，载郭沫若：《郭沫若全集 · 考古编》，第六卷，北京：科学出版社，2002 年，第 317—356 页。
80. 郭沫若：《奴隶制时代 · 读了〈记殷周殉人之史实〉》，载《郭沫若全集 · 历史编》，第三卷，北京：人民出版社，1984 年，第 79—83 页。
81. 郭沫若：《奴隶制时代 · 奴隶制时代》，载《郭沫若全集 · 历史编》，第三卷，北京：人民出版社，1984 年，第 14—70 页。
82. 郭沫若：《奴隶制时代 · 申述一下关于殷代殉人的问题》，载《郭沫若全集 · 历史编》，第三卷，北京：人民出版社，1984 年，第 84—96 页。
83. 郭沫若：《奴隶制时代 · 蜥蜴的残梦——〈十批判书〉改版书后》，载《郭沫若全集 · 历史编》，第三卷，北京：人民出版社，1984 年，第 71—78 页。
84. 郭沫若：《青铜时代 · 先秦天道观之进展》，载《郭沫若全集 · 历史编》，第一卷，北京：人民出版社，1982 年，第 317—376 页。
85. 郭沫若：《中国古代社会研究》，上海：上海联合书店，1930 年。
86. 郭沫若主编：《中国史稿》，第 1 册，北京：人民出版社，1976 年。
87. 郭鹏飞：《尔雅义训研究》，上海：上海古籍出版社，2012 年。
88. ［东晋］郭璞注、［北宋］邢昺疏：《尔雅注疏》，载［清］阮元校刻：《十三经注疏》，台北：艺文印书馆，2007 年，第 8 册。
89. ［清］郭庆藩：《庄子集释》，北京：中华书局，1961 年。
90. 郭永秉：《论清华简〈厚父〉应为〈夏书〉之一篇》，载李学勤主编：《出土文献》，第七辑，上海：中西书局，2015 年，第 118—132 页。
91. ［西汉］韩婴：《韩诗外传》，许维遹《集释》本，北京：中华书局，1980 年。
92. ［清］郝懿行：《尔雅郭注义疏》，载《续修四库全书·经部》，上海：上海古籍出版社，1996 年，第 187 册，第 355—693 页。
93. 何干之：《中国社会性质问题论战》，上海：生活书店，1937 年。
94. 何浩：《楚灭国研究》，武汉：武汉出版社，1989 年。
95. 何乐士编：《古代汉语虚词词典》，北京：语文出版社，2006 年。
96. ［东汉］何休注、［唐］徐彦疏：《春秋公羊传注疏》，载［清］阮元校刻：《十三经注疏》，台北：艺文印书馆，2007 年，第 7 册。
97. ［清］洪亮吉：《更生斋文甲集》卷二《春秋时以大邑为县始于楚论》，载《洪亮吉集》，北京：中华书局，2001 年，第 3 册，第 983—984 页。
98. ［南宋］洪迈：《容斋随笔》，上海：上海古籍出版社，1978 年。
99. 侯外庐：《中国古代社会史》，载《民国丛书》，第一编，上海：上海书店出版社，1989 年，第 76 册。
100. 侯外庐、赵纪彬、杜国庠：《中国思想通史》，第一卷，北京：人民出版社，1957 年。
101. 胡平生、韩自强：《阜阳汉简〈诗经〉简论》，载胡平生、韩自强：《阜阳汉简诗经研究》，上海：上海古籍出版社，1988 年，第 23—35 页。
102. ［清］胡渭：《禹贡锥指》，上海：上海古籍出版社，2006 年。
103. 黄国辉：《清华简〈厚父〉新探——兼谈用字和书写之于古书成篇与流传的重要性》，载《清华大学学报》，2016 年第 3 期，第 67—71 页。
104. 黄晖：《论衡校释》，北京：中华书局，1990 年。
105. 黄今言：《汉代军法论略》，载黄今言：《秦汉史丛考》，北京：经济日报出版社，2008 年，第 286—310 页。
106. 黄侃：《尔雅略说》，载黄侃：《黄侃论学杂著》，北京：中华书局，1964 年，第 361—401 页。
107. 黄凌倩：《清华简〈厚父〉、〈封许之命〉集释》，合肥：安徽大学中文系硕士学位论文，2016 年 5 月。
108. 黄然伟：《殷周青铜器赏赐铭文研究》，香港：龙门书局有限公司，1978 年。
109. 黄焯：《经典释文汇校》，北京：中华书局，1980 年。
110. ［清］黄宗羲：《明夷待访录》，载沈善洪主编：《黄宗羲全集》，杭州：浙江古籍出版社，2005 年，第 1 册，第 1—47 页。
111. [南朝·梁] 皇侃：《论语义疏》，载《四部要籍注疏丛刊·论语》，北京：中华书局，1998 年，上册，第 155—304 页。
112. [清] 惠栋：《易汉学》，载 [清] 惠栋：《周易述》，北京：中华书局，2007 年，下册，第 511—640 页。
113. [美] 霍菲尔德：《基本法律概念》，张书友译，北京：中国法制出版社，2009 年。
114. [日] 石井宏明：《东周王朝研究》，北京：中央民族大学出版社，1999 年。
115. [日] 伊藤道治：《中国古代王朝的形成》，江蓝生译，北京：中华书局，2002 年。
116. 江林：《〈诗经〉与宗周礼乐文明》，上海：上海古籍出版社，2010 年。
117. 姜广辉主编：《中国经学思想史》，第一卷，北京：中国社会科学出版社，2003 年。
118. 蒋伯潜：《校雠目录学纂要》，北京：北京大学出版社，1990 年。
119. 蒋礼鸿：《商君书锥指》，中华书局，1986 年。
120. 蒋善国：《尚书综述》，上海：上海古籍出版社，1988 年。
121. [清] 焦循：《孟子正义》，北京：中华书局，1987 年。
122. 金德建：《孟子王制所述制度相通之证》，载金德建：《古籍丛考》，香港：中华书局、上海：上海书店，1986 年，第 94—101 页。
123. 金景芳、吕绍纲：《尚书虞夏书新解》，沈阳：辽宁古籍出版社，1996 年。
124. 荆门市博物馆：《郭店楚墓竹简》，北京：文物出版社，1998 年。
125. 金荣权：《周代淮河上游诸侯国研究》，开封：河南大学出版社，2012 年。
126. David G. Johnson, "The last Years of a Great Clan: The Li Family of Chao Chun in Late T'ang and Early Sung", in *Harvard Journal of Asiatic Studies*, V.37, N.1.1977.
127. [德] 康德：《纯粹理性批判》，邓晓芒译，北京：人民出版社，2004 年。
128. 康有为：《春秋董氏学》，载《康有为全集》，北京：中国人民大学出版社，2007 年，第 2 集，第 305—438 页。
129. 康有为：《大同书》，上海：长兴书局，1919 年。
130. 康有为：《大同书》，上海：中华书局，1935 年。
131. 康有为：《大同书》，北京：古籍出版社，1956 年。

132. 康有为:《大同书》，载姜义华、张荣华编校:《康有为全集》，北京：中国人民大学出版社，2007 年，第 7 集，第 1—188 页。

133. 康有为:《康有为〈大同书〉手稿》，南京：江苏古籍出版社，1985 年。

134. 康有为:《实理公法全书》，载《康有为全集》，北京：中国人民大学出版社，2007 年，第 1 集，第 145—160 页。

135. 康有为:《我史》，载姜义华、张荣华编校:《康有为全集》，北京：中国人民大学出版社，2007 年，第 5 集，第 58—106 页。

136. [德] 柯马丁:《出土文献与文化记忆》，王平译，载《中国哲学》，第二十五辑，沈阳：辽宁教育出版社，2004 年，第 111—158 页。

137. [德] 柯马丁:《方法论反思：早期中国文本异文之分析和写本文献之产生模式》，李芳、杨治宜译本，载陈致主编:《当代西方汉学研究集萃·上古史卷》，上海：上海古籍出版社，2012 年，第 349—385 页。

138. [日] 岸本能武太:《社会学》，章炳麟译，上海：广智书局，1902 年。

139. 旧题 [西汉] 孔安国注、[唐] 孔颖达疏:《尚书注疏》，载 [清] 阮元校刻:《十三经注疏》，台北：艺文印书馆，2007 年，第 1 册。

140. [日] 久保爱:《荀子增注》，册二，卷三，京都：水玉堂文政三年 (1820)。

141. 来国龙:《论战国秦汉写本文化中文本的流传与固定》，载《简帛》，第二辑，上海：上海古籍出版社，2007 年，第 515—528 页。

142.《老子道德经》，载浙江书局辑刊:《二十二子》，上海：上海古籍出版社，1986 年，第 1—11 页。

143. 雷戈:《秦汉之际的政治思想与皇权主义》，上海：上海古籍出版社，2006 年。

144. 雷晋豪:《西周晚期王朝军事的波折与顿挫》，为提交“社会·经济·观念史视野中的古代中国国际青年学术会议暨第二届清华青年史学论坛”论文，北京：清华大学历史系，2010 年 1 月。

145. [南宋] 黎靖德编:《朱子语类》，载朱杰人、严佐之、刘永翔主编:《朱子全书》，上海：上海古籍出版社、合肥：安徽教育出版社，2010 年修订本，第 14—18 册。

146. 黎翔凤:《管子校注》，北京：中华书局，2004 年。

147. 李涤生:《荀子集释》，台北：台湾学生书局，1979 年。

148. 李帆:《刘师培与中西学术——以其中西交融之学和学术史研究为核心》，

北京：北京师范大学出版社，2003 年。
149. [北宋] 李昉等：《太平御览》，北京：中华书局，1960 年。
150. 李峰：《西周的灭亡》，徐峰译，上海：上海古籍出版社，2007 年。
151. 李峰：《西周的政体：中国早期的官僚制度和国家》，吴敏娜等译，北京：三联书店，2010 年。
152. 李衡梅：《我国原始社会婚姻形态研究》，载《历史研究》，1986 年第 2 期，第 95—109 页。
153. 李衡眉：《我国原始社会婚姻形态研究》，载《先秦史论集》，济南：齐鲁书社，1999 年，第 101—124 页。
154. 李衡眉：《先秦史论集后记》，载李衡眉：《先秦史论集》，第 681—691 页。
155. [清] 李鸿章：《筹议制造轮船未可裁撤折》，载顾廷龙、戴逸主编：《李鸿章全集》，合肥：安徽教育出版社，2008 年，第 5 册，第 106—109 页。
156. 李家浩：《先秦文字中的"县"》，载《著名中年语言学家自选集・李家浩卷》，合肥：安徽教育出版社，2002 年，第 15—34 页。
157. 李景星：《四史评议》，长沙：岳麓书社，1986 年。
158. 李峻岫：《汉唐孟子学述论》，济南：齐鲁书社，2010 年。
159. 李开元：《汉帝国的建立与刘邦集团》，北京：三联书店，2000 年。
160. 李零：《读上博楚简〈周易〉》，载《中国历史文物》，2006 年第 4 期，第 54—68 页。
161. 李零：《兰台万卷》，北京：三联书店，2011 年。
162. 李明德：《"黄帝李法"辨》，载《法学杂志》，1995 年第 1 期，第 39 页。
163. 李明辉主编：《儒家经典诠释方法》，台北：台湾大学出版中心，2008 年。
164. 李卿：《秦汉魏晋南北朝时期家族、宗族关系研究》，上海：上海人民出版社，2005 年。
165. 李世萍：《郑玄毛诗笺研究》，北京：知识产权出版社，2010 年。
166. 李守奎：《楚文字编》，上海：华东师大出版社，2003 年。
167. 李晓明：《非强制行政论》，长春：吉林人民出版社，2005 年。
168. [唐] 唐玄宗李隆基注、[北宋] 邢昺疏：《孝经注疏》，载 [清] 阮元校刻：《十三经注疏》，台北：艺文印书馆，2007 年，第 8 册。
169. 李锐：《战国秦汉时期的学派问题研究》，北京：北京师范大学出版社，2011 年。

170. 李若晖:《燔诗书　明法令——略论秦制的经学影响》，载《当代儒学研究》，第十五辑，桃园:“中央大学”文学院，2014 年，第 29—65 页。
171. 李若晖:《亲亲尊尊之间的断崖——由韦刘庙议重估西汉经学政制》，载《文史哲》，2017 年第 3 期，第 106—122 页。
172. 李若晖:《幽赞而达乎数，明数而达乎德——由〈要〉与〈诸子略〉对读论儒之超越巫史》，载《文史哲》，2013 年第 5 期，第 29—38 页。
173. 李威熊:《中国经学发展史论》，上卷，台北:文史哲出版社，1988 年。
174. 李肖聃:《星庐文录・王启湘〈商君书发微〉序》，载李肖聃:《李肖聃集》，长沙:岳麓书社，2008 年，第 139—140 页。
175. 李学勤:《帛书〈五行〉与〈尚书・洪范〉》，载《李学勤集》，哈尔滨:黑龙江教育出版社，1989 年，第 363—371 页。
176. 李学勤:《晋侯苏编钟的时、地、人》，载李学勤:《缀古集》，上海:上海古籍出版社，1998 年，第 101—105 页。
177. 李学勤:《论豳公盨及其重要意义》，载《中国历史文物》，2002 年第 6 期，第 4—12 页。
178. 李学勤:《论银雀山简〈守法〉、〈守令〉》，载李学勤:《简帛佚籍与学术史》，南昌:江西教育出版社，2001 年，第 341—349 页。
179. 李学勤:《秦简与〈墨子〉城守各篇》，载李学勤:《李学勤集》，哈尔滨:黑龙江教育出版社，1989 年，第 294—309 页。
180. 李学勤:《清华简〈厚父〉与〈孟子〉引〈书〉》，载《深圳大学学报》，2015 年第 3 期，第 33—34 页。
181. 李学勤:《清华简〈系年〉及有关古史问题》，载《文物》，2011 年第 3 期，第 70—74 页。
182. 李学勤:《〈田法〉讲疏》，载李学勤:《简帛佚籍与学术史》，南昌:江西教育出版社，2001 年，第 350—364 页。
183. 李学勤:《周易溯源》，成都:巴蜀书社，2006 年。
184. 李亚农:《中国的封建领主制和地主制》，上海:上海人民出版社，1961 年。
185. 李泽厚:《“大同书”的评价问题与写作年代——简答汤志钧先生》，载《文史哲》，1957 年第 9 期，第 51—55 页。
186. 李泽厚:《孔子再评价》，载李泽厚:《中国古代思想史论》，合肥:安徽文艺出版社，1994 年，第 11—55 页。

187. 栗劲：《秦律通论》，济南：山东人民出版社，1985年。
188. 梁立勇：《读〈系年〉札记》，载《深圳大学学报》，2012年第3期，第58—59页。
189. 梁启超：《先秦政治思想史》，上海：中华书局，1936年。
190. [清]梁玉绳：《史记志疑》，北京：中华书局，1981年。
191. 廖名春：《〈庄子·盗跖〉篇探原》，载《文史》，第四十五辑，北京：中华书局，1998年，第49—60页。
192. 廖平：《书经大统凡例》，舒大纲、杨世文主编：《廖平全集》，上海：上海古籍出版社，2015年，第4册，第5—40页。
193. 廖平：《知圣篇》，载《续修四库全书·子部》，上海：上海古籍出版社，2002年，第953册，第785—848页。
194. 林克光：《〈大同书〉的写作过程初探——〈《大同书》手稿及其成书年代〉质疑》，载《福建师范大学学报》，1981年第4期，第129—135页。
195. 林素娟：《神圣的教化——先秦两汉婚姻礼俗中的宇宙观、伦理观与政教论述》，台北：台湾学生书局有限公司，2011年。
196. 林澐：《从武丁时代的几种"子卜辞"试论商代家族形态》，载《古文字研究》，第一辑，北京：中华书局，1979年，第314—336页。
197. [清]刘宝楠：《论语正义》，北京：中华书局，1990年。
198. 刘丰：《先秦礼学思想与社会的整合》，北京：中国人民大学出版社，2003年。
199. 刘光胜：《清华简〈系年〉与〈竹书纪年〉比较研究》，上海：中西书局，2015年。
200. 刘国忠：《也谈清华简〈厚父〉的撰作时代和性质》，载《扬州大学学报》，2017年第6期，第91—96页。
201. 刘家和：《论中国古代王权发展中的神化问题》，载施治生、刘欣如主编：《古代王权与专制主义》，北京：中国社会科学出版社，1993年，第3—29页。
202. 刘军社：《先周文化研究》，西安：三秦出版社，2003年。
203. 刘起釪：《尚书学史》(订补本)，北京：中华书局，1989年。
204. 刘起釪：《〈洪范〉这篇统治大法的形成过程》，载刘起釪：《古史续辨》，北京：中国社会科学出版社，1991年，第303—336页。
205. 刘师培：《读左札记》，载钱玄同编：《刘申叔遗书》，南京：江苏古籍出版社，1997年，上册，第292—301页。
206. 刘师培：《论小学与社会学之关系》（十三），载《警钟日报》，1904年12月4日，第283号。
207. 刘师培：《左庵集》卷二《释氏》，载钱玄同编：《刘申叔遗书》，南京：江苏古籍出版社，1997年，下册，第1220页。
208. 刘师培：《左庵外集》卷六《论小学与社会学之关系》，载钱玄同编：《刘申叔遗书》，南京：江苏古籍出版社，1997年，下册，第1427—1438页。
209. 刘蔚华：《黄老所完成的历史性过渡》，载丁原明：《黄老学论纲》，济南：山东大学出版社，1997年，第1—4页。
210. ［清］刘文淇：《春秋左氏传旧注疏证》，北京：科学出版社，1959年。
211. 刘咸炘：《校雠述林》，载刘咸炘：《推十书》（增补全本），上海：上海科学技术文献出版社2009年版，丁辑，第1册，第101—230页。
212. ［西汉］刘向：《刘向古列女传》，载张元济编：《四部丛刊》初编，上海：上海书店，1984年，第47册。
213. 刘晓东：《匡谬正俗平议》，济南：山东大学出版社，1999年。
214. 刘笑敢：《庄子哲学及其演变》，北京：中国社会科学出版社，1988年。
215. ［五代·后晋］刘昫：《旧唐书》，北京：中华书局，1975年。
216. 刘雨：《西周金文中的军事》，载刘雨：《金文论集》，北京：紫禁城出版社，2008年，第84—112页。
217. 刘玉堂：《楚国经济史》，湖北：湖北教育出版社，1995年。
218. 刘泽华主编：《中国传统政治思维》，长春：吉林教育出版社，1991年。
219. 刘泽华：《中国政治思想史集》，北京：人民出版社，2008年。
220. ［唐］柳宗元：《柳河东集》卷三《封建论》，北京：中华书局，1960年，上册，第43—47页。
221. ［唐］陆德明：《经典释文》，上海：上海古籍出版社，1985年。
222. 陆志韦、林焘：《经典释文异文之分析》，载林焘：《林焘语言学论文集》，北京：商务印书馆，2001年，第349—460页。
223. 罗新慧：《二十世纪中国古史分期问题论辩》，南昌：百花洲文艺出版社，2004年。
224. 罗义俊：《汉武帝“罢黜百家”辨》，载《中国古代史论丛》，第一辑，福州：福建人民出版社，1981年，第66—72页。

225. 罗运环：《清华简〈系年〉楚文王史事考论》，载《出土文献与中国古代文明——李学勤先生八十寿诞纪念论文集》，上海：中西书局，2016 年，第 221—227 页。
226. 罗祖基：《重新评价周厉王》，载《学术月刊》，1994 年第 1 期，第 78—84 页。
227. 吕思勉：《先秦史》，上海：上海古籍出版社，2005 年。
228. 吕思勉：《中国社会史》，上海：上海古籍出版社，2007 年。
229. 吕思勉：《中国制度史》，上海：上海教育出版社，1985 年。
230. 吕振羽：《史前期中国社会研究》，北京：三联书店，1961 年。
231. [南宋] 吕祖谦：《大事记》，载 [南宋] 吕祖谦：《吕祖谦全集》，杭州：浙江古籍出版社，2008 年，第 8 册，第 1—182 页。
232. 马保春：《晋国历史地理研究》，北京：文物出版社，2007 年。
233. 马承源主编：《上海博物馆藏战国楚竹书》[一]，上海：上海古籍出版社，2001 年。
234. 马承源：《中国青铜器研究》，上海：上海古籍出版社，2002 年，第 315—325 页。
235. [元] 马端临：《文献通考》，杭州：浙江古籍出版社，2000 年。
236. [清] 马国翰：《玉函山房辑佚书》，载《续修四库全书·子部》，上海：上海古籍出版社，1996 年，第 1200 册第 453 页—1205 册第 709 页。
237. 马洪林：《关于康有为著〈大同书〉“倒填年月”的商榷》，载《韶关学院学报》，2004 年第 10 期，第 1—5 页。
238. [意] 马基雅维里：《君主论》，潘汉典译，北京：商务印书馆，1985 年。
239. [德] 马克思：《资本论》，第三卷，中共中央马克思恩格斯列宁斯大林著作编译局译本，北京：人民出版社，1975 年。
240. 马士远：《周秦〈尚书〉学研究》，北京：中华书局，2008 年。
241. [日] 增渊龙夫：《说春秋时代的县》，黄金山等译，载《日本学者研究中国史论著选译》，第三卷，北京：中华书局，1993 年，第 189—213 页。
242. [南宋] 马永卿：《懒真子》，上海：商务印书馆，1939 年。
243. 马忠文：《康有为自编年谱的成书时间及相关问题》，载《近代史研究》，2005 年第 4 期，第 274—288 页。
244. 马宗霍：《说文解字引群书考》，北京：科学出版社，1959 年。

245. [西汉]毛公传、[东汉]郑玄笺、[唐]孔颖达疏:《毛诗注疏》,载[清]阮元校刻:《十三经注疏》,台北:艺文印书馆,2007年,第2册。
246. 茅海建:《康有为与他的〈我史〉》,载《广东社会科学》,2009年第1期,第94—109页。
247. 茅海建:《"康有为自写年谱手稿本"阅读报告》,载《近代史研究》,2007年第4期,第120—142页。
248. [英]梅因:《古代法》,沈景一译,北京:商务印书馆,1959年。
249. 蒙文通:《法家流变考》,载蒙文通:《古学甄微》,成都:巴蜀书社,1987年,第285—314页。
250. 蒙文通:《周代学术发展论略》,载蒙文通:《古学甄微》,成都:巴蜀书社,1987年,第1—18页。
251. 宁镇疆:《清华简〈厚父〉"天降下民"句的观念源流与豳公盨铭文再释——兼说先秦"民本"思想的起源问题》,载李学勤主编:《出土文献》,第七辑,上海:中西书局,2015年,第103—117页。
252. [日]西嶋定生:《中国古代帝国的形成与结构》,武尚清译,北京:中华书局,2004年。
253. [北宋]欧阳修《居士集》卷十七《朋党论》,载[北宋]欧阳修:《欧阳修全集》,北京:中华书局,2001年,第2册,第297—298页。
254. [北宋]欧阳修、宋祁:《新唐书》,北京:中华书局,1975年。
255. [唐]欧阳询编:《艺文类聚》,载董治安主编:《唐代四大类书》,北京:清华大学出版社,2003年,中册。
256. 庞俊、郭诚永:《国故论衡疏证》,北京:中华书局,2008年。
257. 彭春凌:《章太炎译〈斯宾塞尔文集〉原作底本问题研究》,载《安徽大学学报》,2017年第3期,第67—77页。
258. 彭浩、陈伟、[日]工藤元男主编:《二年律令与奏谳书——张家山二四七号汉墓出土法律文献释读》,上海:上海古籍出版社,2007年。
259. Yuri Pines and Gideon Shelach: "*Using the past to Serve the Present*" : *Comparative Perspectives on Chinase and Weastern The Origins of the State.* Shaol Shaked Ed. Genesis and regeneration: Essays on Conceptions of Origins, Jerusalem: The Israel Academy of Science and Humanities, 2005, p.134.

260. [清]皮锡瑞：《经学历史》，北京：中华书局，2004年。
261. [清]皮锡瑞：《经学通论》，北京：中华书局，1954年。
262. 钱穆：《中国近三百年学术史》，北京：商务印书馆，1997年。
263. 钱玄：《三礼通论》，南京：南京师范大学出版社，1996年。
264. 钱宗范：《西周春秋时代的世禄世官制度及其破坏》，载《中国史研究》，1989年第3期，第20—66页。
265. 秦晖：《传统中华帝国的乡村基层控制：汉唐间的乡村组织》，载秦晖：《传统十论》，上海：复旦大学出版社，2003年，第1—44页。
266. 清华大学出土文献研究与保护中心编：《清华大学藏战国竹简》[贰]，上海：中西书局，2011年。
267.《清实录》，北京：中华书局，2008年第2版。
268. [明]邱浚：《重编琼台会稿》，载《景印文渊阁四库全书》，台北：台湾商务印书馆，1986年，第1248册，第1—520页。
269. [明]邱浚：《文公家礼仪节》，载《四库全书存目丛书·经部》，第114册，济南：齐鲁书社，1997年，第430—636页。
270. 秋风：《传统、自由与启蒙》，载秋风：《立宪的技艺》，北京：北京大学出版社，2005年，第279—294页。
271. 秋风：《孔子反对铸刑鼎的宪政含义》，载陈明、朱汉民主编：《原道》，第十辑，北京：北京大学出版社，2005年，第142—154页。
272. 裘锡圭：《豳公盨铭文考释》，载裘锡圭：《裘锡圭学术文集》，上海：复旦大学出版社，2012年，第三卷，第146—166页。
273. 裘锡圭：《从几件周代铜器铭文看宗法制度下的所有制》，载裘锡圭：《裘锡圭学术文集》，上海：复旦大学出版社，2012年，第五卷，第202—209页。
274. 裘锡圭：《关于晋侯铜器铭文的几个问题》，载裘锡圭：《裘锡圭学术文集》，上海：复旦大学出版社，2012年，第三卷，第67—76页。
275. 裘锡圭：《关于商代的宗族组织与贵族和平民两个阶级的初步研究》，载裘锡圭：《裘锡圭学术文集》，上海：复旦大学出版社，2012年，第五卷，第121—152页。
276. 裘锡圭：《说㦰簋的两个地名——棫林和胡》，载裘锡圭：《裘锡圭学术文集》，上海：复旦大学出版社，2012年，第三卷，第33—38页。
277. 瞿同祖：《中国法律之儒家化》，载瞿同祖：《瞿同祖法学论著集》，北京：

中国政法大学出版社，1998 年，第 361—381 页。

278. 瞿同祖：《中国法律与中国社会》，载瞿同祖：《瞿同祖法学论著集》，北京：中国政法大学出版社，1998 年，第 1—360 页。

279. 渠敬东：《返回历史视野，重塑社会学的想象力：中国近世变迁及经史研究的新传统》，载《社会》，2015 年第 1 期，第 1—25 页。

280. 渠敬东：《中国传统社会的双轨治理体系：封建与郡县之辨》，载《社会》，2016 年第 2 期，第 1—31 页。

281. 饶宗颐：《豳公盨与夏书〈禹之总德〉》，载沈建华编：《饶宗颐新出土文献论证》，上海：上海古籍出版社，2005 年，第 49—59 页。

282. 饶宗颐：《论殷代之职官、爵、姓》，载《饶宗颐二十世纪学术文集》，台北：新文丰出版股份有限公司，2003 年，第 4 册，第 1497—1534 页。

283. [清] 阮元：《研经室三集》卷二《文言说》，载 [清] 阮元：《研经室集》，北京：中华书局，1993 年，下册，第 605—606 页。

284. 芮逸夫：《伯叔姨舅姑考》，载芮逸夫：《中国民族及其文化论稿》，台北：台湾大学人类学系，1972 年，下集，第 875—921 页。

285. [清] 邵晋涵：《尔雅正义》，《续修四库全书·经部》，上海：上海古籍出版社，1996 年，第 187 册，第 35—320 页。

286. 沈家本：《历代刑法考》，北京：中华书局，1985 年。

287. 沈培：《从语法角度看〈缁衣〉在流传过程中的改动》，载《古文字研究》，第二十八辑，北京：中华书局，2010 年，第 409—418 页。

288. 沈文倬：《略论礼典的实行和仪礼书本的撰作》，载沈文倬：《宗周礼乐文明考论》，杭州：浙江大学出版社，2006 年第 2 版，第 1—47 页。

289. 沈文倬：《略论宗周王官之学》，载沈文倬：《宗周礼乐文明考论》，杭州：浙江大学出版社，2006 年第 2 版，第 111—171 页。

290. 沈玉成：《左传译文》，北京：中华书局，1981 年。

291.《世本八种》，北京：商务印书馆，1957 年。

292. [日] 滋贺秀三：《中国法文化的考察——以诉讼的形态为素材》，王亚新译，载王亚新、梁治平编：《明清时期的民事审判与民间契约》，北京：法律出版社，1998 年，第 1—18 页。

293. 睡虎地秦墓竹简整理小组：《睡虎地秦墓竹简》，北京：文物出版社，1990 年。

294. [英] 斯宾塞尔原著，曾广诠采译、章炳麟笔述：《斯宾塞尔文集》卷之一，第一论，《论进境之理》(一)，《昌言报》第一册，载沈云龙主编：《近代中国史料丛刊三编》，台北：文海出版社有限公司，1987年，第三十三辑，第329种，第1—6页；《论进境之理》(二)，《昌言报》第二册，载《近代中国史料丛刊三编》，第三十三辑，第329种，第65—70页；《论进境之理》(三)，《昌言报》第三册，载《近代中国史料丛刊三编》，第三十三辑，第329种，第137—144页；《论进境之理》(四)，《昌言报》第四册，载《近代中国史料丛刊三编》，第三十三辑，第329种，第201—208页；《论进境之理》(五)，《昌言报》第五册，载《近代中国史料丛刊三编》，第三十三辑，第329种，第263—264页；第二论，《论礼仪》(一)，《昌言报》第五册，载《近代中国史料丛刊三编》，第三十三辑，第329种，第264—270页；《论礼仪》(二)，《昌言报》第六册，载《近代中国史料丛刊三编》，第三十三辑，第329种，第325—332页；《论礼仪》(三)，《昌言报》第八册，载《近代中国史料丛刊三编》，第三十三辑，第329种，第449—456页。
295. [英] 斯宾塞尔原著，[日] 涩江保日译本，韩昙首中译：《社会学新义》，日本神户《东亚报》旬刊，第一至十一册，1898年6月29日—10月6日。
296. [英] 斯宾塞尔原著，严复译：《群学肄言》，上海：文明编译局，1903年。
297. [英] 斯宾塞原著：马君武译：《斯宾塞社会学原理》，少年中国学会编辑，日本印刷，上海：开明、文明、广智等书局联合发行，1903年。
298. [北宋] 司马光：《资治通鉴》，[元] 胡三省注，北京：中华书局，1956年。
299. [西汉] 司马迁：《史记》，北京：中华书局，2013年修订本。
300. 宋德华：《犬养毅题记与〈大同书〉手稿写作年代辨析》，载《华南师范大学学报》，1992年第3期，第101—104页。
301. 宋小克：《上古神话与文学》，广州：暨南大学出版社，2013年。
302. 宋兆麟：《中国风俗通史·原始社会卷》，上海：上海文艺出版社，2001年。
303. 苏建洲、吴雯雯、赖怡璇：《清华二〈系年〉集解》，台北：万卷楼图书出版有限公司，2013年。
304. [清] 孙锵鸣：《〈吕氏春秋〉高注补正》，载胡珠生编注：《孙锵鸣集》，上海：上海社会科学院出版社，2003年，上册，第386—424页。
305. 孙寿涛、周德丰《论唯物史观的中国文化基因》，载《天津师范大学学报》，2015年第1期，第11—18页。

306. 孙曜:《春秋时代之世族》，上海：中华书局，1936 年。
307. [清] 孙诒让:《墨子间诂》，北京：中华书局，2001 年。
308. [日] 竹内弘行:《犬養毅の「大同書序文」をめぐって》，载《新しい漢字漢文教育》，第 30 号，2000 年 5 月，第 37—49 页。
309. [日] 竹添光鸿:《左氏会笺》，成都：巴蜀书社，2008 年
310. 谭承耕:《〈论语〉〈孟子〉研究》，长沙：湖南教育出版社，1990 年。
311. 汤志钧:《〈大同书〉手稿及其成书年代》，载《文物》，1980 年第 7 期，第 58—65 页。
312. 汤志钧、华友根、承载、钱杭:《西汉经学与政治》，上海：上海古籍出版社，1994 年。
313. 汤志钧:《再论〈大同书〉的成书年代及其评价》，载《广东社会科学》，2004 年第 4 期，第 12—19 页。
314. 汤志钧:《再论康有为的“大同书”——兼与李泽厚、张玉田二先生商榷》，载《历史研究》，1959 年第 8 期，第 57—69 页。
315. 唐兰:《西周青铜器铭文分代史征》，北京：中华书局，1986 年。
316. 唐兰:《用青铜器铭文来研究西周史——综论宝鸡市近年发现的一批青铜器的重要历史价值》，载故宫博物院编:《唐兰先生金文论集》，北京：紫禁城出版社，1995 年，第 494—505 页。
317. 唐文:《郑玄辞典》，北京：语文出版社，2004 年。
318. [德] 陶安:《秦漢刑罰体系の研究》，東京：東京外国語大学アジア・アフリカ言語文化研究所，2009 年。
319. 田余庆:《东晋门阀政治》，北京：北京大学出版社，1989 年。
320. 童书业:《春秋左传研究》，北京：中华书局，2006 年校订本。
321. 涂碧:《孟子“四端说”评议》，载谢祥皓编:《孟子思想研究》，济南：山东大学出版社，1986 年，第 239—246 页。
322. [清] 汪中:《文集》第一辑《女子许嫁而婿死从死及守志议》，载 [清] 汪中:《新编汪中集》，扬州：广陵书社，2005 年，第 375—377 页。
323. 王葆玹:《今古文经学新论》，北京：中国社会科学出版社，2004 年增订版。
324. [三国・魏] 王弼注经、[东晋] 韩康伯注传、[唐] 孔颖达疏:《周易注疏》，载 [清] 阮元校刻:《十三经注疏》，台北：艺文印书馆，2007 年，第 1 册。

325. 王博：《说“寓作于编”》，载《中国哲学史》，2006 年第 1 期，第 15—23 页。
326. [明] 王道焜、赵如源同编：《左传杜林合注》，《景印文渊阁四库全书》，台北：台湾商务印书馆，1986 年，第 171 册，第 323—896 页。
327. 王国维：《观堂集林》卷十《殷周制度论》，载《王国维遗书》，上海：上海书店出版社，1983 年，第 1 册，第 465—494 页。
328. 王家祥：《大通上孙家寨汉简〈孙子〉研究：关于〈孙子兵法〉早期形态的一点认识》，载《文献》，2000 年第 1 期，第 33—44 页。
329. 王坤鹏：《简论清华简〈厚父〉的相关问题》，见 http://www.gwz.fudan.edu.cn/SrcShow.asp?Src_ID=2546。
330. 王坤鹏：《论清华简〈厚父〉的思想意蕴与文献性质》，载《史学集刊》，2017 年第 2 期，第 38—45 页。
331. 王晖：《商周文化比较研究》，北京：人民出版社，2000 年。
332. 王力：《训诂学上的一些问题》，载王力：《王力文集》，第十九卷，山东教育出版社，1990 年，第 182—202 页。
333. 王利华：《中国家庭史》第一卷《先秦至南北朝时期》，广州：广东人民出版社，2007 年。
334. 王利器：《盐铁论校注》，北京：中华书局，1992 年定本。
335. [清] 王念孙：《广雅疏证》，北京：中华书局，1983 年。
336. [清] 王先谦：《诗三家义集疏》，中华书局，1987 年。
337. [清] 王先谦：《释名疏证补》，上海：上海古籍出版社，1984 年。
338. [清] 王先谦：《荀子集解》，北京：中华书局，1988 年。
339. [清] 王先慎：《韩非子集解》，北京：中华书局，1998 年。
340. 王学典：《“假问题”与“真学术”：中国社会形态问题讨论的一点思考》，载王学典：《20 世纪中国史学评论》，济南：山东人民出版社，2002 年，第 315—318 页。
341. [南宋] 王应麟：《汉艺文志考证》，载 [南宋] 王应麟：《玉海》，南京：江苏古籍出版社、上海：上海书店，1987 年，第 8 册，第 3983—4079 页。
342. 王永昌：《清华简〈厚父〉篇的文献性质研究》，载《鲁东大学学报》，2016 年第 4 期，第 67—69 页。
343. [清] 王引之：《经义述闻》，南京：江苏古籍出版社，1985 年。

344. 王玉哲:《中华远古史》，上海：上海人民出版社，2000 年。

345. 王震中:《清华简〈厚父〉篇“咎繇”与虞夏两代国家形态结构》，载《南方文物》，2016 年第 4 期，第 151—154 页。

346. 王震中:《商周之变与从帝向天帝同一性转变的缘由》，载《历史研究》，2017 年第 5 期，第 4—10 页。

347. 王重民:《中国目录学史》，载王重民:《中国目录学史论丛》，北京：中华书局，1984 年，第 1—169 页。

348. [德]韦伯:《中国的宗教》，康乐、简惠美译，桂林：广西师范大学出版社，2004 年。

349. [美]卡尔·A.魏特夫:《东方专制主义：对于极权力量的比较研究》，徐式谷等译，北京：中国社会科学出版社，1989 年。

350. [清]魏禧:《左传经世钞》，载《续修四库全书·经部》，上海：上海古籍出版社，1996 年，第 120 册，第 285—742 页。

351. 吴飞:《近世人伦批判与母系论问题》，载《中国哲学史》，2014 年第 4 期，第 116—125 页。

352. 吴飞:《母权神话：知母不知父的西方谱系》(上)，载《社会》，2014 年第 2 期，第 33—59 页；吴飞:《母权神话：知母不知父的西方谱系》(下)，载《社会》，2014 年第 3 期，第 1—36 页。

353. 吴飞:《圣人无父——〈诗经〉感生四篇的诠释之争》，载干春松、陈壁生主编:《经学与建国》，北京：中国人民大学出版社，2013 年，第 103—121 页。

354. 吴金华:《〈三国志校诂〉外编》，载吴金华:《古文献研究丛稿》，南京：江苏教育出版社，1995 年，第 121—307 页。

355. 吴辛楚:《周易异文校证》，广州：广东人民出版社，2001 年。

356. [清]吴兆宜注、程琰删补:《玉台新咏笺注》，北京：中华书局，1985 年。

357. 吴铮强:《科举理学化——均田制崩溃以来的君民整合》，上海：上海辞书出版社，2008 年。

358. 武汉大学简帛研究中心、荆门市博物馆:《楚地出土战国简册合集》(一)《郭店楚墓竹书》，北京：文物出版社，2011 年。

359. [美]夏含夷:《重写中国古代文献》，上海：上海古籍出版社，2012 年。

360. [美]夏含夷:《从驹父盨盖铭文谈周王朝与南淮夷的关系》，载[美]夏含夷：《古史异观》，上海：上海古籍出版社，2005 年，第 213—220 页。
361. [美] 夏含夷：《简论“阅读习惯”》，载《简帛》，第四辑，上海：上海古籍出版社，2009 年，第 385—394 页。
362. [美] 夏含夷：《略论今文〈尚书〉周书各篇的著作年代》，载 [美] 夏含夷：《古史异观》，上海：上海古籍出版社，2005 年，第 320—326 页。
363. [美] 夏含夷：《西周之衰微》，载吴荣曾主编：《尽心集》，北京：中国社会科学出版社，1996 年，第 120—126 页。
364. 向宗鲁：《校雠学》，北京：国家图书馆出版社，2012 年。
365. 向宗鲁：《说苑校证》，北京：中华书局，1987 年。
366. 萧公权：《康有为思想研究》，汪荣祖译，台北：联经出版事业有限公司，1988 年。
367. 辛田：《春秋战国时期社会转型研究》，西安：陕西人民出版社，2006 年。
368. 邢义田：《秦汉的律令学——兼论曹魏律博士的出现》，载邢义田：《秦汉史论稿》，台北：东大图书公司，1987 年，第 247—316 页。
369. 熊十力：《读经示要》，载萧萐父主编：《熊十力全集》，武汉：湖北教育出版社，2001 年，第 3 卷，第 551—1109 页。
370. 熊十力：《原儒》，上海：上海书店出版社，2009 年。
371. [英] 休谟：《人性论》，关文运译，北京：商务印书馆，1980 年。
372. [北宋] 徐锴：《说文解字系传》，北京：中华书局，1987 年。
373. 徐旭生：《中国古史的传说时代》，桂林：广西师范大学出版社，2003 年。
374. 徐中舒：《禹鼎的年代及其相关问题》，载徐中舒：《徐中舒历史论文选辑》，北京：中华书局，1998 年，下册，第 994—1020 页。
375. 许道勋、徐洪兴：《中国经学史》，上海：上海人民出版社，2006 年。
376. [东汉] 许慎：《说文解字》，北京：中华书局，1963 年。
377. 许维遹：《吕氏春秋集释》，北京：中华书局，2009 年。
378. 许倬云：《西周史》，北京：三联书店，1994 年。
379. [清] 严元照：《娱亲雅言》，载《续修四库全书 · 经部》，上海：上海古籍出版社，1996 年，第 175 册，第 487—596 页。
380. 严正：《五经哲学及其文化学的阐释》，济南：齐鲁书社，2001 年。
381. 阎步克：《察举制度变迁史稿》，北京：中国人民大学出版社，2009 年。
382. [清] 阎若璩：《尚书古文疏证》，上海：上海古籍出版社，2010 年。

383. 杨伯峻:《春秋左传注》，北京：中华书局，1990 年第 2 版。
384. 杨东晨、杨建国:《“汉阳诸姬”国史述考》，载《学术月刊》，1997 年第 8 期，第 89—94 页。
385. 杨树达:《春秋大义述》，上海：上海古籍出版社，2007 年。
386. 杨树达:《汉书窥管》，上海：上海古籍出版社，1984 年。
387. 杨泽生:《战国竹书研究》，广州：中山大学出版社，2009 年。
388. 叶国良:《师法家法与守学改学——汉代经学史的一个侧面考察》，载《中国哲学》，第二十五辑，沈阳：辽宁教育出版社，2004 年，第 34—59 页。
389. 叶国良:《杨新勋〈经学蠡测〉序》，载杨新勋:《经学蠡测》，南京：凤凰出版社，2012 年。
390. [南宋]叶适:《水心别集》卷二《民事》上，载[南宋]叶适:《叶适集》，北京：中华书局，2010 年，下册，第 651—653 页。
391. 叶瑛:《文史通义校注》，北京：中华书局，1994 年。
392. 银雀山汉墓竹简整理小组:《银雀山汉墓竹简》[壹]，北京：文物出版社，1985 年。
393. 应星、吴飞、赵晓力、沈原:《重新认识中国社会学的思想传统》，载《社会学研究》，2006 年第 4 期，第 186—200 页。
394. [清]永瑢等:《四库全书总目》，北京：中华书局，1965 年。
395. [清]于鬯:《香草校书》，北京：中华书局，1984 年。
396. 于大成:《诸子与经学》，载王静芝等:《经学研究论集》，台北：黎明文化事业股份有限公司，1981 年，第 55—79 页。
397. 俞伟超:《世纪之交话考古》之三，载《中国文物报》，2001 年 2 月 28 日，第 7 版。
398. [清]俞樾:《群经平议》，载《续修四库全书·经部》，上海：上海古籍出版社，1996 年，第 178 册，第 1—587 页。
399. [清]袁枚:《小仓山房文集》卷二十三《再书封建论后》，载[清]袁枚:《小仓山房诗文集》，上海：上海古籍出版社，1988 年，第 1637—1638 页。
400. 袁仲一、刘钰:《秦文字类编》，西安：陕西人民教育出版社，1993 年。
401. [清]翟灏:《通俗编》，北京：中华书局，2013 年。
402. [清]臧庸:《拜经日记》，北京：国家图书馆出版社，2011 年。
403. 翟廷晋:《孟子思想评析与探源》，上海：上海社会科学院出版社，1992 年

404. 张伯元：《出土法律文献丛考》，上海：上海人民出版社，2013年，第230—234页。
405. 张传玺：《从“协和万邦”到“海内一统”》，北京：北京大学出版社，2009年。
406. 张岱年：《中国古典哲学概念范畴要论》，北京：中国社会科学出版社，1989年。
407. ［美］张光直：《关于中国初期“城市”这个概念》，载［美］张光直：《中国青铜时代二集》，北京：三联书店，1990年，第5页。
408. ［美］张光直：《三代社会的几点特征——从联系关系看事物本质两例》，载［美］张光直：《考古学专题六讲》，北京：文物出版社，1986年，第94—132页。
409. ［美］张光直：《商周神话之分类》，载［美］张光直：《中国青铜时代》，北京：三联书店，1999年，第358—396页。
410. 张金光：《秦制研究》，上海：上海古籍出版社，2004年。
411. 张觉：《韩非子校疏》，上海：上海古籍出版社，2010年。
412. 张利军：《清华简〈厚父〉的性质与时代》，载《管子学刊》，2016年第3期，第103—111页。
413. 张懋镕：《金文所见西周世族政治》，载张懋镕：《古文字与青铜器论集》，北京：科学出版社，2002年，第154—161页。
414. 张双棣：《淮南子校释》，北京：北京大学出版社，2013年增订本。
415. 张舜徽：《汉书艺文志通释》，武汉：华中师范大学出版社，2004年。
416. 张亚初：《商代职官研究》，载《古文字研究》，第十三辑，北京：中华书局，1986年，第82—116页。
417. 张玉田：《关于“大同书”的写作过程及其内容发展变化的探讨——兼与李泽厚、汤志钧二位先生讨论关于“大同书”的估价问题》，载《文史哲》，1957年第9期，第55—60页。
418. 张元夫：《尚书述闻》，台北：台湾商务印书馆，1980年。
419. ［北宋］张载：《经学理窟》，载［北宋］张载：《张载集》，北京：中华书局，1978年，第245—304页。
420. 张政烺：《帛书〈六十四卦〉跋》，载张政烺：《张政烺文史论集》，北京：中华书局，2004年，第680—691页。

421. 章太炎：《检论》，载《章氏丛书》，载《章太炎全集》，第三卷，上海：上海人民出版社，2014 年，第 353—645 页。
422. 章太炎：《訄书》(重订本)，载《章太炎全集》，第三卷，上海：上海人民出版社，2014 年，第 113—352 页。
423. 章太炎：《与梁启超》二（1902 年 7 月），载马勇编：《章太炎书信集》，石家庄：河北人民出版社，2003 年，第 41—43 页。
424. 赵伯雄：《〈春秋〉经传讲义》，北京：人民出版社，2012 年。
425. 赵伯雄：《周代国家形态研究》，长沙：湖南教育出版社，1990 年。
426. 赵鼎新：《东周战争与儒法国家的诞生》，夏江旗译，上海：华东师范大学出版社，2006 年。
427. 赵林：《殷契释亲——论商代的亲属称谓及亲属组织制度》，上海：上海古籍出版社，2012 年。
428. 赵平安：《对上古汉语语气词“只”的新认识》，载《简帛》，第三辑，上海：上海古籍出版社，2008 年，第 1—6 页。
429. 赵平安整理：《厚父》，载李学勤主编：《清华大学藏战国竹简》，第五辑，上海：中西书局，2015 年，原大图版：上册、第 2—3 页，放大图版：上册、第 27—36 页，释文注释：下册、第 108—116 页。
430. 赵平安：《〈厚父〉的性质及其蕴含的夏代历史文化》，载《文物》，2014 年第 12 期，第 81—84 页。
431. [东汉]赵岐：《孟子题辞》，载[清]焦循《孟子正义》，北京：中华书局，1987 年，上册，第 1—29 页。
432. 赵生群：《〈左传〉志疑》，载《中国典籍与文化》，2005 年第 2 期，第 51—58 页。
433. [清]赵翼：《陔余丛考》，北京：商务印书馆，1957 年。
434. [清]赵翼：《廿二史札记》，北京：中国书店，1987 年。
435. 郑慧生：《“天子”考》，载郑慧生：《甲骨卜辞研究》，开封：河南大学出版社，1998 年，第 35—38 页。
436. 郑开：《德礼之间——前诸子时期的思想史》，北京：三联书店，2009 年。
437. 郑良树：《商鞅及其学派》，上海：上海古籍出版社，1989 年。
438. [南宋]郑樵：《通志》，杭州：浙江古籍出版社，2000 年。
439. 郑师渠：《晚清国粹派与社会学》，载《近代史研究》，1992 年第 5 期，第

43—62 页。
440. [东汉] 郑玄注、[唐] 孔颖达疏：《礼记注疏》，载 [清] 阮元校刻：《十三经注疏》，台北：艺文印书馆，2007 年，第 5 册。
441. [东汉] 郑玄注、[唐] 贾公彦疏：《仪礼注疏》，[清] 阮元校刻：《十三经注疏》，台北：艺文印书馆，2007 年，第 4 册。
442. [东汉] 郑玄注、[唐] 贾公彦疏：《周礼注疏》，载 [清] 阮元校刻：《十三经注疏》，北京：艺文印书馆，2007 年，第 3 册。
443. 中国社会科学院考古研究所编：《殷周金文集成》，北京：中华书局，2007 年修订增补本。
444. 子居：《清华简〈厚父〉解析》，载 http://www.ctwx.tsinghua.edu.cn/publish/cetrp/6831/2015/20150428171432545304531/20150428171432545304531_.html。
445. 周飞舟：《论社会学研究的历史维度——以政府行为研究为例》，载《江海学刊》，2016 年第 1 期，第 103—109 页。
446. 周书灿：《中国早期国家结构研究》，北京：人民出版社，2002 年。
447. 周晓痴：《也谈“李广难封”的原因——与高敏同志商榷》，载《湖北大学学报》，1987 年第 4 期，第 57—59 页。
448. 周予同：《中国经学史讲义》，上海：上海文艺出版社，1999 年。
449. 周自强主编：《中国经济通史・先秦》，北京：经济日报出版社，2007 年。
450. 周祖谟：《尔雅校笺》，昆明：云南人民出版社，2004 年。
451. [唐] 白居易：《白氏长庆集》卷六十四《议封建论郡县》，载朱金城《白居易集笺校》，上海：上海古籍出版社，1988 年，第 5 册，第 3519—3520 页。
452. 朱绍侯：《春秋时期军功爵制的产生》，载朱绍侯：《军功爵制考论》，北京：商务印书馆，2008 年，第 3—15 页。
453. 朱绍侯：《商鞅变法与秦国早期军功爵制》，载朱绍侯：《军功爵制考论》，北京：商务印书馆，2008 年，第 27—38 页。
454. 朱绍侯：《战国时期各国变法与军功爵制的确立》，载朱绍侯：《军功爵制考论》，北京：商务印书馆，2008 年，第 16—26 页。
455. [南宋] 朱熹：《家礼》，载朱杰人、严佐之、刘永翔主编：《朱子全书》，上海：上海古籍出版社、合肥：安徽教育出版社，2010 年修订本，第 7 册，第 857—958 页。
456. 朱仲岳:《〈大同书〉手稿南北合璧及著书年代》,载《复旦学报》,1985 年第 2 期,第 39—44 页。
457. 朱仲岳:《康有为〈大同书〉成书年代的新发现》,载《文物》1999 年第 3 期,第 92—93 页。
458. [韩] 曹银晶:《谈〈论语〉句末语气词“也已矣”早期的面貌》,载《简帛》,第五辑,上海:上海古籍出版社,2010 年,第 195—208 页。

后　记

忽忽然，来厦门大学工作已经一年有余。这一年，徜徉于秀美的校园，尽心于庄严的学术，每天于名山瀚海之间接送可爱的小宝贝上下学，繁忙与劳累在所难免，但也是其乐融融。

眼看小书即将付梓，想起这几年早逝的师长，不禁悲从中来，感慨良多。

2000年，承李零先生介绍，我报考了董洪利师的博士。从2001年到2004年在董师门下从游，以及2004年到2006年在北大做博士后期间，跟随恩师学习，是我人生中最为快乐的一段时光。我特别感激的是董师对我的一再宽容。《孟子》是董师一生事业的核心，其博士论文就是《孟子研究学史概述》，此后又一直致力于《孟子》学史。当时董师门下弟子都是选取《孟子》学史的某一时段或重要人物做博士论文，比如张量写赵岐，峻岫做汉唐，畅然重戴震。董师知道我志不在此，便主动表示我可以自选题目，结果我自选的题目开口太大，最后只能草草毕业。现在恩师已逝，《孟子》学史最终未能完成，现在想来真是很对不住恩师。此外，董师自入北大以来，一直同金开诚先生和高路明老师一起整理完成游国恩先生的《楚辞长编》，书做完了，至今也没有出齐，可堪一叹。董师生前已将所有《楚辞》资料托付给马昕，期盼能尽快出版。

董师是性情中人，从无心机，也从不掩饰情绪，抽烟很凶，喝酒也不含糊。董师最喜欢炫耀的“学术成就”，是在酒酣耳热之际，将《论语》的“唯酒无量不及乱”标点为“唯酒无量，不及，乱”——喝起来没个完，喝不够，就捣乱！一次师门聚会，董师自言酒量在北大中文系排第三，我赶紧“拍马”说，董老师比戴震谦虚。

董师自退休后一直不得安逸。先是师母查出来乳腺癌，经过治疗稳定下来了，董师自己却患了食道癌。当时我已在上海工作，利用出差的机会去董师家中拜谒，言谈中师母忍不住数落董师，说他这病都是多年来习惯不好落下的，吃饭喝水总是很烫的吃到嘴里呼哧两下就往下咽。董师低头坐着，像个犯了错的大男孩。我赶紧打圆场，说也不能因为生了病，就把我们老师说得一生都是错。董师脸色才稍缓。后来董师做手术切除了肿瘤，是将食道切去一截，然后把胃上半部捏成细长条，与食道缝合。从此董师不但不能再沾烟酒，每餐的食量也大减，人明显地瘦了下去，脸上也不再有精气神。然而学问却还要做，而且还有庞大的计划。我劝恩师好好休息，可他却一脸认真地说，不做点事，就觉得自己成了个废人，成天躺着，无所事事，真是生不如死。我只好说悠着点，注意身体。本想着以现在的医疗条件，怎么着还能维持些年，没承想却是厄运连连。董师在厨房不小心跌了一跤，大腿骨折，只能换了股骨头。好容易刚把瓢摁下去，葫芦又起来了，癌细胞转移，现在是肺癌。我再去探病，董师已经在北京伟达中医肿瘤医院，大家都说这实际上是一家临终关怀医院。我一进门，董师就拼着力气说了一句：“大限到了！”我一哽咽，站了好一会儿，没说出话来，待到能说了，却又不知道说什么，好容易拣着说一些宽慰的话，连自己也觉着很勉强，忽然感觉嘴角咸咸的，竟是眼泪流了下来。

董师逝于2017年4月11日上午8时25分，享年69岁。当时我在上海，未能送终，诚为憾事。敬拟挽联曰：

孟轲嗟叹　董贤说略　丈夫斯节　威岂挫志
屈原行吟　洪利校注　沧浪之水　清乃濯缨

孟轲嗟叹，孟子曰，何必曰利，赵岐注谓反复嗟叹。董贤说略，如读为“董/贤说略”，是董仲舒对孟子学说进行了很好的发扬；如读为“董贤/说略”，是贤能的董师著有《孟子说略》一书阐释孟子思想。孟子曰，大丈夫威武不能屈，赵岐以屈挫释之，因下联有屈原，故改用“挫”。屈原行吟，见《楚辞·渔父》。洪利校注，如读为“洪/利校注”，指洪兴祖《楚辞补注》是水平很高的注释；如读为“洪利/校注”，则指金开诚先生、董师、高路明老师合著的《屈原赋校注》。“沧浪之水清兮，可以濯我（吾）缨”，同见于《孟子》与《渔父》，喻义心志高洁。董师一生精力，尽瘁于《孟子》和《楚辞》。

2017年8月8日，忽然收到问永宁兄的短信，说周炽成老师昨天（7日）跳江自杀了，原因过程不详。真是大吃一惊！回想与周老师的交往不多，主要是在学术会议上，他是中哲界著名的“大炮”，但是我注意到他的每次炮轰，都非常注意哲学素养和学术规范，尤其是概念的一致性等方面，这在中哲学界的确难能可贵。2017年3月我应邀到中山大学哲学系做系列讲座，周老师还邀请我到华南师大也讲了一场，相谈甚欢，他还力邀我加盟华师，说他快要退休了，要有人顶上。没想到半年不到，竟成人天永隔。后来才渐渐知道，周老师患有抑郁症，医生要求他不能过度用脑，也就是说不能再做学问，进行哲学思考了。监控显示，他曾在桥上徘徊了8分钟，然后纵身跃下。这8分钟是怎样的煎熬，不忍悬想。

2017年9月，多位友人都在传，北京师范大学中文系邹晓丽老师去世了（8月31日）。此前我也曾打电话到邹老师家里，是邹老师的丈夫张恩和老师接的，说邹老师已经在医院卧床多年，知觉很微弱，不用探望。遥想1996年，我还是一名小学教员，到北大参加第二届国际古汉语语法研讨会，邹老师对我很是关照，此后也一直关心我的学习和成长。我考研考博，都承蒙邹老师给我写推荐信。邹老师读大学时本是体育健将，但在文革时患内风湿未能及时治疗，以致手脚变形，看她用变形的手捏笔写字真是令人既伤感又钦佩。邹先生写完推荐信，反复看几遍，还认真地改正，并钤印，再在信末加一说明，表示因病写字困难不能重抄，请予谅解。可惜推荐信已按规定提交，否则真应该好好珍藏。我现在转行哲学，没能在古汉语方面好好努力，有负邹老师当年的期望。

2017年9月16日，我正在河南参加嵩山论坛，突然听说湖南大学文学院胡遂老师因病去世。1990年代初，我在长沙自学时，多承岳麓书院胡渐逵先生不吝赐教，才得以对古书粗通文墨。胡遂老师即渐逵先生之妹，对我也颇多鼓励。胡遂老师一生可谓一息尚存，奋斗不止。当年为了考研，脱了鞋站在水盆里，一边脚踩洗衣服，一边手卷背单词。已成为知名学者，仍毅然读博。并且拒绝做论文博士，坚决要参加招生考试，考上后坚持脱产上课，不屑镀金，誓求锻钢。谨撰挽联，请岳麓书院陈仁仁兄代呈：

胡不归乎　微斯人　吾谁与归
遂无问者　高尚士　伊人云逝

胡不归乎，见于《诗·邶风·式微》，此用其字面。微斯人，吾谁与归，见范仲淹《岳阳楼记》。遂无问者，高尚士，典出陶渊明《桃花源记》：“南阳刘子骥，高尚士也。闻之，欣然规往，未果，寻病终，后遂无问津者。”伊人云逝，用明黄毓祺《大愚老人遗集》卷二《紫阳书院》诗：“伊人云逝矣，晚对淡烟横。万古心安在，君听款乃声。”上下联首字正好是胡遂老师之名。

本书诸章曾有幸在学术刊物先行发表，各章所对应的论文如下：

引言 《如何研究思想与制度的相关性：以汉代儒学与制度为例》，《史学月刊》2017 年第 11 期，第 9—12 页；

绪论 《华夏德性政制史论微》，韩国《儒教文化研究》(国际版）第十七辑，2012 年 4 月，第 139—159 页；

第一章 《以“天”代“帝”——周人对于君权正当性之反思及“德”之初步独立》，载陈望衡、周强主编：《儒源新探：周先祖与中国文化》，北京：中国社会科学出版社，2012 年 7 月，第 86—95 页；

第二章 《厉始革典——中国专制君权之萌生》《政治思想史》，2011 年第 1 期，第 1—14 页；

第三章 成富磊、李若晖：《失德而后礼——清华简〈系年〉“蔡哀侯娶妻于陈”章考论》，《复旦学报》2017 年第 4 期，第 43—52 页；

第四章 《郡县制时代——由权力建构与社会控制论秦至清的社会性质》，《文史哲》2011 年第 1 期，第 5—18 页；

第五章 《〈厚父〉“典刑”考》，《哲学与文化》2017 年第 10 期，第 63—79 页；

第六章 《“德”“位”分合——孔孟复礼与华夏德性政制之奠定》，《清华大学学报》2012 年第 5 期，第 101—106 页；

第七章 周丹丹、李若晖：《“知母不知父”的中国谱系》，《社会》2016 年第 5 期，第 197—221 页；

第八章 《〈黄帝李法〉与秦汉军事国家》，《中山大学学报》

2017年第6期，第116—126页；

第九章 《燔诗书 明法令——略论秦制的经学影响》，《当代儒学研究》第十五辑，第29—65页；

余论 《关于秦至清社会性质的方法论省思》，《史学月刊》2011年第3期，第14—17页；

附录 《〈尚书·洪范〉时代补证》，《中原文化研究》2014年第1期，第51—56页。

各文收入本书时都作了修改。感谢以上学术刊物，使拙文得以面世。尤其感谢李振宏、邢丽菊、丁四新、任锋、陈文彬、王学典、李扬眉、曹峰、郭梨华、卢宣宇、仲伟民、王丰年、杨海文、杨祖汉、涂蓝云、齐航福等师长和学友的关心和帮助；归入本书第三章的《失德而后礼——清华简〈系年〉"蔡哀侯娶妻于陈"章考论》是我与我在复旦大学哲学学院指导的博士后成富磊老师合作完成的，归入本书第七章的《"知母不知父"的中国谱系》是我与其时任教于上海工程技术大学社会科学学院的周丹丹老师合作完成的，谨向两位合作者表示感谢。博士生贾尊文同学校看了清样，仔细核对了所有引文，复旦大学出土文献与古文字研究中心刘娇老师和湖南大学岳麓书院青山大介兄代为查找资料，特此致谢。

本书是以下项目的阶段性成果：

国家社会科学基金重大项目"黄老道家思想史"（16ZDA106）

中国社会科学院重大项目"中华思想通史"春秋战国卷

北京修远经济与社会研究基金会规划项目"华夏三千年之格局与变局"

感谢曹峰老师、王震中老师、梁涛老师、王利兄的帮助。

特别感谢中国社会科学院历史研究所王震中先生惠赐大序，令蓬荜生辉。

本书出版，承复旦大学哲学学院资助，谨致谢忱。

李若晖

2018年12月23日夜于厦门大学南光楼

图书在版编目(CIP)数据

不丧斯文:周秦之变德性政治论微/李若晖著. —
上海:上海人民出版社,2018
(日月光华·哲学书系)
ISBN 978-7-208-15638-8

Ⅰ. ①不… Ⅱ. ①李… Ⅲ. ①政治制度-研究-中国
-汉代 Ⅳ. ①D691.21

中国版本图书馆 CIP 数据核字(2019)第 001637 号

责任编辑 赵 伟
封面设计 小阳工作室

日月光华·哲学书系
不丧斯文:周秦之变德性政治论微
李若晖 著

出 版 上海人民出版社
(200001 上海福建中路 193 号)
发 行 上海人民出版社发行中心
印 刷 常熟市新骅印刷有限公司
开 本 720×1000 1/16
印 张 19.75
插 页 6
字 数 249,000
版 次 2019 年 9 月第 1 版
印 次 2020 年 8 月第 2 次印刷
ISBN 978-7-208-15638-8/D·3351
定 价 78.00 元

“日月光华·哲学书系”书目

第一辑

01 《马克思早期思想的逻辑发展》 吴晓明　著

02 《熊十力的新唯识论与胡塞尔的现象学》 张庆熊　著

03 《思想的转型——理学发生过程研究》 徐洪兴　著

04 《阳明后学研究》(增订本) 吴震　著

05 《罗蒂与普特南：新实用主义的两座丰碑》 陈亚军　著

06 《从启蒙到唯物史观》 邹诗鹏　著

第二辑

07 《实践与自由》 俞吾金　著

08 《马克思主义经济哲学及其当代意义》 余源培　著

09 《西方哲学论集》 黄颂杰　著

10 《现代西方哲学纲要》 张汝伦　著

11 《差等秩序与公道世界——荀子思想研究》 东方朔　著

12 《孟子性善论研究》(再修订版) 杨泽波　著

第三辑

13《资本与历史唯物主义——〈资本论〉及其手稿当代解读》孙承叔 著

14《中国哲学论文集》李定生 著

15《焦循儒学思想与易学研究》陈居渊 著

16《承认·正义·伦理——实践哲学语境中的霍耐特政治伦理学》王凤才 著

17《科学技术哲学论集》陈其荣 著

18《唯物论者何以言规范——一项从分析形而上学到信息技术哲学的多视角考察》徐英瑾 著

第四辑

19《潘富恩自选集》潘富恩著

20《休谟思想研究》阎吉达著

21《理性、生命与世界——汪堂家文选》汪堂家 著 吴猛编

22《从理论到实践——科学实践哲学初探》黄翔、[墨西哥]塞奇奥·马丁内斯 著

23《不丧斯文：周秦之变德性政治论微》李若晖 著

24《心智的秘密：论心智的来源、结构与功能》佘碧平 著